DOROTHY C. WILSON

Um Füße bat ich und er gab mir Flügel

Biographie der indischen Ärztin Mary Verghese

R. Brockhaus Verlag Wuppertal

R. Brockhaus Taschenbücher Bd. 146/147

Aus dem Amerikanischen von Ruth Rostock.
Titel des amerikanischen Originals: Take my Hands
Verlag McGraw-Hill Book Company, Inc., New York N. Y.

Lizenzausgabe mit freundlicher Genehmigung
des J. G. Oncken Verlages, Kassel

23. Taschenbuchauflage 1988, 174.–179. Tausend

Umschlaggrafik: Harald Wever, Wuppertal
Gesamtherstellung: Breklumer Druckerei Manfred Siegel KG
ISBN 3-417-20146-2

1

Es war ein Oktobertag im Jahre 1958. Dr. Hugh Johnson, Spezialist für plastische Chirurgie, band sich im Gefühl gespannter Erwartung die Maske um.

»Du mußt Dr. Mary operieren sehen«, hatte ihm ein begeisterter Kollege gesagt. »Sie ist mehr als eine gute Chirurgin. Sie ist eine Künstlerin.«

Dr. Johnson betrat den Operationssaal und ging auf die schlanke Gestalt zu, die an einem niedrigen Tisch im Lichtkreis der Operationslampe saß.

Es war nichts Ungewöhnliches, daß eine Frau als Chirurgin tätig war. Denn hier in Vellore/Südindien, im Krankenhaus des Christian Medical College, das Dr. Ida Scudder gegründet hatte, war die Hälfte der Studierenden und mehr als die Hälfte der jungen Ärzte Frauen. Es war auch nichts Ungewöhnliches, daß die Chirurgin bei der Arbeit saß. Denn Operationen an der Hand erfordern peinliche Genauigkeit.

»Dr. Hugh Johnson – Dr. Mary Verghese«, stellte eine Schwester den Besucher vor.

Als der amerikanische Arzt nähertrat, hoben sich grüßend ein Paar dunkle, fröhliche Augen zu ihm empor, die auf ein hübsches Mädchengesicht hinter der Operationsmaske schließen ließen. Er stellte sich neben den kleinen Tisch und sah interessiert zu, wie die junge Chirurgin Sehnen transplantierte, um eine durch Aussatz verkrüppelte Hand wieder brauchbar zu machen. Diese Operation war noch verhältnismäßig neu und unbekannt. Ein englischer Arzt, Dr. Paul Brand, hatte sie sich ausgedacht und hier im Medizinischen Zentrum von Vellore als erster ausgeführt.

»Ich habe schon viel von ihnen gehört, Dr. Verghese«, sagte Dr. Johnson freundlich.

Sie sah ihn aufmerksam an.

»Was haben Sie gehört?« fragte sie schnell.

»Daß Sie Expertin für diese Operation sind.«

»Oh, das ist schön!« Ihr Blick wurde warm. »Hoffentlich stimmt es! Wenn ja, dann haben Sie etwas Hörenswertes von mir gehört.«

Sie wandte sich wieder ihrer kunstvollen Arbeit zu, löste die Sehne eines Muskels im Handgelenk aus ihrem Ansatz, nähte ein Sehnenstück, das sie dem Unterarm entnommen hatte, daran und spaltete es in vier Stränge. Diese Stränge führte sie durch die Sehnenscheiden der Hand hindurch und nähte sie an die Sehnen auf den Fingerrücken. Nach der Verheilung und entsprechender Therapie würde der Patient die Finger wieder bewegen, zufassen, ja sogar mit Werkzeugen hantieren können.

Hin und wieder sprach Dr. Mary beruhigend mit dem Mann, der bei vollem Bewußtsein war. Der amerikanische Arzt betrachtete ihn mit ganz besonderem Interesse; denn auf dem Gebiet der plastischen Chirurgie waren psychologische Faktoren für die Art der Behandlung oft wichtiger als physische. Was für Gefühle verbargen sich hinter dem unbewegten Gesicht des Mannes? Hoffnung? Resignation, wie man sie in Indien häufig bei Kranken findet? Verbitterung, weil die Chirurgin so geschickte Finger und eine so glatte Haut hatte, während seine Hand nur eine Klaue und sein Gesicht durch Aussatz entstellt war? In den Augen des Patienten, die gespannt auf das maskierte Gesicht der Ärztin gerichtet waren, war nichts von Verbitterung zu lesen; nur eine Ergebenheit, die Dr. Johnson überraschte.

Während er die schwierige Operation weiter verfolgte, wuchs seine Bewunderung für die junge Chirurgin.

»Man hat mir erzählt, Dr. Ida sei wegen ihrer Geduld und außerordentlichen Sorgfalt beim Operieren bekannt«, sagte er. »Sie verstehe es, mit den Geweben des menschlichen Körpers umzugehen. Es sei fast, als könne sie sie neu schaffen. Ich glaube, Sie sind ihr sehr ähnlich.«

»Danke schön!« Dr. Marys Augen strahlten, als sie zu dem amerikanischen Arzt aufblickte. »Das ist das höchste Lob, das man einer Frau, die in Vellore studiert hat, aussprechen kann. Auch wenn es nicht zutrifft!« fügte sie schalkhaft hinzu.

Die Operation war zu Ende, die Hand sorgfältig eingegipst. Dr. Johnson wartete, daß sich Mary Verghese nun erheben und mit ihm den Operationssaal verlassen sollte. Statt dessen kam ein Wärter herein, griff nach dem Stuhl und rollte ihn hinaus. Entgeistert starrte der Amerikaner hinter ihr her. Er hatte nicht einmal bemerkt, daß sie in einem Rollstuhl saß.

Noch erstaunter war er, als er in den angrenzenden Waschraum trat und sah, daß sie sich schon für die nächste Operation die Hände bürstete.

»Der Fall, der jetzt an die Reihe kommt, wird Sie ganz besonders interessieren«, sagte sie mit unverminderter Frische. »Es ist eine Sehnentransplantation am Daumen. Die Lähmung hat aber auch schon den ersten dorsalen Zwischenknochenmuskel der Hand befallen. Ich wünschte, ich könnte die Vertiefung so gut ausfüllen wie Sie.«

»Wie wär's, wenn ich Ihnen helfen würde?« erwiderte Dr. Johnson prompt. »Ich habe meine Instrumente zwar nicht hier, kann sie aber schnell von College Hill herüberholen. Bis Sie mit dem Daumen fertig sind, bin ich wieder zurück.«

»Das wäre herrlich!« rief Dr. Mary. »Wie wird sich dieser junge Bursche freuen! Bei einem Aussätzigen ist es so ungemein wichtig, daß man ihm nichts ansieht.«

»Ich glaube bestimmt, daß man hier eine Hauttransplantation vornehmen kann«, sagte Dr. Johnson. »Die gleiche, wie wir sie bei Vertiefungen an der Wange machen.«

»An einer Wange wie dieser?«

Mary Verghese hatte ihre Maske abgestreift. Der amerikanische Arzt konnte kaum sein Erschrecken verbergen. Das Mädchengesicht vor ihm war durch eine furchtbare Narbe entstellt.

»Nun — nein«, brachte er mühsam hervor. »Ich fürchte, das ist zu tief für eine Hauttransplantation. Da müßte schon eine Knochentransplantation gemacht werden. Aber warum —?«

Er brach ab und fuhr dann zögernd fort: »Sie haben doch gute Chirurgen hier –«

»Sie meinen, ich hätte das gleich richtig machen lassen sollen? Ja, ich habe wohl nicht genug Zeit gehabt. Ich hatte zu viel zu tun.«

Als sie hinausgefahren worden war, fragte Dr. Johnson einen Wärter: »Warum hat man mir nichts davon gesagt?«

»Wovon denn, Sir?«

»Von Dr. Mary! Von –«

»Ach, Sie meinen von ihrem Unfall?«

»Wie ist denn das passiert?« Der Arzt nahm die Maske ab und fuhr sich mit dem Taschentuch über das erhitzte Gesicht.

»Ein Autounglück, Sir! Ein Bus mit Ärzten und Studenten überschlug sich. Dr. Mary hatte die schlimmsten Verletzungen. Es ist zum Staunen, wie gut sie als Gelähmte fertig wird.«

»Als Gelähmte?«

»Ja, Sir. Sie ist von der Hüfte abwärts gelähmt.«

»Aber –« Der Arzt fand keine Worte. »Es ist doch komisch, daß mir niemand etwas gesagt hat!«

Der Wärter war verlegen.

»Ich glaube, daran haben wir gar nicht gedacht, Sir. Jeder hier im Krankenhaus sieht in Dr. Mary nichts als die fabelhafte Chirurgin.«

Was ist das für eine junge Frau, dachte Dr. Johnson, die die Leute glauben macht, es sei unwichtig, wenn man sein hübsches Gesicht verliert und die Hälfte seiner Glieder nicht mehr gebrauchen kann?

Die Geschichte von Dr. Verghese ist die Antwort auf diese Frage.

2

Mary Verghese wurde am 27. Mai 1925 im Staate Kotschin in Südindien geboren. Ihre Eltern gehörten der Syrischen Kirche an. Nach einer alten Überlieferung soll Thomas, einer der zwölf Apostel, ihren indischen Vorfahren in der Mitte des ersten Jahrhunderts das Christentum gebracht haben. Ob das den Tatsachen entspricht, mag dahingestellt bleiben. Es gibt jedenfalls zumindest seit dem vierten Jahrhundert nach Christi Geburt längs der Malabar-Küste eine organisierte christliche Gemeinschaft, die in ihrer Frühgeschichte der Gemeinde in Antiochien angegliedert war.

Für das Kind Mary war der Besuch des Apostels Thomas eine ebenso unbestrittene Wirklichkeit wie die riesigen Kokospalmen in den Plantagen ihres Vaters; wie der Indische Ozean mit seinen blauen Lagunen und trägen Haffs; wie der Staub, die Hitze, die feuchten Monsune, die verschwenderische Fülle von grünen Blättern, die fleckenlosen weißen Saris und Dhotis und die großen schwarzen Schirme, die alle ihre Bekannten trugen. Sie lernte den würzigen Duft der alten Legenden fast ebensobald genießen wie den von Garnelen, Mangos, Kokosnüssen und Curry.

Meist war es Amma, die Mutter, die sie erzählte. Denn Appan, der Vater, konnte besser Bücher führen und seine Kokospalmenhaine überwachen als Geschichten erzählen. Als Mary noch klein war, war es meist ihr zwei Jahre älterer Bruder Joseph, Babi genannt, der Amma bat: »Willst du uns nicht eine Geschichte erzählen? Die von Thomas?«

Das brauchte man Amma nicht zweimal zu sagen. Sie war eine glühende Verehrerin dieses Apostels. John, der älteste und zugleich wildeste ihrer drei Söhne, hatte schon längst entdeckt, daß man mit seinem Interesse für Thomas sogar Ammas Aufmerksamkeit von dem »irkili« ablenken konnte, der Blattrippe einer Kokospalme, die als Zuchtrute benutzt wurde.

Die Geschichten dieses sagenumwobenen Jüngers Jesu flossen in melodischem Malajalam von ihren Lippen.

»Vor neunzehnhundert Jahren lebte in Indien ein großer König mit Namen Gondophares. Er wollte sich gern einen Palast bauen, den größten und schönsten der Welt. So beauftragte er einen Kaufmann namens Abbaneese, ihm einen Baumeister aus dem Land Palästina zu holen.

Abbaneese traf den Apostel Thomas in den Straßen Jerusalems.

›Ich hörte, du seist ein Baumeister‹, sagte er zu ihm.

›Es stimmt, daß mein Meister ein Zimmermann war‹, erwiderte Thomas.

›Kannst du einen Palast bauen? Den herrlichsten Palast der Welt?‹

›Ich kann Häuser bauen, in denen Gott wohnen kann‹, entgegnete der Apostel. ›Gibt es denn etwas Herrlicheres?‹

Abbaneese war hocherfreut. ›Ist das wahr?‹ rief er. ›Dann mußt du gleich mit mir kommen.‹

So brachte er Thomas zu Gondophares nach Indien.

Der König erklärte dem Apostel nun bis ins kleinste, wie der Palast gebaut werden sollte, und gab ihm eine große Summe Geld für diesen Bau. Thomas schenkte alles Geld den Armen und brachte seine ganze Zeit damit zu, das Evangelium von Christus zu verkündigen.

Als der König das hörte, wurde er zornig und ließ den Apostel zu sich kommen.

›Wo ist mein Palast?‹ schrie er wütend.

›Ich habe dir einen Palast gebaut‹, erwiderte Thomas. ›Den herrlichsten, den es gibt.‹

›Wo denn? Ich will ihn sehen!‹

›Du kannst ihn jetzt noch nicht sehen‹, antwortete der Apostel. ›Dein Palast ist im Himmel.‹

Der König ließ Thomas ins Gefängnis werfen und beschloß, ihn hinrichten zu lassen. Aber in der Nacht träumte er. Und in seinem Traum sah er einen wundervollen Palast, der für ihn im Himmel gebaut war. Am nächsten Morgen ließ er den Apostel wieder frei, und es dauerte nicht lange, da wurden der König und seine ganze Familie Christen. Thomas ging dann nach Malabar und bekehrte viele zu Christus. Er baute sieben Kirchen, eine davon in Parur, gegenüber dem Hafen unseres Heimatdorfes Cherai. Später begab er sich in die Gegend von Madras, an die Ostküste des Landes. Aber dort wurden die Brahmanen so wütend über seine Erfolge, daß sie ihn zu töten beschlossen.«

Hier wurde die Geschichte so spannend, daß sogar die älteren Jungen, John und George, die sie schon häufig gehört hatten, immer wieder die Ohren spitzten.

»Südlich von Madras liegt ein felsiger Hügel, der ›Little Mount‹. Hier hielt sich der Apostel manchmal mehrere Tage lang auf. Er wohnte in einer Höhle, und in dieser Höhle fanden ihn seine Feinde. Sie schlichen sich zu ihm heran, als er betend auf der Erde kniete, und warfen eine Lanze nach ihm.«

»Aber da haben sie ihn noch nicht getötet, Amma?« fragte Babi atemlos.

»Nein, das weißt du doch!« rief George spöttisch. »Du hast doch die Geschichte schon ein dutzendmal gehört: wie er in eine andere Höhle rannte, wie seine Feinde hinter ihm herjagten und wie er durch ein Loch oben in der Höhle hinauskletterte und –«

»Sei still, du Idiot!« schrie Babi entrüstet. »Du kannst ja gar keine Geschichte erzählen.«

»Was? Ich soll ein Idiot sein?« brüllte George. »Weißt du, was du dann bist? Du bist –«

»Ruhe!«

Gewöhnlich war es nicht Amma, sondern Marys zweitälteste Schwester Annamma, die die Streithähne zur Ordnung rief. Obwohl sie nur acht Jahre älter war als Mary, hatte sie es sich doch schon angewöhnt, die Aufsicht, wenn nicht sogar die Herrschaft über ihre Geschwister zu übernehmen.

»Ruhe, ihr beiden!« rief sie noch einmal.

»Und so kam er auf die Spitze des Berges«, fuhr Amma fort. »Und dort holten sie ihn ein. Er kniete gerade auf einem großen Stein, als ein Brahmane ihn mit einer Lanze durchbohrte. Das soll am 21. Dezember des Jahres 60 nach Christi Geburt gewesen sein. Der Stein, auf dem Thomas kniete, ist jetzt der Hauptaltar der großen Kathedrale. Wenn ihr nach Madras kommt, könnt ihr ihn sehen.«

»Warst du schon einmal dort?« fragte Babi interessiert.

»Nein, leider nicht!« erwiderte Amma. »Ich bin noch nie jenseits der Berge gewesen. Aber es ist mein heißester Wunsch, einmal dorthin zu gehen.«

»Wenn ich groß bin, nehme ich dich einmal mit«, versprach Babi.

»Nein, du nicht!« schrie George wütend. »Ich nehme sie mit! Das ist mein Recht. Ich bin der ältere!«

Babis hübsches Gesicht wurde rot.

»Älter! Was ist denn ein Jahr?«

»Fast zwei Jahre«, berichtigte George. »Außerdem bist du nicht so stark wie ich. Madras ist wahrscheinlich eine wilde Gegend, da könntest du Amma gar nicht so gut beschützen.«

Babi stürzte auf ihn los.

»So, ich bin nicht so stark wie du? Ich will dich lehren!«

»Halt!«

Wenn eine Prügelei auszubrechen drohte, war es aus mit Ammas Sanftmut. »Soll ich den Stock holen? Raus aus dem Haus, ihr beiden. Raus, sage ich!«

Sie gehorchten. George, indem er die Tür hinter sich zuknallte, Babi, indem er mit gekränkter Miene hinausstolzierte.

Mary mochte George lieber als Babi. Er war zwar ein Hitzkopf, aber man wußte wenigstens, woran man bei ihm war. Bei Babi wußte man das nie genau. Außerdem konnte Mary ihrem jüngsten Bruder noch nicht vergeben, was er – wie man ihr erzählt hatte – kurz nach ihrer Geburt getan hatte. Der eifersüchtige Junge war böse auf sie gewesen, weil er nun nicht mehr der Jüngste war. Und als eines Tages eine Fischersfrau mit ihrer Ware hausieren kam, hatte er einen etwas ungewöhnlichen Handel mit ihr abzuschließen versucht.

»Du läßt uns alle Fische da«, hatte er ihr heimlich zugeflüstert, »und dann steckst du meine neue Schwester in den Korb und nimmst sie mit zu dir nach Hause.«

John war Marys Lieblingsbruder. Er ergriff immer für sie Partei, wenn er meinte, die Eltern zögen ihre Schwester Kunjamma vor. Kunjamma, die zwei Jahre jünger und längst nicht so schüchtern war wie Mary, war der Liebling der Familie und besonders Babis, der, als sie geboren wurde, offenbar aus der Rolle des Beschützten zu der des Beschützers aufgerückt war.

In den ersten Jahren ihres Lebens bestimmten drei Elemente Marys kleine Welt: Heim, Familie und Kirche.

Heim war das geräumige, zweistöckige Haus mit seinen Mauern aus weißgetünchtem Zement, seinem roten Dach, seinen Veranden und vergitterten Fenstern mit den hölzernen Fensterläden, die die Mittagshitze abhalten sollten. Es war der Hof, der das Haus umgab und dessen niedrige Backsteinmauern von rotem und gelbem Kroton überwuchert waren. Auf seinem glatten Zementboden lag weißer, glitzernder Seesand, der einmal im Jahr, im September, weggefegt wurde, damit der Reis zum Trocknen ausgebreitet werden konnte. Zwei oder drei Wochen konnte man dann täglich zusehen, wie die Reiskörner morgens in schimmernden Kaskaden ausgegossen und abends wieder eingefüllt und im Reisspeicher untergebracht wurden.

Heim war auch das anderthalb Morgen große Grundstück mit den vielen Mangobäumen, Tamarinden und Bananenstauden, vor allem aber mit den unzähligen Kokospalmen, deren hohe, schuppige Stämme weitausladende Wedel trugen, so daß sie wie riesige grüne Regenschirme aussahen. Heim war der Teich, in dem die Kinder baden durften und in dem sich Mary immer so lange tummelte, daß ihre Geschwister ihr den Spitznamen »Ente« gaben.

Zu dem Begriff »Heim« gehörte auch die Süße reifer Flaschenbaumfrüchte und Kokosnüsse, die die Pflücker bei der Ernte herunterwarfen, der Geruch brodelnden Currys und so scharfer Gewürztunke, daß einem schon beim Gedanken daran die Kehle köstlich wehtat. Der Wind gehörte dazu, der wie Platzregen in den Wipfeln dürrer Palmen brauste, und der Regen, der wie eine Sturzwelle auf die Dachziegeln prasselte. Ein Kindermädchen gehörte dazu, das für einen sorgte, wenn man noch ganz klein war, und Dienstboten, die einen betreuten, wenn man schon größer war. Saubere Kleider, gesundes Herumtoben, Liebe und ein voller Magen gehörten auch dazu.

»Wegen Babi bekommen wir heute wieder keine Krabben«, schimpfte John manchmal, wütend, daß darauf Rücksicht genommen wurde, was sein jüngster Bruder gern aß und was nicht. Aber weder John noch eins seiner Geschwister konnten sich jemals beklagen, daß sie nicht genug zu essen gehabt hätten.

Nein, Heim war nicht Hunger, obwohl es direkt außerhalb der Mauern ihres behaglichen Zuhause oft Hunger gab. Während der Monsunmonate hörte Mary ihre Mutter häufig zu Maria, der Köchin, sagen, sie solle Körbe mit Lebensmitteln für die Familien einiger Kokosnußpflücker zurechtmachen, die nichts mehr zu essen hätten.

Heim war auch nicht Armut, obwohl Mary nur ein paar Schritte vors Tor zu gehen brauchte, um die elenden, strohgedeckten Hütten der Armen zu sehen; ihre Frauen, die in zerlumpten Saris herumliefen, ihre Kinder, die nackend im Straßenstaub spielten. Zum Teil waren es Pächter ihres Vaters oder anderer, benachbarter Grundbesitzer, zum Teil nur Siedler, die in armseligen Hütten auf einem winzigen Stück unbebauten Landes wohnten und ihren kärglichen Lebensunterhalt durch Saisonarbeit auf den Reisfeldern und in den Palmenhainen verdienten. Die meisten waren Hindus der unteren

Kasten: Pulayans, die als Pflüger arbeiteten, und Kanaken, deren Ahnen schon Kokosnußpflücker gewesen waren.

Dank der größeren, luftigeren Wohnräume, besserer Erziehung und größerer Sauberkeit war Marys Heim auch nicht durch Krankheiten wie Malaria, Pocken, Aussatz und Elefantiasis verseucht, die das tropische Land überfluteten wie die Wasser der Monsune. Nur gelegentlich näherte sich einmal eine Krankheit dem Tor des Grundstücks, zum Beispiel in der Gestalt des Bettlers Joseph.

Niemals würde Mary ihr erstes Erlebnis mit Joseph vergessen!

»Gelobt sei Gott! Gelobt sei Gott!«

Mary spielte im Hof, als sie das immer lauter und durchdringender werdende Rufen hörte. Neugierig lief sie ans offene Tor.

Eine sonderbar aussehende Gestalt kam die Straße entlang, die seltsamerweise wie ausgestorben war. Wo waren sie nur alle: die herumtobenden Kinder, die Frauen mit den Babys auf den Hüften, die Männer mit den hohen, schweren Lasten auf den Köpfen?

Wie gebannt blickte Mary der Gestalt entgegen, die sich seltsam steif vorwärtsbewegte. Als sie näherkam, sah Mary, daß es ein Mann war, dessen Füße dick verbunden waren. Auch seine Arme waren in schmutzige Lappen gewickelt, aus denen völlig verstümmelte Finger herausschauten. Am sonderbarsten aber sah sein Gesicht aus. Er hatte keine Augenbrauen, und seine Haut hing in Falten über den Backenknochen. Wo die Nase hätte sein müssen, war eine komische platte Stelle.

»Zurück!« Eine Hand faßte plötzlich nach Marys Arm und zog sie unsanft in den Hof zurück. »Schnell fort von hier!« Es war Theresia, ihr Kindermädchen.

Mary war erschrocken und empört zugleich.

»Laß mich los!« rief sie. »Du tust mir weh!«

»Dann gehorche und geh hier weg!«

»Warum denn? Ich möchte doch den Mann sehen.«

»Nein, er ist gefährlich!«

»Wieso denn? Hörst du nicht, was er singt? ›Gelobt sei Gott!‹«

Zu ihrem größten Ärger zerrte Theresia sie ins Haus.

»Joseph ist da«, sagte sie dann zu ihrer Herrin. »Er steht vorn am Tor.«

»Ja, ich habe ihn gehört«, erwiderte Amma. Ihre Augen hatten den gleichen ängstlichen Ausdruck wie die Theresias. »Maria soll ihm etwas zu essen und ein paar Annas geben. Vielleicht kann er sich im Krankenhaus in Ayyampilly behandeln lassen.«

»Darf ich mit Maria gehen?« fragte Mary, die immer noch mehr neugierig als ängstlich war.

»Nein!« antwortete Amma. »Solange der Bettler noch in der Nähe ist, gehst du höchstens bis zur Veranda.«

Mary lief auf die Veranda und sah zu, wie Maria langsam über den Hof ging. Sie trug einen alten Korb. Je näher sie dem Tor kam, desto zögernder wurde ihr Schritt. Schließlich schoß sie nach vorn, stellte den Korb neben einen der Torpfosten und zog sich ebensoschnell wieder zurück.

»Da ist etwas für dich!« rief sie. »Hol es dir, wenn du noch da bist! Den Korb kannst du behalten.«

Mary sah, wie sich eine der verbundenen Hände hinter dem Pfosten hervorstreckte und unter den Henkel des Korbes schob.

»Gelobt sei Gott! Gelobt sei Gott!«

Die schrille Stimme wurde schwächer und schwächer, bis sie nicht mehr zu hören war. Langsam belebte sich die Straße wieder. Eine Gruppe Frauen ging schwatzend vorüber, Kinder schrien und tollten umher . . .

»Joseph ist aussätzig«, erklärte Amma ihrer kleinen Tochter. »Aussatz ist eine furchtbare Krankheit, und alle Leute haben Angst, sich anzustecken. Einen Aussätzigen darf niemand berühren.«

Mary nickte ernsthaft. Ein Kälteschauer lief ihr über den Rücken. Sie hatte in der Sonntagsschule von Aussätzigen gehört. Kein Wunder, daß Theresia »Gefährlich!« geschrien hatte. Schon bei dem Wort »Aussatz« dachte man an etwas Schlimmes, an »Sünde«, »äußerste Finsternis« und »Zähneklappen«.

Sie hatte gehört, daß es vor langer, langer Zeit in einem fernen Land, in Palästina, Aussätzige gegeben habe. Daß es aber auch hier in ihrem modernen Indien welche gab, das war beängstigend.

3

Wenn »Heim« die äußere Schale war, die Marys kleine Welt umschloß, so war »Familie« der lebendige Organismus, der sie mit Behaglichkeit erfüllte. Appan war das Haupt der Familie, wie es seine männlichen Vorfahren seit Jahrhunderten gewesen waren. Obwohl er nur knapp 1,65 Meter groß war, kam er der kleinen Mary wie ein ehrfurchtgebietender, ferner Riese vor. Denn in ihren ersten Lebensjahren kümmerte er sich wenig um seine Sprößlinge. »Meine Kinder haben erst von fünf Jahren an einen Vater«, beklagte sich Amma manchmal im Scherz.

Wenn sie aber erst in der Schule waren, interessierte er sich stark für jedes einzelne von ihnen. Vielleicht lag ihm deshalb so viel daran, ihnen eine gute, abgeschlossene Schulbildung zu geben, weil er selbst seine Ausbildung nicht hatte beenden können. Er hatte in Trichonopoly studiert, als sein Vater starb. Da seine beiden Brüder noch zu jung gewesen waren, um die Verantwortung für die Familie zu übernehmen, hatte er sein Studium aufgeben und die Bewirtschaftung der Kokospalmenhaine übernehmen müssen. Er hatte den bescheidenen Wohlstand der Familie durch die Jahre hindurch erhalten und war in seiner Dorfgemeinde ein angesehener Mann geworden.

Die Kinder sahen ehrfürchtig zu ihm auf, wenn er mit väterlicher Würde die Morgen- und Abendandachten leitete und bei der Hauptmahlzeit um acht Uhr abends am Kopfende des Tisches saß. Er hatte scharfe, fast finstere Gesichtszüge, dichte Augenbrauen und tiefliegende Augen. Sein lockiges, weißes Haar und sein wallender, weißer Bart, seine fleckenlosen weißen Kleider – Dhoti, Hemd und ein Schal, der über beide Schultern in Falten gelegt war – waren dazu angetan, seine Autorität noch zu erhöhen. Man konnte es kaum glauben, daß er der »kleine« Verghese genannt wurde.

»Verghese« bedeutet »Sankt Georg«. Der Familienname war Puthisseril. Er kam aber nur als Anfangsbuchstabe vor dem Namen aller Familienangehörigen vor. So hieß zum Beispiel Mary mit vollem Namen: P. V. (Puthisseril Verghese) Mary.

Ammas Familienname war: Mazuvancheriparambath. So war es wohl ein guter Brauch, sich auf den Anfangsbuchstaben zu beschränken.

Zur Familie gehörten nicht nur Vater, Mutter, Brüder und Schwestern, sondern noch sehr viele nähere und weitere Verwandte.

Da war zum Beispiel Onkel Matthew, Vaters Bruder, der als einziger in der Familie Tee statt Kaffee trank und jedesmal, wenn er zu Besuch kam, riesige Mengen davon in sich aufnahm. Dann war da Vaters ältester Vetter Abraham, der sich immer über Marys Schüchternheit lustig machte.

»Da habe ich doch neulich im Dorf gehört, daß deine Tochter Mary stumm und taub ist«, sagte er eines Tages mit seinem dröhnenden Baß zu Amma. »Ist das denn wahr?«

Über und über rot werdend versteckte sich Mary hinter der stattlichen, fächerartigen Schleife hinten an Ammas Dhoti. Aber Amma nahm sie nicht etwa in Schutz!

»Frag sie doch etwas, dann wirst du's schon merken!« antwortete sie.

»Frag sie, ob sie meinen Onkel gern besucht.«

»Besuchst du deinen Großonkel gern?« fragte Vetter Abraham.

»Ja«, murmelte Mary.

»Und nun frag sie, warum?« flüsterte ihm Amma zu.

»Warum?« plapperte ihr Vetter Abraham nach.

»Um Uppappan zu sehen«, erwiderte Mary mit Würde.

Ihre Liebe zu dem Großonkel war so groß, daß sie um seinetwillen ihre Schüchternheit vergaß.

Auch Valiamma, Mutters Tante, gehörte mit zur Familie. Sie wohnte mit ihren sechs Kindern in Parur, der großen Stadt auf dem Festland, jenseits der fünfzehn Meilen langen Insel Vypeen, auf der Marys Geburtsort Cherai lag. Wenn man sie besuchen wollte, mußte man in einem »vallam« fahren, einem hölzernen Boot mit einem Baldachin aus Rohrgeflecht.

Diese Reisen trugen dazu bei, Marys kleine Welt zu erweitern. Aber auch auf Vypeen gab es noch andere Ortschaften: im Süden Ayyampilly, im Norden Pallipuram, wo jedes Jahr ein großes Kirchenfest stattfand und man auf dem Dorfmarkt herrliche Dinge kaufen konnte: kostbare Seidenstoffe, Messinggefäße, gläserne Armringe und vielerlei Süßigkeiten.

Von den achtzigtausend Inselbewohnern waren nur ein Fünftel Christen, und zwar meist römisch-katholische. Zu den Jakobitischen Syrischen Christen gehörte nur ein geringer Bruchteil. Mary kannte sich in den vielen Bräuchen und Religionen zuerst gar nicht aus.

»Morgen ist Onam!« verkündete sie eines Tages im August.

»Nicht für uns!« erwiderte Annamma und runzelte ärgerlich die Stirn. »Das ist ein heidnisches Fest.«

Marys Gesicht wurde traurig.

»Aber Lakschmi sagt doch, es wird zu Ehren des großen Königs Bali und des Gottes Wischnu gefeiert –«

»Wischnu ist doch ein Hindugott!« rief jetzt auch Aleyamma entsetzt. »Du darfst nicht einmal seinen Namen aussprechen.«

»Unsre Feste sind Weihnachten und Ostern«, erklärte Marys drittälteste Schwester Thankamma etwas von oben herab.

»Die sind aber längst nicht so aufregend wie Onam«,

knurrte John, aber so leise, daß seine Mutter es nicht hören konnte. »In manchen Dörfern machen sie große Boxkämpfe. Da geben sich die Boxer niemals geschlagen, und wenn sie noch so bluten. Und Preise bekommen sie! Wunderbar!«

John war der Sportsmann in der Familie. Er sorgte dafür, daß seine Geschwister regelmäßig turnten und Gymnastik trieben. Manchmal ließ er sie minutenlang auf dem Kopf stehen, die Beine gegen die Wand gelehnt.

»Sei nicht traurig!« sagte Amma tröstend zu Mary. »Wir haben zu Onam auch unseren Spaß. Du weißt doch, wie wir immer Geschenke für die Arbeiter zurechtmachen; und wie dann der Obmann von jeder Kaste kommt, sie abholt und uns große Bündel Bananen dafür bringt!«

»Und Weihnachten kommen wir dann an die Reihe«, sagte Aleyamma. »Ist das nicht immer lustig, wenn wir die Sterne basteln?«

Ja, Mary fand Weihnachten auch sehr, sehr schön. Zwei oder drei Tage vorher wurden riesige Sterne aus buntem Papier und Bambusstäben hergestellt. Dabei arbeiteten immer mehrere Kinder zusammen und wetteiferten miteinander, welche Gruppe die schönsten machte. In jedem Stern wurde eine kleine Kerosinlampe oder eine Kerze befestigt, und dann hängte Cherukadan, ein Kokosnußpflücker, die fertigen Kunstwerke an die hohen Palmen vor dem Haus. Barfuß kletterte er an den Stämmen hoch, ohne dabei die Schlinge aus Kokosfasern zu benutzen, die die Füße zusammenhielt. Wenn dann am Heiligen Abend die Jungen kamen, die von Haus zu Haus gingen und Weihnachtslieder sangen, leuchteten ihnen die bunten Sterne schon von weitem entgegen. Ein Feuerwerk im Hof, mit Leuchtkugeln, Feuerrädern und Raketen, beschloß den festlichen Abend.

Der erste Weihnachtsfeiertag war noch aufregender. Schon vor Tagesanbruch stand die ganze Familie auf und ging schweigend den Zickzackpfad zur Kirche, wo schon ein riesiges Freudenfeuer brannte. Nach einer kurzen Andacht am Feuer fand in der Kirche von vier bis sechs Uhr ein Gottesdienst statt.

Die lange Adventsfastenzeit war nun zu Ende. Amma hatte köstliche Gerichte bereitet: mit Fleisch gefüllte Pasteten, einen Pudding aus Zucker, Mehl, Kokosnuß und Punsch und vielerlei Weihnachtskuchen. Auf Matten auf den Veranden sitzend, nahmen auch die Angehörigen der Dienstboten und Angestellten das Weihnachtsmahl mit ein. Die Kinder halfen Amma das Essen auftragen.

Auch Ostern wurde mit Kirchgang und fröhlichem Familienbeisammensein gefeiert. Das feierlichste aller Feste aber war Karfreitag. Obwohl man diesen Tag fast ausschließlich in der Kirche zubrachte und sehr viel knien mußte, empfand ihn Mary nicht als lästig.

Kirche war die dritte Realität in ihrem Leben. Sie ging gern am Sonntagmorgen zum Gottesdienst. Sie freute sich über ihre schönen sauberen Kleider und über den Klang der Glocken, der sie auf ihrem Weg begleitete. Wenn nur eine Glocke läutete, dann war noch viel Zeit. Läuteten zwei, dann mußte man sich beeilen. Und wenn alle drei ihre Stimmen erhoben, dann wußte man, daß der Gottesdienst schon begann.

Die kleine, weißgetünchte Kirche bestand aus drei Abteilungen: der gewölbten Vorhalle, dem Schiff und dem Altarplatz, über dem sich das Dach am höchsten wölbte.

Der Gottesdienst war ein interessantes Schauspiel. Joseph Achan, der Priester, mit seinem weißen, langen Bart, der runden schwarzen Kappe und dem wallenden Talar war ein eindrucksvoller Darsteller. Zwischen den drei Hochaltären war ein ständiges Kommen und Gehen. Lampen wurden geschwungen, und Weihrauch wurde verbrannt. Vor dem Hauptaltar mit dem hölzernen Kreuz und den kunstvollen Schnitzereien hing ein Vorhang, ein wunderbar gestickter Wandteppich, der zur Feier des heiligen Abendmahls, dem Höhepunkt des Gottesdienstes, vom Priester beiseite geschoben wurde.

Als Mary noch ganz klein war, war sie, im Wasser des steinernen Taufbeckens sitzend, von Joseph Achan getauft worden. Segnend hatte er die eine Hand auf ihren Kopf gelegt und ihr mit der andern Wasser über Kopf und Schultern gegossen. Dann war sie mit heiligem Öl gesalbt worden.

Als sie älter wurde, durfte sie teilnehmen an der Feier des heiligen Abendmahls, ehrfürchtig kniend, wenn Joseph Achan, die Schale mit den flachen, in Wein getränkten Broten in der Hand, die Stufen des Altars hinabstieg, kleine Stücke von den Broten abbrach und sie auf die Zunge der Kommunikanten legte.

Jahr für Jahr kniete sie — als mit scheuer Ehrfurcht erfülltes Kind, als gehorsame Schülerin und schließlich als heranreifende junge Frau. Aber obwohl sie ständig unter dem Einfluß der Kirche stand, bedeutete ihr Religion nicht viel mehr als ein Schauspiel, das man sich ansah, Gebete, die man nachsprach, ein Katechismus und biblische Geschichten, die man lernte, ein altes Ritual, das man befolgte.

4

An einem Junitag ging Mary zum ersten Mal zur Schule.

In Begleitung ihrer Schwestern Annamma und Thankamma, die die Oberschule im gleichen Gebäude besuchten, wanderte sie am Morgen den anderthalb Kilometer langen Weg dorthin, machte sich aber dann gleich selbständig und kam abends mit ihren neuen Freundinnen Mariamma und Marthamma nach Hause.

Ihr Hang zur Selbständigkeit zeigte sich auch bei anderen Gelegenheiten. Die unterste Klasse bestand aus zwei Abteilungen. Da die Lehrerin der einen, Subadra Amma, als sehr streng bekannt war, hatte sich die größere Hälfte der Schulanfänger in die Klasse der freundlicheren Dakschajani gesetzt. Unter ihnen auch Mary.

»Würde wohl eine von euch zur anderen Abteilung gehen?«

fragte Dakschajani. Niemand meldete sich. Regungslos saßen die kleinen Mädchen in der überfüllten Klasse.

Plötzlich hob Mary die Hand. Erleichtert atmete die Lehrerin auf.

»Du willst also gehen, liebes Kind?«

»Ja!« erwiderte Mary ruhig, ohne sich um die wütenden Blicke ihrer Klassenkameradinnen zu kümmern.

Sie hatte den Tausch nicht zu bereuen. Subadra Amma, die von ihrer freiwilligen Entscheidung gehört hatte, hieß sie mit ungewöhnlicher Herzlichkeit willkommen. Wenn ihre Schwestern sie in der großen Pause zum Essen abholen wollten, saß sie häufig schon mit ihrer Lehrerin zusammen beim Frühstück.

»Lehrerliebchen!« sagte Babi verächtlich, als Thankamma das abends bei Tisch erzählt hatte.

»O nein, das ist richtig so!« nahm Appan Mary in Schutz. »Meine Tochter sucht sich allein den Weg, statt mit der Herde zu laufen.«

Seine schlanken Finger kneteten sorgfältig eine Portion Reis und Curry, während sein Blick zu seinem siebenten Sprößling am unteren Tischende wanderte. »Freu dich über diese besondere Gunst, mein Kind! Aber denke nicht, du könntest deshalb deine Schularbeiten vernachlässigen.«

Jetzt war also Appans besonderes väterliches Interesse für Mary erwacht. Aufmerksam betrachtete er sich ihre Zeugnisse, war aber immer sehr sparsam mit seinem Lob. »Gut, mein Kind!« sagte er dann wohl. »Aber werde nur ja nicht selbstzufrieden! Man muß immer seine Leistungen zu übertreffen suchen.«

Für Mary galt nun auch die Anordnung des Vaters, jeden Morgen nach der Andacht eine Stunde zu lernen, ehe das Frühstück eingenommen wurde. Aber es kam nicht immer dazu. Oft hatte Appan kaum das Haus verlassen, als John, der bei allem Unfug der Anführer war, aufsprang und rief:

»Er ist fort! Mary, du stehst Wache und sagst uns, wenn

er wiederkommt. Eure Bücher laßt ihr alle offen liegen. Los, George und Babi, wir wollen mal sehen, wer am längsten auf den Händen laufen kann! Ich zähle: eins, zwei, drei ...«

Dann folgte ein munterer Zeitvertreib, bis Mary, oder wer gerade Wache stand, Appans Nahen ankündigte und alle wieder zu ihren Pulten stürzten. Amma drückte bei den Streichen der drei Jungen gern ein Auge zu, es sei denn, sie richteten Unordnung im Hause an oder brachten sich selbst in Lebensgefahr. So sah sie sie eines Tages auf den Seilen entlangbalancieren, die zum Trocknen der Wäsche zwischen den Kokospalmen gespannt waren. Zur Strafe bekamen sie statt der Kokosnüsse, die sie sich hatten holen wollen, eine Tracht Prügel.

Während Appan auf Einhaltung der Arbeitsstunde bedacht war, sorgte Amma dafür, daß ein kräftiges Frühstück auf den Tisch kam: Milch, Obst, Pasteten und eine tüchtige Portion Brei aus Mehl und Kokosnuß, zu dem Bananen gegessen wurden. Mittags schickte sie durch einen Diener eine gute Reismahlzeit in die Schule. Und wenn die Kinder am Nachmittag heimkamen, gab es Obst und Gebäck oder den von Mary sehr geschätzten Pudding aus Mehl, Zucker und Kokosmilch, damit sie bis zum allgemeinen Abendessen um acht Uhr durchhalten konnten. Trotz dieser reichhaltigen Ernährung aß Mary zum Ärger ihrer Mutter immer noch zwischen den Mahlzeiten. Sie und Annamma waren in besonderem Maße mit Gesundheit und Kraft gesegnet, während ihre älteste Schwester Aleyamma nie sehr kräftig gewesen war. Thankamma bekam mit dreizehn Jahren einen schweren Fieberanfall, und Kunjamma war von klein auf ein zartes Kind.

Marys Geist hielt mit ihrem Körper im Wachstum Schritt. Ganz im Gegensatz zu John empfand sie die morgendliche Arbeitsstunde nicht als Last. Als sie zu lesen anfing, tat sich ihr eine neue Welt auf. Sie liebte allerdings Geschichten, die tatsächlich geschehen waren, mehr als Märchen und Legenden. Ihre bevorzugten Helden waren Bergsteiger und Forschungsreisende. Sie löste auch lieber Mathematikaufgaben, als daß sie mit ihren Geschwistern zwischen den Kuhställen und Vorratshäusern Verstecken spielte.

In den ersten vier Jahren besuchte Mary die Englische Mädchenschule, in der die Kinder von Anfang an Englisch lernten. Zwei Jahre nach ihr trat auch ihre jüngste Schwester Kunjamma in diese Schule ein. So ruhig und zurückhaltend Mary war, so lebhaft und gesprächig war Kunjamma. Mary hatte sie aber viel zu gern, als daß sie sie wegen ihrer Selbstsicherheit und Beliebtheit beneidet hätte.

Als Mary sieben Jahre alt war, verlobte sich ihre älteste Schwester. Ihr Bräutigam war ein junger Arzt aus Ayyampilly, mit dessen Familie die Heirat in die Wege geleitet worden war. Mary sah den Vorbereitungen interessiert, aber mit einer bösen Vorahnung zu. Es war gewiß schön, neue Kleider zu bekommen und dem Goldschmied zuzuschauen, der goldene Ketten, Armreifen und Ohrringe anfertigte, die Appan seiner ältesten Tochter als Teil ihrer Mitgift schenken wollte. Aber Mary hatte das Gefühl, als drohe nun die schöne, feste Muschel der Familie mitten entzweizubrechen.

Die Freude an all dem Neuen gewann schließlich die Oberhand. Als einen Tag vor der Hochzeit die Freunde und Verwandten kamen, Geschenke brachten und ganze Berge von herrlichsten Gerichten verzehrten, war Mary, obwohl sie sich immer etwas im Hintergrund hielt, ebenso vergnügt wie die gesellige Kunjamma.

Am nächsten Tag durfte sie sich die lange, feierliche Trauungszeremonie mit ansehen. Aleyammas Name änderte sich nicht, da ihr Mann auch Verghese hieß. Aber Aleyamma selbst war plötzlich eine ganz andere geworden. Erstaunt betrachtete Mary die Schwester, die so fremd aussah in ihrem weißen, goldgestickten Sari. Wie konnte sie nur so ruhig-heiter dreinschauen, wo sie doch Vater und Mutter verließ, um mit diesem jungen Mann zu leben, den sie noch gar nicht kannte?

Aber zu ihrer Beruhigung merkte Mary, daß die Heirat ihrer Schwester die Muschel der Familie nur vergrößerte, statt sie zu zerbrechen. Denn das Haus des jungen Paares in der großen Küstenstadt Kotschin, die man mit einem Dampfer erreichen konnte, wurde ein beliebter Ferienaufenthalt für Aleyammas Geschwister, die dort am Badestrand spielen und Kinos und farbenprächtige Basare besuchen konnten. Und nach einem knappen Jahr kam der kleine Joy zur Welt, ein pausbäckiges Baby mit lockigem, schwarzem Haar, das Appan und Amma mit ganz besonderer Zärtlichkeit zu lieben schienen.

Als Mary in die Mittelschule aufrückte, bekam sie statt des einfachen Kinderröckchens den langen Rock und die tunikaartige Bluse des jungen Mädchens. Sie ließ ihr kurzes Haar wachsen, bis sie es in lange Zöpfe flechten konnte, die sie nie wieder abschnitt. In die Ohrläppchen ließ sie sich Löcher bohren, um die goldenen Ohrringe, die Vater ihr gekauft hatte, tragen zu können. Wenn sie jetzt zum Jahresfest der Schule den Volkstanz, den »kolattam« tanzte, wogte ihr weiter Rock, und die Blütenzweige, die sie trug, flatterten mit ihren dunklen Zöpfen lustig um die Wette.

Manche ihrer neuen Lehrer, zum Beispiel Mr. Rao, waren sehr streng. Glücklicherweise unterrichtete er sie aber in Mathematik, was sie mehr liebte als alle anderen Fächer. Sie brachte stets gute Zeugnisse nach Hause.

Appan konnte sich überhaupt nicht über seine acht Kinder beklagen. Sogar John, der viel lieber Tennis und Volleyball spielte, als sich hinter die Bücher zu setzen, verließ — allerdings dank Appans Wachsamkeit und ständigem Ansporn — als Bester seiner Klasse die Oberschule, um dann in Ernakulam, der Hauptstadt von Kotschin, das Maharadscha-College zu besuchen. Annamma studierte auch schon dort, und zwei Jahre später folgte Babi, der spielend leicht lernte. Wenn die drei Studenten in den Ferien ihre fröhlichen Erlebnisse zu Hause erzählten, konnte es Mary kaum erwarten, auch erst so weit zu sein.

Nach einem guten Mittelschulexamen besuchte sie nun selbst

schon die Oberschule, die von drei religiösen Gemeinschaften gegründet worden war: von den Jakobitern, den Römisch-Katholischen und den Hindus. Es war eine koedukationelle Schule, in der aber Jungen und Mädchen getrennt saßen. Die Jungen hatten auch Sportunterricht, während die Mädchen keine besonderen Turnstunden bekamen. Mary empfand diesen Mangel nicht. Sie sprang und kletterte zu Hause in Hof und Garten umher und probierte Johns Turn- und Gymnastikübungen so lange aus, bis sie sie konnte. Schließlich machte es ihr gar keine Schwierigkeiten mehr, minutenlang auf dem Kopf zu stehen.

Ihre Lieblingsfächer in der Schule waren Mathematik und Naturwissenschaften. Ihr aufgeschlossener Verstand ging an alle Gebiete des Lebens mit den gleichen Grundsätzen des rationalen Denkens heran, wie sie sie aus der Chemie und Mathematik kannte. Oft diskutierte sie mit John, der hartnäckig an manchen abergläubischen Vorstellungen der Dorfbewohner festhielt.

»Wirf die Banane weg!« fuhr er sie eines Tages an, als sie ihn, eine Banane essend, bis zum Tor begleiten wollte. »Weißt du nicht, daß es Unglück bringt, wenn jemand in Gegenwart eines Menschen, der eine Reise antritt, ißt?«

Mary war eher ärgerlich als belustigt; denn sie wußte, daß er es ernst meinte.

»Du solltest dich schämen, John!« schalt sie ihren großen Bruder.

»Und du willst Ingenieur werden? Bringen sie euch denn nicht die Gesetze von Ursache und Wirkung im College bei?«

»O doch!« verteidigte sich John. »Ich möchte aber lieber ganz sichergehen, falls doch ein Körnchen Wahrheit bei den Geschichten ist, die sie so erzählen. Karthikajan sagt, er kenne einen Mann, der auf Reisen ging, als gerade jemand beim Essen saß. Der Mann starb noch am selben Tag.«

»Glaubst du den Geschichten eines ungebildeten Dieners mehr als deinen Professoren?« fragte Mary verächtlich. »Vielleicht versuchst du demnächst auch Elektrizität durch schwarze Kunst zu erzeugen.«

Aber John weigerte sich eigensinnig, wegzugehen, ehe sie die Banane aufgegessen hatte. Und Mary nahm sich ebenso eigensinnig extra viel Zeit dazu, obwohl beide wußten, daß er wahrscheinlich den Dampfer verpassen würde.

Als Marys Geschwister wieder einmal abends bei Tisch ihre College-Erlebnisse erzählt hatten, meinte Mary:

»Ich möchte gern Ingenieur werden. Das muß doch herrlich sein: bauen, die Welt verändern, etwas schaffen –«

John brach in schallendes Gelächter aus.

»Habt ihr das gehört? Unsre Schwester will Ingenieur werden!«

»Sie hat doch nur Spaß gemacht«, sagte Thankamma ruhig. »Hat es denn so etwas schon gegeben, daß eine Frau Ingenieur wird?«

Appan war ernst geblieben.

»Eine Frau kann auch Konstruktives leisten«, sagte er freundlich zu Mary. »Wenn sie auch nicht gerade Ingenieur wird.«

»Was denn dann?« fragte Mary, etwas beleidigt.

»Sie kann Lehrerin werden«, erwiderte Appan. »Sie kann auch Rechtsanwältin oder Ärztin werden wie einige aus unserm Dorf hier.«

»Ich möchte nicht Lehrerin werden«, erwiderte Mary bockig. »Ich möchte nicht Rechtsanwältin werden. Ich möchte nicht –«

»Soll ich dir sagen, was du tun wirst?« fragte John nekkend. »Du gehst ins College, und dann –«

»Und dann?« Mary hielt den Atem an.

»Dann heiratest du!«

»Nein!« rief Mary. »Nein, das werde ich nicht tun!«

»Woher willst du das wissen?«

Mary fand nicht gleich eine Antwort auf diese Frage. Sie fühlte sich plötzlich unsicher und hilflos. Stimmte das? Würde es ihr gehen wie Aleyamma, die seit ihrer Verheiratung außer ein bißchen Sticken nicht viel gelernt hatte? Oder wie Annamma, deren Heirat mit einem fremden jungen Mann gerade in die Wege geleitet wurde?

Nein, sie wollte nicht heiraten! Wenigstens noch lange, lange nicht! Sie wollte erst noch lernen, in ferne Länder reisen, etwas schaffen! Und vor allem wollte sie von niemand abhängig sein, ganz bestimmt nicht von einem fremden Mann. Allein wollte sie auf dem abenteuerlichen Weg des Lernens und Schaffens dahinwandern — auf ihren eigenen gesunden, kräftigen Beinen.

5

Selbst für eine Schülerin wie Mary war das Abschlußexamen nach dreijähriger Oberschulzeit ein drohendes Gespenst. Nicht, daß sie Angst gehabt hätte, es nicht zu bestehen! Aber um Appans willen wollte sie es mit Auszeichnung bestehen. Wie seine Söhne John und Babi, so wollte sie als seine Tochter ebenfalls den Kunjavara-Preis gewinnen, den die Schule jedes Jahr dem besten der abgehenden Schüler zuerkannte.

Sie arbeitete wie wild, und sie gewann den Preis.

Ein Teil davon war ein Buch, die Autobiographie eines Inders aus dem Norden des Landes, der auch hier im Süden immer berühmter wurde. Er hieß Jawaharlal Nehru.

»Gut!« sagte Appan befriedigt.

Dieses eine Wort war für Mary größere Belohnung als der Kunjavara-Preis.

Zu ihrer größten Enttäuschung konnte sie nicht sofort zum College, weil man sich dort erst von vierzehneinhalb Jahren an immatrikulieren durfte. Mary war zwar in Wirklichkeit schon fünfzehn, aber ihr Geburtsdatum war aus irgendeinem Grund falsch eingetragen worden. So mußte sie noch ein Jahr zu Hause bleiben.

Sie versuchte diese Zwischenzeit so gut wie möglich auszunützen, half Amma in der Küche und stellte die Einkaufslisten für Pappachan zusammen, der für die Familie einkaufte. Denn hier in Kotschin war es nicht üblich, daß Frauen in den Basaren herumliefen. Sie ließ sich auch von Aleyamma im Sticken unterrichten, brachte es aber nicht zu der Fertigkeit wie Kunjamma, die ihre freie Zeit größtenteils dazu benutzte, Kissen und Decken zu sticken.

Zu Ammas Freude verlor Mary jetzt ihre kindliche Schlankheit und wurde sogar ziemlich mollig. In ihren neuen Saris sah sie so erwachsen aus, daß Kunjamma wie ein Kind neben ihr wirkte. Amma hätte es allerdings lieber gesehen, wenn Mary die Kleidung der Syrischen Christinnen getragen hätte: den weißen Dhoti mit einer riesigen Schleife hinten, die weiße Bluse und den halben Sari, der nur einmal herumgewickelt wurde. Aber Mary versuchte ihr klarzumachen, daß sich ein modernes junges Mädchen nicht mehr so kleiden könne. Sie würde sich darin ebenso komisch vorkommen wie in dem schleifenlosen Dhoti und der bunten Bluse einer Hindufrau aus Kotschin.

»Ja, ja, die Zeiten haben sich geändert«, seufzte Amma. »Aber es ist nicht gut –«

Mary erwiderte nichts. Sie hatte sich jetzt mit wichtigeren Dingen auseinanderzusetzen als mit Kleidermoden. Es war das Jahr 1940, und in Europa wütete der Krieg. Die Feuerstürme des Nationalismus fegten über Indien hin. Nicht nur über die Provinzen, die direkt unter britischer Kolonialherrschaft standen, sondern auch über die fünfhundert Eingeborenenstaaten wie Kotschin und Trawangur. Zu Tausenden waren Mitglieder der nationalistischen Bewegung, des »Kongresses«, unter ihnen viele junge Männer im Alter von Marys Brüdern, in die Gefängnise geworfen worden, weil sie sich an Gandhis Feldzug des gewaltlosen Widerstands beteiligt hatten. Obwohl den Engländern durch diese Feldzüge schon gewisse Konzessionen abgerungen worden waren, war Indien doch noch weit entfernt von der Unabhängigkeit. Gerade jetzt waren die Nationalisten wieder aufs neue empört, weil die

Engländer Indien ohne seine Zustimmung mit in den Krieg hineingezogen hatten.

»Wir verurteilen zwar auch die deutsche Aggression«, erklärte Babi seiner Schwester. »Aber wir wollen selbst unsre Entscheidungen treffen. England soll uns unsre Unabhängigkeit geben oder uns wenigstens versprechen, daß wir sie bekommen, sobald der Krieg vorüber ist. Dann sind wir gern bereit, unsre und ihre Freiheit zu verteidigen. Wenn sie das aber nicht tun ...«

»Nimm dich in acht!« rief Appan so heftig, wie man es gar nicht bei ihm gewohnt war. »Du gehst ins College, um etwas zu lernen und nicht, um dich in politische Probleme einzumischen, die dich nichts angehen.«

»Die Freiheit meines Landes geht mich wohl etwas an!« widersprach Babi hitzig. »Willst du denn nicht, daß Indien frei wird?«

»Doch, natürlich!« erwiderte Appan. »Aber so etwas entwickelt sich langsam. Überlaß das älteren, klügeren Leuten! Du kannst deinem Vaterland am besten dadurch dienen, daß du ins College gehst und nicht ins Gefängnis.«

Babi entgegnete nichts. Aber Mary sah, wie er die Stirn runzelte und die Lippen zusammenpreßte. Von da an sprachen er und George von solchen Dingen nur noch, wenn Appan außer Hörweite war.

Als das Jahr Wartezeit vorüber war, verließ Mary die enge Inselwelt, um nach Ernakulam ins College zu gehen. Ernakulam war zwar erst seit kurzem Seehafen, wurde aber sehr schnell eine Handels- und Residenzstadt, das Zentrum des bevölkertsten Gebiets Indiens. Auf seiner breiten Hauptstraße herrschte buntbewegtes Leben. Da fuhren Busse, Autos, handgezogene Karren und Rikschas. Da sah man bleichgesichtige Ausländer in Shorts und Tropenhelmen; Inder in Dhotis und Hemden, in westlichen Hosen und Turbanen, in safrangelben Gewändern; hinduistische Sadhus; weiße und schwarze Juden; Bettler, die an einer furchtbaren Elephantiasis litten, einer

Krankheit, die in dieser Gegend so bekannt war, daß man vom »Kotschin-Bein« sprach; und hin und wieder auch den Maharadscha in seiner prächtigen Limousine, wenn er, begleitet von seinen berittenen Leibwächtern und buntbemalten Elefanten, aus seiner Residenz in die Stadt herabkam.

Mary zog zu Thankamma ins Heim des Christlichen Vereins Junger Mädchen (Y. W. C. A.), wo fast nur nichtkatholische christliche Studentinnen aus Kotschin und Trawangur wohnten. Die hinduistischen Studentinnen waren meist in staatlichen Heimen untergebracht.

1940 war das Maharadscha-College eins von den drei Colleges im Staate Kotschin, wo sich Frauen immatrikulieren durften. Es war der Universität Madras angegliedert.

»Vielleicht lasse ich dich weiterstudieren, wenn du im College gut vorankommst«, hatte Appan Mary etwas unbestimmt zugesagt.

»Weiterstudieren« bedeutete entweder, daß sie hier das vierjährige Collegestudium zu Ende führte oder daß sie nach zwei Jahren an ein anderes Institut ging, um sich für einen bestimmten Beruf, etwa den des Arztes, auszubilden. Sie wußte noch nicht genau, was sie wollte. Aber eins war ihr klar; sie hatte von Gott alle Fähigkeiten geschenkt bekommen, die man zum Studieren brauchte, und das mußte sie voll ausnützen. Sie belegte Kurse in Englisch, Malayalam, Mathematik, Physik und Chemie. Mathematik war noch immer ihr Lieblingsfach, aber Chemie kam gleich danach.

Ihre Zimmergenossinnen, C. T. Achamma und Elizabeth Mathai, Ammini genannt, wurden bald ihre besten Freundinnen. Mary und Ammini ergänzten sich gut. Ammini war klein und beweglich, hatte eine lebhafte, helle Stimme und eine natürliche Begabung, in der Öffentlichkeit zu sprechen, während Mary groß war, eine tiefe Stimme hatte und ein sehr zurückhaltendes Wesen besaß. Da Ammini eine begeisterte Patriotin war, interessierte sich auch Mary bald sehr für die nationale Unabhängigkeitsbewegung in Indien.

Es war August 1942. England und seine Verbündeten schienen den Krieg zu verlieren. Benang und Singapur waren gefallen. Zu Hunderttausenden strömten die Flüchtlinge aus Birma nach Indien, und Indien stand in Gefahr, von den Japanern besetzt zu werden. Noch gab es keine Anzeichen für eine Änderung in der englischen Politik. Sir Stafford Cripps war nach Indien gekommen und hatte allerlei Vorschläge mitgebracht, in denen unbestimmte Versprechungen für eine zukünftige Selbstbestimmung gemacht wurden. Für den Augenblick aber wurden dem Land weder Recht noch Stimme zuerkannt, um sich selbst verteidigen zu können. Die Hoffnungen, die auf Grund der 1941 in der Atlantik-Charta gegebenen Garantien erwacht waren, wurden wieder zerstört. Die Spannungen hatten ihren Höhepunkt erreicht. Schließlich forderte das Gesamtindische Kongreß-Komitee, das am 8. August in Bombay zusammenkam, sofortige Freiheit für das Land und sanktionierte einen allgemeinen, gewaltlosen Widerstand unter Gandhis Leitung. Ehe dieser Plan ausgeführt werden konnte, wurden Tausende von nationalistischen Führern, unter ihnen Gandhi und Nehru, ins Gefängnis geworfen.

Ganz Indien war in Aufruhr. Es war wie zur Zeit des Juni-Monsuns, der alles auf den Kopf stellte, die Felder in Haffs und die Haffs in trügerische Meeresarme verwandelte.

»Es ist soweit!« rief Babi triumphierend, als er eines Abends zu einem seiner häufigen Besuche ins Y. W. C. A.-Heim kam. »Jetzt endlich können wir handeln. Hast du schon von dem ›hartal‹ gehört, von dem Streik, der für morgen ausgerufen ist?«

»Ja!« erwiderte Mary. Wie konnte das auch anders sein, wenn man mit Ammini in einem Zimmer wohnte!

»Wir werden's ihnen zeigen«, fuhr Babi erregt fort. »Die Zeiten sind vorüber, wo eine Nation die andere unterjochen kann. Mahatma Gandhi, ›ki dschai‹!«

Sieg für Mahatma Gandhi! Das war einer der Slogans, den jeder nachsprach.

»Willst du damit sagen, daß du dich dem Streik anschließen willst?« fragte Mary mit etwas unbehaglichem Gefühl.

»Klar! Denkst du denn, ich wäre ein Feigling oder ein Verräter?«

»Aber — was wird Vater dazu sagen?«

Diese Worte ernüchterten Babi für einen Augenblick.

»Wir können keine Rücksicht auf ihn nehmen, Mary«, sagte er dann.

»Er versteht uns nicht. Er gehört zu einer anderen Generation. Wir leben in einer neuen Welt!« Seine dunklen Augen glühten. »Oder es kann eine neue Welt werden, wenn wir sie dazu machen.«

»Sei aber vorsichtig!« bat sie. »Stell dir vor, du würdest verhaftet!«

Er nickte.

»Ich werde nur tun, was ich tun muß.«

Er ließ Mary beunruhigt zurück. Sie wußte, daß Appan es nicht gutheißen würde, wenn sie sich an dem Streik beteiligten. Aber ihre ganze Sympathie gehörte den streikenden Studenten. Sie mußte sich entscheiden zwischen der Liebe zu Appan und der Liebe zum Vaterland.

An diesem Abend hielt eine Rechtsanwältin, die politisch tätig war, eine zündende Ansprache im Studentenheim. Ihre Argumente waren überzeugend. Dem Unterricht fernzubleiben, war ganz gewiß nur ein kleines Opfer für die Freiheit, wenn man bedachte, daß Hunderte indischer Schwestern, wie Nehrus Frau Kamal und Gandhis Gattin Kasturbai, Jahre im Gefängnis zugebracht hatten. Das war Mary völlig klar. Es war überhaupt kein Opfer zu groß, wenn man nur an sich selbst zu denken brauchte . . .

Noch lange lag Mary in dieser Nacht wach.

»Na, wie ist's?« fragte Ammini am nächsten Morgen, als sie ihre Plakatbündel zusammensuchte. »Gehst du nun zum Unterricht oder nicht?«

»Nein!« erwiderte Mary.

Es gab zwar in dieser Gegend eine aktive nationalistische Gruppe, die »Kerala Congress Party«, – Kerala ist ein alter Name für Kotschin, Trawangur und Malabar – aber es war nicht die Regierungspartei. Daher nahmen die Oberschulen und Colleges in Ernakulam nicht am Streik teil.

»Wir stellen uns als Streikposten an die Oberschule«, sagte Ammini.

»Kommst du mit, Mary?«

Mary ging mit. Stundenlang stand sie mit ein paar anderen Mädchen am Eingang der Oberschule und forderte die Schüler, die kamen, auf, wieder nach Hause zu gehen. Alles verlief friedlich, aber geräuschvoll. Mary wurde ganz heiser vom vielen Slogan-Schreien.

»Unabhängigkeit!«

»Raus aus Indien mit den Ausländern!«

»Sieg für Mahatma Gandhi!«

Die Schüler und Studenten waren leicht zu überreden. Die ganze Stadt war auf den Beinen. Schreiende Demonstranten liefen durch alle Straßen. Es blieben so viele von den Schulen weg, daß diese geschlossen werden mußten. Nachdem der Streik offiziell vorüber war, setzten ihn Ammini und viele andere von sich aus noch fort, liefen durch die Korridore des Collegs und riefen ihre Slogans, bis die anderen Studenten die Hörsäle verließen und sich ihnen anschlossen.

Die Gefängnisse waren überfüllt.

»Wenn du nun verhaftest wirst« sagte Mary besorgt zu Ammini.

»Darauf warte ich ja nur«, entgegnete Ammini unbekümmert.

Die unmittelbare Krisis ging vorüber und mit ihr auch die Gefahr der japanischen Invasion. Das Feuer des Nationalismus brannte zwar weiter unter den Studenten, aber der Unterricht verlief bald wieder nahezu normal.

Im zweiten College-Jahr faßte Mary den Entschluß, Ärztin zu werden. Vielleicht war sie beeinflußt von Achamma und

Ammini, die beide nach zwei Jahren das College verlassen und Medizin studieren wollten. Sie hatten sich schon beim Christian Medical College in Vellore beworben, das ungefähr achtzig Meilen westlich von Madras lag.

»Möglicherweise werden wir gar nicht angenommen«, meinte Ammini. »Es soll sehr schwierig sein, dort hineinzukommen.«

»Warum wollt ihr denn nicht an eine staatliche Universität gehen?« fragte Mary. »Ihr werdet doch sicher einmal eine staatliche Anstellung suchen, wenn ihr fertig seid.«

»Vellore ist von einer bedeutenden amerikanischen Ärztin, Dr. Ida Scudder, gegründet worden«, erwiderte Achamma. »Es hat einen ausgezeichneten Ruf. Die vielen Syrischen Christen, die dort studieren, sagen alle, es habe den staatlichen Universitäten etwas voraus: Es sei christlich.«

Das war bestimmend für Mary. Sie beschloß, sich auch in Vellore um Zulassung zum Studium zu bewerben.

Appan war nicht sehr begeistert davon.

»Wart es ab!« riet er. »Es kann ja sein, du überlegst es dir noch anders. Bleib im College und mach dort dein Abschlußexamen!«

Auch ihre Brüder redeten ihr nicht zu. George, der selbst Medizin studierte, war am meisten dagegen.

»Es ist kein Beruf für eine Frau. Du mußt dann auch Nachtbesuche machen.«

Als Mary nach zwei Jahren als Beste von allen Studentinnen der staatlichen Colleges ihr Zwischenexamen machte und auch noch ein monatliches Stipendium für die nächsten zwei Studienjahre bekam, waren Appan und ihre Brüder noch mehr dagegen, daß sie umsattelte.

Mary entschloß sich, noch zu warten. Die Hauptsache war, daß sie überhaupt weiterstudieren durfte. Sie belegte nur jetzt an Stelle der Mathematik Chemie als Hauptfach, weil das für ein späteres Medizinstudium wichtiger war.

Nun wurde ihre geliebte jüngste Schwester Kunjamma ihre

Zimmergenossin. Andere Freundinnen traten an Achammas und Amminis Stelle, die beide in Vellore angenommen worden waren. Und auch in der Familie traten im Lauf der Monate Veränderungen ein.

Eines Tages im August fuhren Mary und Kunjamma zu Johns Hochzeit mit Annie, einem Mädchen aus Cherai, nach Hause. Zur Trauung trug Mary einen neuen grünen Sari mit rotgestickter Kante. Am Tag darauf fuhr die ganze Familie mit einem Dampfer nach Pazaanji, einem andern Dorf, wo Thankamma mit einem reichen jungen Kaufmann getraut wurde, der ebenfalls Verghese hieß.

»Wie leer das Haus geworden ist!« sagte Appan, als sie wieder zurückkamen. »Aber das ist schon richtig so, mein Kind«, fügte er schnell hinzu, als er Marys trauriges Gesicht sah. »So muß es ja sein.«

Seit sich Mary entschlossen hatte, Ärztin zu werden, bekam sie auf einmal einen Blick für allerlei, was sie früher fast nicht beachtet hatte: die vielen unterernährten Kinder, die im Straßenstaub spielten; die zahllosen, von Pockennarben entstellten Gesichter; die von Tuberkulose ausgezehrten Gestalten. Aber sie sah das alles eher mit Interesse als mit Widerwillen. Nur ein einziges Mal während der zwei Jahre ihres Collegestudiums war sie fast entsetzt bei dem Gedanken, Ärztin zu werden.

Einer der bedeutendsten Menschenfreunde Indiens, der dem Maharadscha-College einen hohen Betrag für einen Kursus in pharmazeutischer Chemie gespendet hatte, war gekommen, um den Kursus selbst einzuweihen. Als er mit Dr. K. N. Menon, dem Chemieprofessor, auf der Plattform stand, beugte sich Marys Nachbarin zu ihr und flüsterte: »Wußtest du schon, daß er aussätzig ist?«

Mary sah das Mädchen völlig entgeistert an.

»Nein«, gab sie ebenso leise zurück.

Und diesem Mann mußte der arme Dr. Menon die Hand geben!

6

Das sehnlichst erwartete und ebensosehr gefürchtete Examen war vorüber. Mary hatte es als Beste in allen naturwissenschaftlichen Fächern bestanden, war aber in Englisch durchgefallen.

Sie litt sehr unter diesem Versager. Erst nach fünf Monaten konnte sie sich wieder zur Englischprüfung melden. Diesmal bestand sie. Aber ein ganzes Jahr war verloren; denn wenn sie sich jetzt auch in Vellore um einen Studienplatz bewarb, würde es bestimmt sechs Monate dauern, bis sie erfuhr, ob sie zugelassen war.

War denn das Medizinstudium überhaupt das Richtige für sie? Sie hatte in Chemie ein ausgezeichnetes Prüfungsresultat erzielt und konnte nach vier Semestern eine Dozentenstelle am College bekommen, während eine medizinische Ausbildung noch einmal fünfeinhalb Jahre dauern würde.

Ihre Brüder, die sie in dieser Unsicherheit um Rat fragte, konnten ihr wenig helfen. John, der jetzt in Amerika an einem polytechnischen Institut als Ingenieur arbeitete, äußerte sich nur sehr zurückhaltend. George, der Medizinstudent, riet ihr immer noch vom Arztberuf ab, und auch Babi, der sein Mathematikstudium mit Auszeichnung abgeschlossen hatte, war nicht sehr für eine medizinische Laufbahn.

»Du mußt dich selbst entscheiden«, meinte Appan.

So bewarb sich Mary in Vellore.

Während sie auf Antwort von dort wartete, konnte sie sich zu Hause nützlich machen. Ihre Schwester Thankamma, die im Dezember 1945 eine kleine Tochter, Omana, bekommen hatte, war kurz darauf schwer an Gelenkrheuma erkrankt und lag bei ihren Eltern. Mary übernahm nun die Sorge für das Baby und half auch Thankamma pflegen, die verbittert und eine schwierige Patientin war.

Als sie dann mit fünfundsiebzig anderen Bewerberinnen zu einer Vorwahlprüfung nach Vellore bestellt wurde — nur fünfundzwanzig konnten zum Studium angenommen werden –, fuhr sie, äußerlich ruhig, von zu Hause fort. Amma hatte in den letzten Tagen vor dem Abschied schon manchmal geweint. Denn für sie war eine Stadt jenseits der Berge fast ebensoweit entfernt wie die jenseits der Meere, wo John war. Und auch Appans Augen hatten beim Lebewohlsagen einen verdächtig feuchten Schimmer.

Mary fuhr zunächst mit einem Boot nach Parur, wo ihre Kusine Kunjannam, die auch zu der Prüfung bestellt war, sie erwartete. Die zehn Meilen bis Alwaye legten sie dann im Bus zurück, begleitet von Kunjannams Bruder Matthew, der ihnen mit ihren Koffern, Körben und Bettrollen in den Kotschin-Expreß half. Die Abteile dritter Klasse waren so vollgestopft mit Studenten, die nach Madras fuhren, daß sie kaum richtig sitzen konnten.

Der Zug fuhr über den Ponnani und ließ bald die Palmenhaine und Reisfelder von Kotschin weit zurück. Als sie durch die Palghat-Schlucht, den einzigen größeren Einschnitt in dem sechshundert Meilen langen westlichen Gebirgszug Indiens, hindurchfuhren, sah Mary plötzlich dichte Wälder und kahl emporragende Berggipfel. Dann waren auf einmal auch die Berge verschwunden. Die Erde wurde so flach wie eine riesengroße, braune Untertasse. Bestürzt starrte Mary zum Fenster hinaus. Wo waren die üppigen grünen Wiesen, die herrlichen, jadegrünen Palmen und Bananenstauden, die smaragdgrünen Reisfelder? Dieses Land östlich der Berge sah ja aus wie eine Wüste!

»Hier fehlen die feuchten Juni-Monsune fast völlig«, erklärte ein älterer Student. »Es gibt in Indien nur wenige Gebiete, die wie Kotschin im Jahr dreihundert Zentimeter Regen haben.«

Auch wenn Mary nicht so eingekeilt gesessen hätte, hätte sie nicht schlafen können. Die Hitze war so groß, daß man unmöglich die Fenster schließen konnte. Und so wirbelte der Staub herein, setzte sich auf die Kleider, Arme und Hände und drang sogar durch die fest umgebundenen Tücher in die Haare und ins Gesicht. Marys Augen schmerzten. Die fürchterliche Trockenheit verbrannte ihr fast die Kehle.

Der Morgen dämmerte. Die unbestimmten Umrisse draußen wurden zu Dörfern, die schattenhaften Erhebungen zu riesengroßen Felsengebilden, die aus einer toten, flachen Ebene aufstiegen. Das dürre Land erwachte zum Leben. Kochfeuer flammten zwischen am Straßenrand hockenden Gestalten auf und erfüllten die Luft mit Kuhdunggeruch. Krähen begannen heiser zu krächzen, Bauern fuhren mit Ochsenkarren auf ihre Felder.

»Katpadi! Alles austeigen!«

Mary und Kunjannam suchten ihr Gepäck zusammen, riefen ein paar Kulis heran und stürzten sich in das Gewühl des Bahnsteigs.

»Mary! Mary Verghese!«

Zu Marys Freude waren Achamma und Ammini unter den älteren Studentinnen, die sie und einige andere Prüflinge abholten.

Eine Reihe seltsam aussehender Fahrzeuge, Jutkas genannt, standen vor dem Bahnhofsgebäude. Mißtrauisch sah sich Mary den kleinen, hohen, mit einem Pferd bespannten Wagen mit dem runden Rohrbaldachin an, der sie zum College bringen sollte. Er kippte verdächtig auf seinen beiden Rädern, als sie hinten den Tritt hinaufkletterte, kam aber dann wieder ins Gleichgewicht, nachdem sie und die anderen jungen Mädchen sich mit gekreuzten Beinen auf die dünne Matte gesetzt hatten. Es war erstickend heiß in dem Käfig, wie Mary die Jutka nannte, und das Dach war so niedrig, daß man nicht einmal aufrecht sitzen konnte. Er knirschte und schaukelte bei jedem Hufschlag des flinken Pferdchens.

»Jetzt sind wir in Vellore«, sagte Achamma nach einer Weile. »Dort ist das Krankenhaus, in dem wir ausgebildet werden.«

Mary versuchte, um den Baldachin herumzuschauen, aber sie sah nichts als ein Gewirr von Straßen, Basaren, Gebäuden und Fußgängern. So froh sie war, bald am Ende ihrer Reise angekommen zu sein, so entsetzt war sie andererseits bei dem Gedanken, in diesem Krach, dieser Hitze und dem widerlichen Staub leben zu müssen.

Achamma und Ammini schwatzten inzwischen munter darauflos. Sie versuchten, in der halben Stunde, die sie noch bis zum College zu fahren hatten, nicht nur ihre eigenen Erlebnisse aus ihrem zweijährigen Aufenthalt im College zu erzählen, sondern noch ein Vierteljahrhundert seiner Geschichte dazu. Zwei Worte kehrten immer wieder wie das Klippklapp der Hufe: Dr. Ida – Dr. Ida –

Dr. Ida hatte die Medizinische Schule im Jahre 1918 gegründet, schon lange bevor indische Frauen in nennenswerter Anzahl aus ihrer Abgeschlossenheit heraustraten und sich einen Beruf suchten; zu einer Zeit, als besonders der Arztberuf für Frauen als degradierend galt. Sie hatte fast kein Geld gehabt, keine ärztlichen Hilfskräfte, keine Gebäude. Aber das hatte sie ganz und gar nicht entmutigt.

»Wenn Sie sechs Schülerinnen bekommen, können Sie anfangen«, hatte der Generalarzt in Madras gesagt. »Aber ich bin überzeugt, daß sich nicht mehr als drei melden werden.«

Es hatten sich neunundsechzig gemeldet, und ihre erste Klasse, bestehend aus vierzehn jungen Inderinnen, hatte bei der ersten Jahresprüfung aller medizinischen Schulen in der Präsidentschaft Madras am besten abgeschnitten. Ungläubig lauschte Mary diesen Erzählungen. Wie konnte sich in einer Frau so viel Energie und Größe verkörpern, wie man sie dieser Dr. Ida nachsagte? Sie hatte Medizin studiert, weil sie von der Not der indischen Frauen erschüttert gewesen war; hatte fast völlig allein ein Frauenkrankenhaus gegründet, eine Schwesternschule geschaffen und so lange bei den Frauen in aller Welt um Mitarbeit und um Geldmittel geworben, bis aus dem kleinen Krankenhaus ein gewaltiges medizinisches Zentrum mit nahezu vierhundert Betten geworden war. Noch mit siebzig Jahren hatte sie Tennisturniere mitgemacht und sogar gewonnen und war in ihrer Wahlheimat so bekannt, daß vor einigen Jahren ein Brief mit der Anschrift: »Dr. Ida, Indien« ohne weiteres ankam.

»Aber das ist noch nicht alles«, fuhr Ammini begeistert fort. »Als 1938 die Kongreßpartei in der Präsidentschaft Madras an die Macht kam, wurden alle medizinischen Schulen aufgefordert, sich der Universität anzuschließen, damit ihre Studenten einen akademischen Grad erreichen konnten. Das bedeutete, daß Vellore, das für einen fünfjährigen Kursus ein Diplom in Medizin und Chirurgie gab, sehr wahrscheinlich geschlossen werden mußte. Denn um es zum Universitätsstandard erheben zu können, mußte es mindestens zweihundert Lehrbetten mehr haben und wenigstens noch zwölf Professoren mit höheren akademischen Graden als sie die Mitglieder des bisherigen Stabs besaßen. Dazu noch neue Laboratorien und Abteilungen. Das kostete aber mehr als eine Million Dollar. Ließ sich Dr. Ida dadurch entmutigen? Nein! Obwohl sie schon über siebzig war, zog sie drei Jahre lang in den USA hin und her und sprach manchmal zwei- oder dreimal täglich, um Geld für ihr College zu beschaffen.«

»Und das gelang ihr?« fragte Mary, wider Willen gefesselt. Dumme Frage! dachte sie. Wenn es ihr nicht gelungen wäre, würde sie, Mary, ja jetzt nicht hier sein!

»Ja«, erwiderte Ammini, »das heißt, beinahe! Nächstes Jahr soll eine Universitätskommission noch eine Schlußinspektion machen, obwohl Vellore provisorisch schon anerkannt ist. Das ist Dr. Idas Werk. Jeder sagt, sie habe ein Wunder vollbracht.«

Ob sie vielleicht übermüdet war, jedenfalls ärgerte sich Mary allmählich über diese Ausländerin, die es sich zur Aufgabe gemacht hatte, die Probleme Indiens zu lösen. Was mußte sie für eine anmaßende, unausstehliche Person sein! Und wie konnte Ammini, die begeisterte Patriotin, die ihr Land von der Herrschaft des Westens befreien wollte, so völlig ihrem

Zauber verfallen? Mary begann es heftig zu bereuen, daß sie hierher gekommen war.

»Jetzt sind wir gleich da!« verkündete Achamma. »Diesen runden, felsigen Hügel hier links nennen wir College Hill.«

Mary, die eine Weile die Augen geschlossen hatte, sah sich um. Die Landschaft hatte sich verändert. Die Stadt mit ihrem Lärm und Schmutz lag hinter ihnen. Die Luft war so klar, daß man auf dem Hügel zur Linken deutlich jeden Stein, jedes Grasfleckchen, jeden einzelnen Wedel an den drei Palmen auf seinem Wipfel sehen konnte. Sie fuhren durch ein weites Tal, das nach allen Seiten von purpurroten Bergen umschlossen war und von einem Himmel, so klarblau wie das Arabische Meer. Mary atmete tief.

Die Jutka hielt vor einem langen Steingebäude, dessen Eingang von einer weißen Kuppel überwölbt war. Eine große, hagere Ausländerin kam heraus, um sie zu begrüßen. Es war Dr. D. L. Graham, eine Engländerin, die das Studentinnenheim leitete. Sie gefiel Mary sofort. Sie war freundlich, machte aber nicht viel Worte.

»Willkommen in Vellore, Mädels! Ihr seid sicher müde. Führt sie in ihre Zimmer, ihr älteren, und sorgt dafür, daß sie ›tschota‹ bekommen!«

»Tschota?« Was bedeutete wohl dieses Hindiwort?

Mary folgte den andern jungen Mädchen durch den bogenförmigen Eingang des Verwaltungsgebäudes in einen Garten, in dessen Mitte sich ein großer, runder Lilienteich befand. Staunend blieb sie stehen. Wohin sie schaute, waren grüne Kletterpflanzen und Büsche, gelbe und orangefarbene Wandelröschen, rosa und weiße Antigonon, alle Schattierungen von Bougainvilleas, vom blassen Rosa bis zum leuchtenden Karmesinrot. Und vor allem gab es Blau, Blau in Hülle und Fülle!

»Das hat sich Dr. Ida so ausgedacht«, sagte Achamma, die Marys Entzücken merkte. »Sie hat dafür gesorgt, daß hier das ganze Jahr hindurch Blumen blühen. Und Blau und Weiß sind unsre Schulfarben.«

Wieder Dr. Ida! Und in welchem Ton sie immer von ihr sprachen! Wie wenn Amma vom heiligen Thomas erzählte.

Im Studentenheim angekommen, entdeckte Mary, daß »tschota« ein kleines Frühstück war. Glücklicherweise gab es nicht Tee statt Kaffee, wie sie befürchtet hatte, und sie brauchte auch nicht nach westlicher Manier mit gräßlichen Werkzeugen zu essen, sondern so, wie die meisten Inder es liebten: mit den Fingern.

»Nur hin und wieder benutzen wir Messer und Gabel«, sagte Ammini mit verschmitztem Lächeln. »Nach der Anatomiestunde, wenn wir mit Leichen zu tun gehabt haben.«

Ein paar der Neuankömmlinge wurden blaß. Aber wenn Ammini gehofft hatte, Mary durch diese Andeutungen zu erschrecken, so hatte sie sich geirrt. Dazu war sie zu sehr Wissenschaftlerin. Sie wurde von ganz anderen Befürchtungen gequält. War sie ganz sicher, daß sie lieber die christliche Medizinische Schule hier besuchen sollte als eine staatliche? Wenn diese Fremden sie nun mit ihrem exotischen Christentum zu infizieren suchten? Schon fühlte sie, wie sich etwas in ihr dagegen empörte. Ihre Ahnen waren bereits Christen gewesen, als die europäischen Vorfahren dieser Dr. Ida aus Amerika vielleicht noch nach den magischen Riten der Druiden lebten oder dem heidnischen Thor oder Wotan opferten.

Glücklicherweise brauchte sie sich ja nicht sofort zu entscheiden. Wahrscheinlich hatte sie auch wenig Aussicht, zu den fünfundzwanzig Erwählten zu gehören. Denn von den fünfundsiebzig jungen Mädchen, die sich mit ihr bewarben, kamen viele von englischsprechenden Schulen und Missionscolleges, die zweifellos bevorzugt wurden. Sie hoffte fast, kein Glück zu haben.

Die Kandidatinnen wurden zu fünft in einem Zimmer im Studentenheim untergebracht. Sie schliefen entweder in einem großen, luftigen Raum im 2. Stock oder auf den Veranden rings ums Haus. Einige glaubten so fest daran, angenommen zu werden, daß sie ihre ganzen Habseligkeiten gleich auspackten. Mary tat das nicht. Sie hatte alles, was sie für eine Woche brauchte, sorgfältig in ihrem Koffer obenauf gelegt.

Der nächste Tag – es war Montag, der 24. Juni – brachte so vielerlei Neues, daß sie sich später nur noch dunkel daran erinnerte: ein allgemeines Bekanntmachen und Vorstellen, wobei jeder Prüfling eine Nummer ausgehändigt bekam, die er für den Rest der Woche an seinem Sari tragen mußte; Rundgänge durch die Vorlesungsräume und das ganze College-Grundstück und anderes mehr. Aber eine Stunde dieses Tages würde sie nie wieder vergessen.

»Ich möchte dich jetzt mit in die Kapelle nehmen«, sagte Achamma, als sie am späten Nachmittag zu Mary ins Zimmer kam.

Marys Gesicht wurde abweisend.

»Muß ich dorthin gehen?«

Achamma lächelte.

»Nein, aber ich möchte gehen; und ich würde mich freuen, wenn du mitkämest.«

»Gut!«

Statt Mary durch den Garten zu führen, ging Achamma mit ihr um das große Viereck der Collegegebäude herum, so daß sie von hinten zur Kapelle gelangten. Es war ein achteckiger Bau aus grauem Stein, der in schlichter Würde aus grünen Büschen und blühenden Sträuchern emporragte. Auf seine weiße Kuppel fiel das Licht der untergehenden Sonne, so daß sie durchsichtig wie Alabaster schimmerte.

»Ich wollte gern, daß du unsre Kapelle so siehst«, sagte Achamma.

»Manche sagen, sie sähe dem Tadsch Mahal ein bißchen ähnlich. Sie ist so wunderbar schlicht.«

»Ja«, sagte Mary und blickte unverwandt auf die Kapelle.

»Und siehst du, wie die beiden Mahagonibäume rechts und links davon ganz symmetrisch dazu wachsen, rund wie die Kuppel? Das hat sich Dr. Ida so ausgedacht.«

Mary lief plötzlich so schnell auf den Eingang der Kapelle

zu, daß die etwas kleinere Achamma Mühe hatte, mit ihr Schritt zu halten.

Ein paar Minuten später saß sie auf einer Matte in einem weiten, kühlen Raum inmitten der anderen Mädchen und erlebte einen Gottesdienst, wie sie ihn noch nie erlebt hatte. Staunend blickte sie nach vorn. Statt eines hohen, geschnitzten Altars sah sie nur ein einfaches Podium, über dem eine ruhigbrennende Messinglampe hing. Statt Weihrauchduft stahl sich der Wohlgeruch von Alyssum, Rosen und Jasmin durch die schmalen, vergitterten Öffnungen unterhalb der Kuppel. Und noch nie hatte sie solch eine Musik gehört. Keine feierlichen Choräle oder uralten Psalmen aus vergangenen Jahrhunderten, sondern Lieder, in denen die Schönheiten des Lebens und der Natur besungen wurden: die Herrlichkeit eines Sonnenuntergangs, die Freuden menschlicher Liebe und Freundschaft, die Fahrt eines Schiffers, der sein Boot über das ruhelose Meer hinsteuert.

Auch die Gebete waren anders. Selbst Appan, der bei der Abendandacht frei betete, sprach nie so vertraulich mit Gott, wie das hier geschah. Trotzdem fühlte sie sich nicht fremd hier. Still und andächtig saß sie da, den Blick zu den schmalen Öffnungen hinaufgewandt, hinter denen sich das Karmesinrot des Himmels allmählich in Rosa und dann in ein zartes Lila verwandelte.

Plötzlich sah sie, daß sich eine Frau erhoben hatte, um zu sprechen. Sie war nicht besonders groß. Ihr Haar war weiß, und in ihrem Gesicht waren tiefe Linien eingegraben, aber sie wirkte trotzdem jugendlich. Vielleicht waren es ihre Augen, die sie so jung erscheinen ließen. Sie waren von einem klaren, leuchtendhellen Blau, wie die Winden, die draußen an der Gartenmauer blühten.

»Ihr jungen Mädchen wollt also gern Ärztinnen werden«, sagte sie lächelnd. »Oder ihr glaubt wenigstens, daß ihr es gern wollt. Was meint ihr, wenn ich euch jetzt einmal erzähle, was mich dazu bestimmte, Ärztin zu werden?«

Die Geschichte, die Dr. Ida Scudder erzählte, war fast unglaubhaft.

»Ich war neunzehn Jahre«, begann sie, »gerade so alt wie viele von euch, als ich nach mehrjährigem Studium an einem Seminar in den USA in mein Geburtsland Indien zurückkehrte. Ich kam nur, weil meine Mutter krank geworden war und mich brauchte. Sobald es ihr wieder gutging, wollte ich in die Vereinigten Staaten zurück und dort ein freies, glückliches Leben führen. Aber eines Nachts, als ich allein am Schreibtisch in meines Vaters Missionshaus in Tindivanam saß, geschah etwas ...«

Die Worte, die Dr. Ida gebrauchte, waren schlicht. Ihre Stimme klang warm, aber undramatisch. Doch als sie jetzt einen Augenblick schwieg, herrschte eine so vollkommene Stille in der Kapelle, daß das Schreien einer Nachtschwalbe erschreckend laut von draußen hereintönte.

»Ich hörte Schritte auf der Veranda und ging zur Tür. Da stand ein großer, würdevoller Brahmane. Ich fragte ihn, was ich für ihn tun könne.

›Meine junge Frau liegt in schweren Wehen‹, erwiderte er. ›Die Hebamme weiß sich keinen Rat mehr. Wollen Sie kommen und ihr helfen?‹

Ich sagte ihm, daß ich nichts von Geburtshilfe verstände. Ich könnte weniger helfen als die ungeschulte Hebamme. Aber mein Vater wäre Arzt und würde gern mitgehen. Doch er trat stolz zurück und sagte:

›Sie denken doch nicht etwa, daß ich meine Frau von einem Mann behandeln lasse? Dann soll sie lieber sterben!‹

Ich ging verstört und unglücklich zu meinem Schreibtisch zurück. Da klopfte es wieder. In der Hoffnung, der Brahmane habe es sich anders überlegt, lief ich zur Tür. Aber es war nicht der Brahmane. Es war ein Moslem. Entsetzt hörte ich ihn die gleiche Bitte vorbringen. Seine junge Frau liege im Sterben, ob ich ihr helfen wolle. Ich führte den Mann zu meinem Vater, und wir redeten ihm beide zu, seine Hilfe anzunehmen. Ich versprach ihm sogar, meinen Vater zu begleiten und unter seiner Anleitung zu tun, was ich könnte. Aber er lehnte es ab. Seine religiösen Vorschriften erlaubten es nicht, daß ein fremder Mann seine Frau ansah.

Ich ging in mein Zimmer zurück. Mein Herz war so schwer, daß ich meinte, es nicht mehr ertragen zu können. Ich versuchte zu lesen, zu schreiben, aber ich konnte an nichts anderes denken als an diese beiden jungen Frauen. Da hörte ich wieder Schritte. Wieder stand ein Mann vor der Tür, ein Hindu aus einer anderen hohen Kaste, der die gleiche Bitte vorbrachte. Auch er weigerte sich, meinen Vater zuzuziehen.

Ich konnte in dieser Nacht nicht schlafen. Ich glaube, es war das erste Mal, daß ich von Angesicht zu Angesicht vor Gott stand. Ich wußte, daß er mit mir sprach. Und ich wollte nicht antworten. Ich wollte mein Leben nicht in Indien verbringen. Ganz früh am Morgen hörte ich das dumpfe Dröhnen von Hindutrommeln, als ein Leichenzug auf dem Weg zum Flußufer an unserm Haus vorüberkam. Ich schickte einen Diener fort, der sich erkundigen sollte, was aus den drei Frauen geworden war. Sie waren alle drei tot. Sie waren gestorben, weil keine Ärztin dagewesen war, die zu ihnen hätte gehen können.

Nach schweren inneren Kämpfen und heißen Gebeten traf ich meine Entscheidung. So wurde ich Ärztin, und so kam ich nach Indien.«

Ein tiefes Aufatmen ging durch die Reihen der jungen Mädchen. Als Mary wieder zu den vergitterten Öffnungen oben in der Kapelle hinaufschaute, sah sie, daß der Himmel draußen jetzt ein tiefes Nachtblau angenommen hatte, in dem die Sterne leuchteten und glänzten. Sie hatte gar nicht gemerkt, wie die Zeit vergangen war. Aber sie wußte auf einmal, daß sie in dieser kurzen Zeitspanne viel weiter gewandert war als von der Dämmerung bis zur Dunkelheit. Sie war nicht mehr im ungewissen über das, was sie tun sollte. Sie wußte, daß sie nur noch den einen Wunsch hatte: hier in Vellore zu bleiben.

7

Mary sah der Aufnahmeprüfung voller Angst entgegen. Jetzt, wo ihr so viel daran lag, sie zu bestehen, schien ihr der Ausgang noch unsicherer zu sein.

Dr. Ida hatte den Vorsitz bei den schriftlichen Prüfungsarbeiten in der Aula. Um den Kandidatinnen etwas über ihre Schüchternheit hinwegzuhelfen, erzählte sie ihnen zuerst einiges aus ihrer eigenen Studienzeit in Amerika, wo das Medizinstudium für Frauen noch so verpönt war, daß die Studenten trampelten und sich über sie lustigmachten, als sie den Vorlesungsaal betraten.

»Glücklicherweise ist diese Zeit vorbei!« sagte sie zum Schluß fröhlich. »In Amerika und auch hier bei euch! Wir wollen dankbar sein, daß wir heute nicht mehr beweisen müssen, daß wir Verstand haben, sondern nur, daß wir wissen, wie wir ihn anwenden müssen.«

Wieder ernst werdend, bat sie Gott mit schlichten Worten, jedem Mädchen die nötige Weisheit und Kraft für diesen Tag zu schenken. Mary forschte fast angstvoll in dem strahlenden Gesicht. Sie hatte sich ein ganz bestimmtes Bild von Dr. Ida gemacht. Würde sie eine Enttäuschung erleben? Aber die blauen Augen waren im Licht des Tages ebenso klar und offen wie im Schein der alten Messinglampe. Der warme Glanz, der in ihnen leuchtete, zeugte von mehr als Interesse und fröhlichem Humor. Er rührte von einer unauslöschbaren inneren Flamme her, die den Weg dieser Frau erhellt hatte. Ja, es lohnte sich, diesem Glanz zu folgen!

Die Beantwortung der Prüfungsfragen in Physik und Chemie fiel Mary nicht schwer. Nach einer kurzen Pause folgten dann allgemeine Intelligenzprüfungen. In den nächsten drei Tagen arbeiteten die Kandidatinnen in Gruppen von je acht oder zehn zusammen. Sie zeichneten Baupläne für ein Arzthaus, die sie dann gegenseitig kritisieren mußten. Sie bekamen Krankenhausmöbel hingestellt und mußten so schnell wie möglich ein Wohnzimmer in ein Krankenzimmer verwandeln. An einem kleinen Jungen mußten sie zeigen, wie sie bei einem Beinbruch Erste Hilfe leisten würden.

Mary wußte nicht recht, ob sie ihre Sache gut gemacht hatte. An Ideen und Einfällen fehlte es ihr nicht, aber ihre Schüchternheit und ihr mangelhaftes Englisch hinderten sie oft, sie zu äußern. Bei der Eignungsprüfung an Apparaten und Maschinen fühlte sie sich sehr viel mehr zu Hause. Hier wogen ein scharfes Auge und geschickte Hände die Langsamkeit beim Sprechen völlig auf. Nur einmal versagte sie.

Als sie im chemischen Labor bestimmte Einzelteile eines Apparates in möglichst kurzer Zeit zusammensetzen sollte, mußte sie zu ihrem Schrecken feststellen, daß der Apparat ganz anders war als der, den sie kannte. Sie vergeudete so viel kostbare Zeit damit, festzustellen, wohin die verschiedenen Teile gehörten, daß sie dann nicht mehr zum Zusammensetzen kam.

Endlich waren die drei Prüfungstage vorüber. Hellwach lag Mary in der Nacht darauf in ihrem Bett und versuchte sich einzureden, daß es wirklich nicht darauf ankäme, ob sie bestand oder nicht. Wenn sie nicht für den Arztberuf geeignet war, so war es besser, das jetzt zu erfahren. Sie wurde dann eben Lehrerin. Die Prüfungsaufgaben waren fair gewesen. Sie beteiligte sich nicht an den unzufriedenen Äußerungen, die von einigen Nachbarbetten zu ihr herüberdrangen:

»Wir haben bestimmt keine Chancen! Sie werden die nehmen, die in Missionscolleges studiert haben. Verlaßt euch drauf!«

»Oder die, die mehr Kontakt mit Europäern gehabt haben«, hörte sie jemand anders in Malajalam sagen.

Die Junihitze war so drückend, daß die Mädchen ihre Feldbetten aus dem großen Schlafsaal auf die obere Veranda geschleppt hatten. In Kotschin begann nun schon die Regenzeit. Mary vermißte den herben Geruch der Meeresluft. Aber hier waren die Sterne viel heller. Die Luft war so klar, daß die

Umrisse des wie ein Elefant aussehenden Berges hinter dem College sogar im Dunkeln genau zu sehen waren.

Am folgenden Morgen traten die achtzehn Mitglieder des Wahlausschusses zur entscheidenden Beratung zusammen. Es gehörten nicht nur Fakultätsmitglieder dazu, sondern auch spezielle Berater, unter ihnen ein Psychologe und ein Psychiater, die alle bis spät in die Nacht hinein damit beschäftigt gewesen waren, die Prüfungsarbeiten auszuwerten.

Inzwischen waren die Kandidatinnen nach Vellore gefahren, um das Krankenhaus zu besichtigen, das im Zentrum der übervölkerten Stadt lag. Es war ein Labyrinth von Sälen, Zimmern, Treppen, Korridoren, Höfen und Seitengebäuden, die überfüllt waren mit Menschen. Staunend sahen die jungen Mädchen Reihen um Reihen weißer Betten mit roten Decken; Wartezimmer mit sitzenden, hockenden und liegenden Gestalten; eine Kapelle, die sich wie eine Silhouette gegen einen sonnenbeschienenen Hof abhob; Arbeiter, die mit schweren Lasten hohe Leitern hinaufstiegen; Ochsenkarren, die mit Ziegelsteinen beladen waren; ein schmiedeeisernes Tor, ein Kunstwerk aus Blättern und Blüten der Lotosblume. Und Menschen – Menschen, wohin man blickte.

Mary war so beschäftigt, sich alles anzusehen, daß sie nur Bruchstücke von den Erklärungen mitbekam, die in englischer Sprache gegeben wurden.

»... bis jetzt nur 371 Betten, aber bis Juli 1948 müssen wir sechshundert haben ...«

»... ein neuer Block für Pathologie, ein neues Entbindungsheim und eine neue gynäkologische Abteilung. Alles innerhalb kürzester Zeit ...«

»Verwaltungsgebäude, Kinderabteilung, Poliklinik, Chirurgische Abteilung: alles wird durch neue Stockwerke erweitert ...«

Mary war es ganz wirr im Kopf, als sie das Krankenhausgelände verließen. In der Stadt selbst gab es nichts, was sie nicht schon kannte: enge Basare; kleine Läden, in denen handgetriebene Silbersachen ausgestellt waren; Amulettverkäufer; Schlangenbeschwörer; schmale Gassen, in denen getünchte, lustigbemalte Häuser in Reih und Glied nebeneinander standen; Bürgersteige, auf denen schlafende oder eifrig schwatzende Menschen lagen oder saßen. Selbst die mächtige alte Festung mit dem von grünem Schaum bedeckten Wassergraben hätte irgendwo in Kotschin stehen können.

Als alle wieder im College waren, kam der große Augenblick. Die Prüflinge wurden auf die äußere Veranda des Verwaltungsgebäudes gebeten, wo sie sich in der Reihenfolge ihrer Nummern aufstellten. Dann wurden sie einzeln in ein Bürozimmer neben dem Haupteingang gerufen. Dort erwartete sie Dr. Ida. Neben ihr stand ihre Nichte, Dr. Ida B. Scudder, die auch zum Ärztestab gehörte und augenblicklich als Registratorin fungierte.

Mary, die die Nummer 20 hatte, beobachtete, wie die Mädchen vor ihr im Büro verschwanden und dann mit strahlendem oder traurigem Gesicht wieder herauskamen, mechanisch lächelnd, mit zusammengepreßten Lippen, verärgert, gleichgültig oder betont reserviert. Hinter ihr lachten und kicherten ein paar Mädchen, um ihre Nervosität zu verbergen. Mary stand still da und ging nur immer mechanisch einen Schritt vorwärts, wenn die Reihe vorrückte.

»Wie kannst du nur so ruhig sein?« fragte ein Mädchen verwundert. »Man könnte denken, du hättest gar keine Angst.«

»O doch!« erwiderte Mary, erstaunt, daß die Menschen immer meinten, Lebhaftigkeit und viele Worte seien Zeichen innerer Bewegung.

Als ihr Name aufgerufen wurde, betrat sie das Büro. Dr. Ida B. Scudder begrüßte sie herzlich.

»Wir haben uns sehr gefreut, Sie diese Woche hiergehabt zu haben, Mary. Wir hoffen, Vellore hat Ihnen gefallen.«

Das war also das Ende. Sie gehörte nicht zu den Auserwählten.

»Danke«, erwiderte sie ruhig.

Dr. Ida ergriff ihre Hand. Aus nächster Nähe gesehen, waren ihre Augen noch blauer. Sie hatten die Farbe des Arabischen Meeres, wenn das helle Sonnenlicht darauf fiel. Und ihr weißes Haar war wie ein Gespinst aus Seide. Mary hatte plötzlich den unerklärlichen Wunsch, es zu berühren.

»Für Sie besteht durchaus noch Hoffnung, meine Liebe«, sagte Dr. Ida freundlich. »Sie sind die nächste nach den ersten fünfundzwanzig. Wir hätten gern, daß Sie noch ein paar Tage hierbleiben. Es könnte doch sein, daß Sie noch gewählt werden.«

Wie betäubt ging Mary hinaus.

»Na, was war?« fragte Achamma, die auf sie gewartet hatte.

»Ich bin die sechsundzwanzigste«, antwortete Mary leise. »Ich soll noch hierbleiben. Aber –«

Sie schwieg. Wer möchte denn gern zweite Wahl sein? hatte sie sagen wollen.

»Du bleibst natürlich hier«, sagte Achamma eindringlich.

Mary blieb. Nicht weil sie noch gewählt zu werden hoffte, sondern weil sie so den Augenblick hinausschieben konnte, wo sie Appan sagen mußte, daß sie durchgefallen war. Die Prüflinge, die nicht bestanden hatten, reisten ab. Mary ging mit Achamma und ein paar älteren Studentinnen mit zum Bahnhof und sah ihre Kusine Kunjannam im Kotschin-Expreß davonfahren. Einige der Durchgefallenen machten ihrem Ärger Luft.

»Na, was haben wir dir gesagt? Wir hatten keine Chancen! Ein Glück, daß die staatlichen Universitäten nicht soviel Getue machen! Du vergeudest nur deine Zeit, wenn du hierbleibst, Mary.«

Mary gab keine Antwort. Mit leiser Genugtuung stellte sie fest, daß keiner der Prüflinge auch nur die geringste Kritik an Dr. Ida übte.

Der große Schlafsaal des Studentenheims war ziemlich leer geworden. Müde von dem anstrengenden Tag legte sich Mary schlafen. »Ich möchte nicht hierbleiben«, hörte sie ein junges Mädchen leise jammern. »Ich möchte heim. Ich möchte nicht hierbleiben.«

Zwei andere hatten sich zu ihr gesetzt und schienen ihr gut zuzureden. Was sie sagten, konnte Mary nicht verstehen. Sie empfand fast etwas wie Verachtung für diese Kandidatin, die das Examen bestanden hatte und sich nun vor Heimweh nicht zu lassen wußte.

Am andern Morgen gleich nach dem Frühstück brachte Achamma die Nachricht, daß dieses Mädchen nach Hause führe.

»Ach, das ist aber bedauerlich«, sagte Mary. »Wahrscheinlich wird sie dann noch unglücklicher werden.«

»Bedaure es lieber nicht! Weißt du denn nicht, was das bedeutet, wenn sie geht? Dann kommst du doch an die Reihe!«

»Ach!« Verstört sah Mary Achamma an.

Seltsam, daß sie daran gar nicht gedacht hatte!

Der Vormittag ging vorüber, ohne daß sie noch etwas hörte. Da es Sonntag war, aßen die Studentinnen mit den Ärzten zusammen im Speisesaal des Studentenheims. Dabei sollten die neuen Studentinnen eingeführt werden.

Mary zog ihren Lieblingssari an und bürstete ihr widerspenstiges Haar besonders gründlich.

Dr. Graham, ihre Gruppenleiterin, wartete an der Tür des Speisesaales auf sie, die eckige Gestalt kerzengerade aufgerichtet, das magere Gesicht vor Freude strahlend.

»Ich habe eine schöne Nachricht für Sie, Mary! Eins der jungen Mädchen ist ausgefallen, und Sie sind an ihrer Stelle gewählt. Meine herzlichsten Glückwünsche! Wir werden Sie gleich mit den andern zusammen einführen.«

Mary verbeugte sich lächelnd, als sie vorgestellt wurde. Sie verbarg ihre Schüchternheit hinter einem würdevollen Auftreten. Alle Mitglieder des Ärztestabes gratulierten ihr, auch Dr. Ida.

»Ich freue mich für Sie«, sagte sie warm und hielt Marys

Hand länger als unbedingt nötig fest. »Ich glaube, Sie haben das Zeug dazu, eine gute Ärztin zu werden.«

Ob das wirklich der Fall war?

Mary erledigte zwar in den nächsten Tagen alles, was eine neuaufgenommene Studentin zu erledigen hat, aber ganz sicher war sie immer noch nicht. Schließlich schrieb sie an ihren Vater: »Was soll ich tun? Entscheide Du für mich!«

Er antwortete sofort, klar und bestimmt:

»Bleibe und studiere Medizin!«

8

Nun die Entscheidung gefallen war, stürzte sich Mary mit Feuereifer in das neue Leben und hatte sich bald gut eingewöhnt. Obwohl sie mit vier jungen Mädchen ein sehr kleines Zimmer teilen mußte, gab es nur wenig Spannungen. Muriel war gewöhnlich in ein Buch vertieft und meist guter Stimmung; Leela war sehr ruhig; Rose vergnügt und immer freundlich, etwas mehr für Moden interessiert als für das Studium; und Mary John, die als einzige mit im ersten Semester studierte, war syrische Christin wie Mary und auch ebenso lernbegierig wie sie. Ihr Spitzname »Lily« paßte sehr gut zu ihrer kleinen, zarten Gestalt und ihrem hübschen Gesicht. Mary und Lily benutzten denselben Schreibtisch und hatten bald enge Freundschaft geschlossen.

Der Arbeitstag begann schon sehr früh. Um sechs Uhr zwanzig versammelten sich sämtliche Studentinnen zum kleinen Frühstück im Speisesaal, gingen von da zur Andacht in die Kapelle, und um sieben Uhr begann dann der Unterricht. Um neun Uhr war eine kurze Frühstückspause und mittags eine Pause für den Lunch. Nachmittags um drei Uhr wurde Tee serviert, den Dr. Ida hin und wieder mit den jungen Mädchen im Studentenheim einnahm. Die Studentinnen des ersten Semesters pflegten ein Mal bei ihr im Rektor-Bungalow eingeladen zu werden.

Zu ihrer großen Enttäuschung erfuhr Mary, daß Dr. Ida nicht mehr lange im College blieb. Sie war schon sechsundsiebzig Jahre alt und führte nur noch so lange den Vorsitz, bis Dr. Cochrane von seinem Urlaub aus England zurückkam. Er war Lepra-Spezialist und hatte 1944 die Leitung des College und des Krankenhauses übernommen. Eines Sonntags bat Achamma Mary, doch einmal mit in Dr. Idas Bibelklasse zu kommen. Mary ging nur widerstrebend mit. Die Gruppe traf sich in einem kleinen Andachtsraum neben der Kapelle. Dr. Ida las aus der Bibel vor und sprach ganz zwanglos über den Text. Dann betete sie. Sie redete so selbstverständlich und so vertraut mit Gott wie ein Kind mit seinem Vater. Danach beteten mehrere Mädchen. Mary hatte das unbehagliche Gefühl, daß man das auch von ihr erwarte. Aber darin täuschte sie sich wohl. Als der Bibelunterricht vorüber war, gab ihr Dr. Ida ein kleines Andachtsbuch mit dem Titel »Licht für den Tag«.

»Ich möchte, daß das alle meine jungen Mädchen besitzen«, sagte sie schlicht.

Im August wurde Dr. Idas offizielle Pensionierung gefeiert. Die Studentinnen schmückten ihr zu Ehren einen Sessel mit blauen und weißen Blumen aus dem Garten und begruben sie fast unter Girlanden aus Rosen und Jasmin. Jasminblüten im Haar und brennende Lampen in den Händen, schritten sie im Reigen um sie herum. Auch ein Festspiel führten sie auf, in dem sie einige Höhepunkte aus Dr. Idas fast fünfzigjähriger, hingebungsvoller Arbeit für ihr geliebtes Indien darstellten.

Nachdem Dr. Ida nach Hill Top, ihrem Sommersitz in den Palani-Bergen, abgereist war, schien das Leben aus Vellore verschwunden zu sein.

Aber sie ist doch in Wirklichkeit gar nicht fort, dachte Mary, die von Tag zu Tag mehr erkannte, was für eine erstaunliche Willenskraft und aufopfernde Liebe dazu gehört hatte, dieses Christliche Medizinische College aufzubauen. In jedem Stein eines jeden Hauses, in jeder Blume, in jedem Baum, ja in jedem von uns ist etwas von ihr.

Das war eine Mahnung für Mary. Eine Mahnung, so zu leben, so zu werden wie Dr. Ida.

Mary konnte es gar nicht erwarten, bis sie die vormedizinischen Kurse hinter sich hatte und mit dem eigentlichen Medizinstudium beginnen konnte. Nach etwa drei Monaten teilte ihr Dr. Ida B. mit, daß die Universität Madras sie wegen ihrer hervorragenden Leistungen in Chemie und Physik von weiteren Kursen in diesen Fächern befreie. So brauchte sie in den nächsten drei Monaten nur noch für Biologie zu arbeiten.

»Ich würde Ihnen empfehlen, in der Zeit, die Sie dadurch gewinnen, Maschinenschreiben zu lernen«, empfahl ihr Dr. Ida B., die als Leiterin des Ambulatoriums und der radiologischen Abteilung tätig war.

Mary nahm sich den guten Rat zu Herzen und meldete sich sofort mit einer anderen, ebenso glücklichen Kommilitonin zu einem Schreibmaschinenkursus an.

Im Dezember fand das Examen an der Universität in Madras statt, das Mary ohne Schwierigkeit bestand. Kurz darauf fuhr sie zum ersten Mal nach Hause, begleitet von M. P. Aleyamma, meist nur M. P. genannt, und Ammini George, zwei anderen jungen Mädchen aus Kerala. Als sie im Hause ihres Bruders George, der sich als Arzt in Kotschin niedergelassen hatte, Zwischenstation machte, war dort gerade die Nachricht eingetroffen, daß Appan einen schweren Herzanfall erlitten habe. George und Mary fuhren sofort nach Cherai, wo sie Appan schon wieder etwas wohler antrafen. Zwei Tage später konnten sie ihn und Amma mit nach Kotschin nehmen. Er war in den wenigen Tagen seines Krankseins furchtbar abgemagert und gealtert, aber sein Interesse am Wohlergehen seiner Kinder war unverändert geblieben. Er und Amma ließen sich Marys Erlebnisse in Vellore bis in alle Einzelheiten erzählen. Als Mary ihren Eltern das »Licht für den Tag« zeigen wollte, fand sie es nicht mehr in ihrem Koffer. Es mußte ihr wohl in Madras verlorengegangen sein. Sie war sehr unglücklich darüber. Natürlich konnte sie sich ein neues kaufen, und das tat sie später auch; aber es war nicht das, was ihr Dr. Ida geschenkt hatte.

Der Abschied von ihrem Vater fiel Mary diesmal besonders schwer. Er wurde nie wieder ganz gesund, wenn er auch mit der Zeit die Aufsicht über seine Palmenhaine wieder übernehmen konnte. Mary und ihre Geschwister lernten es jetzt erst richtig schätzen, wie kostbar und welch ein Segen es war, daß die Familie noch vollzählig sein durfte.

In Vellore begann sie nun mit dem zweijährigen, vorklinischen Studium. Dazu gehörten Anatomie, Physiologie und im ersten Jahr Organische Chemie und im zweiten Biochemie.

»Ich hoffe, du magst Anatomie lieber als ich«, sagte Achamma und schüttelte sich. »Du kannst mir's glauben oder nicht: Ich fiel fast in Ohnmacht, als ich zum ersten Mal ins Sezierzimmer ging.«

Mary interessierte sich sehr für Anatomie, wenn auch manches dabei unangenehm war. Etwas anderes beunruhigte sie viel mehr: die große Zahl der Aussätzigen in Vellore. Wenn sie in die Stadt fuhr, sah sie diese Kranken an den Straßenrändern sitzen. Bettelnd hoben sie ihre Hände hoch, wenn ein Auto vorüberfuhr, Hände, deren Finger oft nur Stümpfe oder zu einer Klaue zusammengekrümmt waren. Sie liefen auf den Bahnsteigen umher, hoben ihre blinden Augen und zerfressenen Gesichter zu den Abteilfenstern empor und wimmerten: »Ammal, ammal, ich habe Hunger, ich bin blind! Seien Sie meine Mutter und mein Vater!«

Mary hatte wohl gehört, daß es um Vellore herum prozentual die meisten Aussätzigen auf der Welt geben sollte. Aber die ganze Tragweite dieser Feststellung wurde ihr erst klar, als sie eines Tages Achamma abholte, die jeden Morgen zur klinischen Ausbildung ins Krankenhaus fuhr. Bei einem Rundgang durch das Krankenhausgelände kamen die beiden jungen Mädchen an einer Gruppe niedriger Häuser vorbei, die etwas abseits von den übrigen Gebäuden lagen. Auf der Veranda des einen stand eine Reihe ärmlich gekleideter Patienten. An einem kleinen Tisch saß ein Arzt. Im Schatten eines in der Nähe stehenden Baumes lagen oder hockten noch andere Kranke, die dort vor der glühenden Sonne Schutz suchten.

»Unsre neue Aussätzigenklinik«, sagte Achamma beiläufig.

Trotz der Hitze fühlte Mary plötzlich einen Kälteschauer über ihren Rücken laufen.

»Müssen die Studenten hier auch klinisch arbeiten?« fragte sie matt.

Seltsam, sooft sie sich mit der Frage beschäftigt hatte, ob sie Ärztin werden sollte oder nicht, niemals war ihr der Gedanke gekommen, daß sie es auch mit Aussätzigen zu tun haben könnte.

»Ja, manchmal arbeiten wir alle dort«, erwiderte Achamma ohne besondere Erregung. »Und wir werden auch auf ›Wanderpraxis‹ schon ein wenig in der Behandlung Aussätziger ausgebildet, wenn wir mit den Ambulanzen auf die Dörfer fahren.«

»Und da müssen wir sie richtig anfassen? So wie der Arzt dort auf der Veranda?«

Achamma sah sie erstaunt an.

»Selbstverständlich! Warum auch nicht?«

Mary war sprachlos. Achamma, die beim Anblick einer Sektion fast ohnmächtig wurde, war völlig gelassen bei dem Gedanken, Aussätzige behandeln zu müssen. Erinnerungen an den alten Joseph, an die verlassene Dorfstraße, an den ängstlichen Ausdruck in Ammas Augen ließen sie wieder vor Entsetzen schaudern.

»Aber – wie bringst du das nur fertig?«

»Ich glaube, du machst dir ganz falsche Vorstellungen von dieser Krankheit«, erwiderte Achamma. »Aber Dr. Cochrane wird ja demnächst einen Vortrag darüber halten.«

Kurz darauf sprach Dr. Cochrane, der wieder aus England zurück war, in einer öffentlichen Versammlung über den Aussatz. Als ehemaliger medizinischer Sekretär der britischen Lepra-Mission war er ein maßgeblicher Fachmann auf diesem Gebiet.

»Lepra ist eine der ältesten Krankheiten, die die Menschheit kennt«, begann er seinen Vortrag. »Wo sie auftrat, war sie von Mythen, Aberglauben, Furcht und Schrecken umgeben. Sie wird als ekelerregendste aller Krankheiten bezeichnet, und in den Worten ›moralisch aussätzig‹ ist der Begriff von Schuld und Sünde verewigt. Schon in der frühesten Geschichte Indiens ist die Lepra als ›madscharog‹, als Fluch der Götter, bekannt.«

Mary überlief ein kalter Schauer. »Zurück! Schnell fort von hier!«

Theresias Schrei gellte ihr noch in den Ohren, als hätte sie ihn eben erst gehört.

»Aber der Aussatz ist kein Fluch«, fuhr Dr. Cochrane fast ärgerlich fort. »Er ist kein Merkmal der Sünde, kein moralisches oder soziales Stigma. Deshalb protestieren wir Leprologen auch so heftig gegen das Wort ›Aussätziger‹ wie der Tuberkulose-Spezialist gegen das Wort ›Schwindsüchtiger‹. ›Aussätzig‹ und ›befleckt‹ und all solche Worte zeugen von einer mittelalterlichen Anschauungsweise, die irrig und unwissenschaftlich ist. Denn die Lepra ist wie die Tuberkulose eine Krankheit, die durch einen Bazillus verursacht wird. Wir nennen sie die Hansen'sche Krankheit, nach dem norwegischen Arzt, der 1873 den Lepra-Erreger entdeckte. Sie ist eine außerordentlich interessante Krankheit, die die tüchtigsten Wissenschaftler herausfordert und der Forschung ein reiches und noch unerschlossenes Feld bietet. Und ganz im Gegensatz zur landläufigen Meinung ist sie nur wenig ansteckend. Viel weniger als die Tuberkulose. Erwachsene sind relativ unempfänglich. Im allgemeinen ziehen sich Kinder im frühen Alter diese Krankheit durch engen, dauernden Kontakt mit einem infektiösen Fall zu. Der aussätzige Bettler steckt selten die, die er um Almosen bittet, an. In wirklicher Gefahr befinden sich nur die Kinder, die Jahr für Jahr in seiner unhygienischen Hütte mit ihm zusammenleben.«

Mary war tief beeindruckt von dem, was sie hörte. Ihr Verstand gab dem erfahrenen Arzt und Wissenschaftler recht. Aber vom Gefühl her war sie immer noch nicht völlig überzeugt.

9

Die Veränderungen, die das Jahr 1947 für Indien mit sich brachte, waren die folgenschwersten seit Jahrhunderten. Die Zeit des Kolonialismus ging zu Ende. Eine neue Nation wurde geboren. Zum ersten Mal seit mehr als zweitausendzweihundert Jahren, seit der Regierung des friedliebenden Aschoka, sollte das Land geeint und frei sein.

Als der 15. August, der Tag der Unabhängigkeit, anbrach, war die Freude über die neugewonnene Freiheit vermischt mit Trauer über ein geteiltes Land, über blutige Aufstände, über tragische Massaker und Völkerwanderungen.

Doch in der Medizinischen Schule in Vellore gab es keine Konflikte. Hindus, Moslems und Christen lebten in bestem Einvernehmen miteinander.

Die neue Vorsitzende, Dr. Hilda Lazarus, war Inderin, eine hochbegabte Frau, die alle wertvollen Eigenschaften in sich vereinigte, die die nationale Führerschaft Indiens auszeichneten. Sie hatte vorher eine leitende Stellung beim Ärztlichen Frauendienst des Landes innegehabt, besaß sieben medizinische Grade, die sie in Indien, Irland, Kanada und den USA erworben hatte, und war viermal vom britischen König durch Verleihung hoher Medaillen geehrt worden. Aber sie hatte nicht nur eine ungewöhnliche Ausbildung und Erfahrung auf medizinischem und pädagogischem Gebiet, sie war auch eine selbstlose

Christin, die sich ganz dem Dienste ihres Volkes widmete. Es war gut und richtig, daß in diesem neuen Land, das sich zu den demokratischen Grundsätzen der Gleichberechtigung der Rasse, der Religion und der Geschlechter bekannte, eine indische Frau dieses Formats an der Spitze dieses christlichen Instituts stand, an dem in diesem Jahr zum ersten Mal auch zehn junge Männer zum Studium zugelassen worden waren.

Vierhundert Studenten hatten sich um diese zehn Stellen beworben. Elf wurden schließlich angenommen. Einer davon war Empfänger eines jährlichen Stipendiums, das eine Amerikanerin gestiftet hatte.

Dr. Lazarus wollte, daß der 15. August für ihre Studenten ein unvergeßlicher Tag werden sollte. Ein Festkomitee wurde bestimmt, und schon am Vorabend war der Garten ein Farbenmeer. Hunderte von kleinen Lampen glühten in Orange und Rot, Blau, Grün und Gelb. Auch das Abendbrot war schon dem bevorstehenden hohen Feiertag angepaßt. Es gab pikant gewürzten Reis und als Nachtisch eine Menge Eiskrem und Obst. Die Studenten hatten ein Plakat angefertigt, auf dem in großen Buchstaben stand:

HERRLICHES
INDIEN

Es hing an der grauen Steinwand der Aula, und davor spielten sich alle Aufführungen und Darbietungen des Abends ab, in denen der Stolz der Studenten auf den Reichtum ihres nationalen Erbes zum Ausdruck kam: ein farbenprächtiges Schauspiel; lebende Bilder, die Indiens Kampf um die Freiheit veranschaulichten, und Tagores dramatisches Gedicht »Das Opfer«.

Dr. Lazarus hatte aber auch dafür gesorgt, daß der Patriotismus nicht nur in Worten und Symbolen zum Ausdruck kam. Das bedeutendste Ereignis des Tages war die Eröffnung einer Abendschule für die Arbeiter und Angestellten des College, ein erster Schritt auf dem Weg, ihren Traum von einem besseren Leben für das ganze indische Volk zu verwirklichen.

Um Mitternacht saßen dann alle Studenten am Radio, als Gandhi und Nehru sprachen und mit tiefer Bewegung in der Stimme alle Inder aufforderten, voll Mut und Zuversicht in die Zukunft zu gehen.

Als Mary am Morgen des 15. August erwachte, meinte sie Trommeln schlagen und Glocken läuten zu hören. Was für ein seltsames Gefühl war es doch, zu wissen, daß das Land, dem man angehörte, frei war. Nie war ihr der Himmel so blau erschienen, die Sonne so golden. Als sie zum Frühgottesdienst durch den Garten ging, war ihr, als sei sie gewachsen. Sie trug den Kopf mit einer neuen Würde.

Nach der Andacht marschierten die Studenten geschlossen vor das Collegegebäude, um Indiens Flagge zu hissen. Von begeisterten jungen Stimmen gesungen, klang Tagores Nationalhymne in den sonnigen Himmel des freien Indien empor:

»Du bist der Herrscher über die Herzen aller Menschen,
Du, der Du das Schicksal Indiens in den Händen hältst . . .
Triumph, Triumph, Triumph sei Dir!«

Wenn ich doch singen könnte! dachte Mary, die schon in der Schule immer beim Gesang versagt hatte.

Wenn ich doch sprechen könnte! dachte sie einen Augenblick später, als erst Dr. Lazarus und dann ihre Freundin Ammini packende Ansprachen hielten.

»Was unser Land am nötigsten braucht, sind starke, gesunde Menschen!« schloß Ammini mit ihrer hellen, starken Stimme. »In Indien gibt es aber nur einen Arzt für je siebentausend Menschen. Welch eine Gelegenheit für euch und mich!«

Das Medizinische College in Vellore war eines der ersten Institute in Südindien, das seine Dienste anbot, um das Leid, das durch die Bürgerkriege entstanden war, lindern zu helfen. Es schickte einen Arzt und zwei Schwestern in ein Flüchtlingslager. Aber noch schien der Norden mit seinen Aufständen und Verwüstungen sehr weit entfernt. Erst bei der Nachricht von Gandhis Ermordung, am 30. Januar 1948, kam den Studenten die Tragödie ihres Landes richtig zum Bewußtsein. Erschüttert und stumm drängten sie sich um die Lautsprecher, standen in Gruppen zusammen im Garten oder saßen auf ihren Feldbetten.

»Das Licht ist erloschen«, sagte der Premierminister mit gebrochener Stimme zu seinem Volk, das durch das gemeinsame Leid viel enger zusammengeschweißt wurde, als das durch die Freude über die gewonnene Freiheit hätte geschehen können. »Dunkelheit umgibt uns. Aber doch wird dieses Licht in tausend Jahren noch leuchten.«

Mary konnte es kaum noch erwarten, ihrem Land dienen zu dürfen. Fünf Jahre erschienen ihr viel zu lang. Sie war erleichtert, als sie endlich mit dem klinischen Studium beginnen konnte. Nun verbrachte sie jeden Vormittag und oft auch die Nachmittage im Krankenhaus, nahm am Unterricht teil oder arbeitete auf irgendeiner Abteilung. Ihr Lieblingsfach war die Chirurgie, die vielleicht auch deshalb eine so große Anziehungskraft für sie hatte, weil sie einen der chirurgischen Dozenten, Dr. Paul Brand, sehr schätzte. Für diesen jungen Orthopäden, der seinen Beruf und das Land Indien, wo seine Familie seit fünf Generationen im Missionsdienst stand, über alles liebte, war die Chirurgie mehr als Kunst und Geschicklichkeit. Als Mary ihm einmal bei einer Operation zusah — er operierte das Bein eines durch Polio verkrüppelten Kindes —, mußte sie plötzlich an Joseph Achan denken, Joseph Achan, der sich herabbeugte, um die heilige Qurbana auszuteilen.

Aber wenn sich Mary auf die Chirurgie hätte spezialisieren wollen, hätte sie in einem großen Krankenhaus arbeiten müssen, wo es immer viele chirurgische Fälle gab. Ihr Wunsch war jedoch, sich an einem kleinen Krankenhaus niederzulassen. Ihre anderen Lieblingsfächer waren Gynäkologie und Geburtshilfe. Sollte sie sich nicht darauf spezialisieren? Nachdem sie im Kreißsaal die erste Entbindung miterlebt hatte, war ihr klar, daß dies die richtige Atmosphäre für sie war: die Spannung des Wartens, der Kampf, bis das neue Geschöpf ins

Leben trat, und schließlich das Hochgefühl, das warme, zappelnde Menschlein in den Händen zu halten ... Konnte es ein größeres Glück geben, außer vielleicht dem, selbst einem Kind das Leben geschenkt zu haben?

Seit undenklichen Zeiten nahmen ihre indischen Schwestern das Schicksal früher Heirat und Mutterschaft auf sich. Amma hatte mit zwölf Jahren geheiratet. Sie hatte im Leben ihrer Kinder Erfüllung gefunden. Mary fragte sich manchmal, ob es für sie und viele ihrer Kommilitoninnen ein Gewinn wäre, wenn sie um eines Berufes willen eine Heirat hinausschoben. Aber sehr lange hielt sie sich bei dieser Frage nicht auf.

Wäre sie nicht schon von der Richtigkeit ihrer Wahl überzeugt gewesen, dann hätte sie sich vielleicht doch wieder mit dieser Frage beschäftigt, als sie im Sommer 1949 zur Hochzeit ihrer jüngsten Schwester nach Hause fuhr. Kunjammas Bräutigam war ein junger Arzt, Dr. N. M. Mathai, ein Vetter von Annammas Mann. Er hatte auf einer Missionsschule in Miraj Medizin studiert und wollte sich jetzt in Bombay als Kinderarzt spezialisieren. Die Hochzeit fand in seiner Heimat, im Bergland von Trawangur, östlich von Alwaye, statt. Nach der Trauungszeremonie in der Jakobiterkirche ging die Hochzeitsgesellschaft ins Haus des Bräutigams, wo ein großer Baldachin aus Palmenblättern für das junge Paar aufgestellt war. Bald saß die große Familie an einer langen Tafel, die mit Curry-Gerichten und anderen köstlichen Speisen beladen war.

Marys Blick schweifte von den Neuvermählten zu ihren übrigen Geschwistern. John hatte seine Annie, George seine Kunjani. Da waren Aleyamma und ihr Verghese, Annamma und George, Thankamma und ihr Mann, der ebenfalls Verghese hieß. Außer Babi, der aber auch bald heiraten wollte, war nur sie noch allein. Und sie war vierundzwanzig Jahre alt. Eine Generation vor ihr würde eine normale indische Frau ihres Alters verheiratet sein und ein halbes Dutzend Kinder haben. Auch heute waren gewiß viele Frauen in diesem Kreis, die sie bedauerten, weil sie noch nicht verheiratet war. Beneidete sie sie? Nein! Sie war dankbar, daß sie frei, gesund und kräftig war.

Trotz ihrer überragenden Körperkraft hatte Mary während ihrer Studienjahre in Vellore noch bei keinem Sport gesiegt; weder beim Federball, noch beim Tennis oder Baseball. Bei den Wettkämpfen zum Jahressportfest hätte sie es beinahe geschafft. Eine der Programmnummern war ein Sackkampf. In großen Jutesäcken, die Füße fest zusammengebunden, bildeten die Teilnehmer einen Kreis und versuchten, ohne die Arme zu gebrauchen, einander aus dem Gleichgewicht zu bringen. Wer sich bis zuletzt auf den Füßen halten konnte, war Sieger.

Es waren sehr viele Zuschauer da, unter ihnen auch Dr. Ida, die, wenn sie gerade in Vellore war, bei keiner Sportveranstaltung fehlte. Mary hatte sich vorgenommen, zu gewinnen. Sie hatte kürzlich gesehen, wie die jetzt fast achtzigjährige Dr. Ida bei einem Tennisturnier eine etwa halb so alte Gegnerin besiegt hatte. Nun wollte sie ihr auch auf sportlichem Gebiet nacheifern. Außerdem wünschte sie sehnlichst, ihr »Bravo, bravo!« zu hören, die höchste Anerkennung, die einem Wettkämpfer in Vellore zuteil werden konnte.

Beim Sackkampf kam Mary ihre Körperkraft sehr zugute. Eine Gegnerin nach der andern fiel um. Schließlich waren nur noch zwei Mädchen übriggeblieben: Mary Ali und Susan. Mary Ali war offenbar die schwächere von beiden. Schnell legte sich Mary ihren Feldzugsplan zurecht. Erst wollte sie Mary Ali besiegen und dann Susan angreifen. Sie hatte lange Beine, starke Schultern und kräftige Hüften und hielt sich ausgezeichnet im Gleichgewicht. Vorsichtig, um ihrer Gegnerin nicht zu nahe zu kommen, hüpfte sie mit ein paar kurzen Sprüngen nach vorn und ging dann in Angriffsstellung.

Alle drei Mädchen hatten ihre Fans unter den Zuschauern.

»Los, Mary, du schaffst es!« rief Lily.

Mary machte einen Satz vorwärts, und der Kampf ging

los. Einmal hätte sie beinahe die Balance verloren, aber sie fing sich wieder. Mary Ali wurde unsicher. Gerade als Mary schon den Sieg in der Tasche zu haben glaubte, bekam sie einen Stoß von hinten. Susan war Mary Ali zu Hilfe gekommen. Mary kochte vor Wut. Das war bestimmt nicht fair! Susan hätte ja ebensogut ihr gegen Mary Ali helfen können.

Sie versuchte, sich mit aller Gewalt auf den Beinen zu halten, kippte aber doch um. Nun schlug Susan auch noch Mary Ali aus dem Feld, die den zweiten Platz bekam.

»Bravo, bravo!« rief Dr. Ida. »Ihr habt alle drei großartig gekämpft.«

Aber Mary war verstimmt.

»Es war nicht fair von Susan«, sagte sie zu Lily. »Ich bin stärker als Mary Ali und hätte wenigstens zweite werden können.«

»Ach, was ist schon dabei?« meinte Lily. »Es ist doch nur ein Spiel.«

Mary gab keine Antwort.

10

Es war noch sehr früh am Morgen, als Mary eines Freitags an einem Seiteneingang des Krankenhauses in einen großen Ambulanzwagen stieg. Sie erklärte der diensthabenden Schwester, daß sie eine Kommilitonin, die erkrankt war, vertreten wolle.

»Gut!« erwiderte die Schwester lächelnd. »Fahren Sie zum ersten Mal mit auf Wanderpraxis?«

»Ja«, antwortete Mary. »Und ich glaube, ich muß noch viel lernen.«

»Ja, das müssen Sie wohl! Aber haben Sie keine Angst! Man lernt etwas am besten, indem man es tut.«

Mary sah interessiert zu, wie der kleine Schrank hinter dem Fahrersitz mit Medikamenten gefüllt, eine Kiste mit Verbandsstoffen und Instrumenten und der Geburtenkoffer unter einem Sitz verstaut wurden.

»Dort diese rote Schachtel ist für Ohren«, erklärte die Schwester, »und die blaue für Augen. Wir merken es uns immer so: Augen dürfen nicht rot sein.« Bald kamen auch die andern vom Team: zwei junge Ärztinnen, zwei ältere Schülerinnen aus der Schwesternschule, zwei Apothekerinnen, eine »Bibelfrau«, der Fahrer und Dr. Ida B., die an diesem Tag das Unternehmen leitete. Sie nahmen auf den schmalen Bänken Platz, die zu beiden Seiten der Ambulanz angebracht waren.

Langsam rollte der mächtige Wagen durchs Tor des Krankenhauses und fuhr zunächst nach Vellore, in dessen Straßen schon ein dichtes Gewühl von Fahrrädern, Pferdegespannen, Ochsenkarren und gemächlich dahinschlendernden Kühen herrschte. Am Ende der Stadt bogen sie auf die Landstraße ab, die nach dem einige zwanzig Meilen entfernten Odugathur führte. Es war eine schmale, holprige Straße voller Schlaglöcher und Furchen. Aber obwohl es nur wenig geregnet hatte, bot sich zu beiden Seiten des Weges ein herrlicher Anblick: Felder mit schwankendem Zuckerrohr, das gerade in silberne Büschel aufgesprungen war, hier und da ein Reisfeld, in dem sich der blaue Himmel spiegelte, künstlich bewässerte Stückchen Land, die in allen Schattierungen von Grün, vom zarten Lind bis zum tiefen Smaragd, schimmerten. Manchmal mußten sie an einer besonders schmalen Stelle ausweichen, um eine Karawane von Ochsenwagen vorbeizulassen, auf deren kleinen Rohrgestellen unwahrscheinlich hohe Haufen Getreidesäcke, Dünger oder Bambusstämme aus dem weitentfernten Wald aufgetürmt waren. Das Krankenhaus-Team war vergnügt und guter Dinge. Die Wanderpraxis, die vor nun fast fünfzig Jahren von Dr. Ida ins Leben gerufen worden war, gehörte mit zu den einzigartigen Einrichtungen in Vellore. Mary hatte schon allerlei davon gehört. »Du denkst, die Poliklinik sei ein Tollhaus? Dann geh erst mal mit auf Wanderpraxis!« »Du wirst es nicht erraten, wieviel Patienten wir vergangenes Jahr auf Wanderpraxis behandelt haben. Über vierzigtausend!« Mary war es etwas bang zumute; denn sie wagte sich heute in eine Welt hinein, die sie bisher nur aus der Ferne gesehen hatte: die Welt eng zusammengedrängter Lehmhütten, halbverhungerter Kinder, qualmender Kuhdungfeuer und elender Frauen mit sonnengebleichten Haaren und erdfarbenen Saris. Es war ein Unterschied, ob diese Menschen zu ihr ins Krankenhaus oder in ihr komfortables Elternhaus zwischen den Kokospalmen kamen oder ob sie, Mary, zu ihnen ging. Plötzlich hielt der Wagen an. Im Schatten riesiger Feigenbäume hatte sich eine große Menschenmenge versammelt. Das Team stieg aus und war sofort umringt. Verblüfft sah sich Mary inmitten lärmender Frauen und Kinder, die alle in dem ihr noch ungewohnten Tamil durcheinanderschrien. Schmutzige Hände griffen nach ihrem weißen Sari. Ein Arm, mit furchtbaren Geschwüren bedeckt, wurde ihr fast ins Gesicht gestoßen. Als sie sich umwandte, fiel ihr entsetzter Blick auf ein nacktes Baby mit verfilztem Haar und verklebten Augen, dessen Körper voller Narben und Wunden war.

»Doktor ammal, bitte! Helfen Sie meinem Kind!«

Mary kämpfte sich zu Dr. Ida B. durch, die, von einer ähnlichen Gruppe umringt, ganz ruhig zu sein schien. Sie rief die verschiedenen Patienten bei Namen, beklopfte hier ein abgemagertes Bein, zog da ein Augenlid herunter und murmelte mitleidig vor sich hin, wenn sie eine fast weiße Bindehaut, das Zeichen schwerer Anämie, oder den geschwollenen Leib eines winzigen Kindes sah. In Marys Kopf überschlugen sich die Gedanken. Das waren ja Hunderte von Menschen. Das Team hatte sicherlich eine ganze Woche lang zu tun, bis diese Patienten alle behandelt waren.

Aber plötzlich trat Ordnung und Ruhe ein. Tische wurden im Schatten der Bäume aufgestellt. Einer stand, mit Verbandszeug und Medikamenten beladen, an der Hintertreppe des Wagens. Der Straßenrand war zu einer ansehnlichen Poliklinik geworden. Ehe aber mit der Behandlung begonnen wurde, stellte sich die Menge im Kreis zusammen. Die Köpfe neigten sich. Die Bibelfrau betete. Verwundert hörte Mary zu.

»Hier sind wir, himmlischer Vater«, sagte sie schlicht. »Du siehst uns. Du siehst, wie schwach wir sind. Du siehst die müden Männer und Frauen, die kranken Kinder. Du kennst alle unsre Sorgen. O Herr, unser Bruder, du hast einst als Mensch unter uns gelebt. Du bist hungrig und durstig gewesen und hast Schmerzen und Not kennengelernt. Hilf uns, Vater im Himmel!«

Nun machte sich das Team an die Arbeit. Alle wußten offenbar, was sie zu tun hatten, sogar die Menge, die sich immer mehr vergrößerte. Viele sammelten sich am vorderen Eingang des Wagens, wo Trockenmilch von den Hilfsorganisationen UNICEF und CARE, Vitamine vom Kirchlichen Weltdienst und Getreide und Reis verteilt wurden. An einem Tisch, etwas entfernt vom Wagen, stellten sich alle die auf, die verbunden oder chirurgisch behandelt werden mußten. An einem andern die Aussätzigen, die Chaulmoograöl-Injektionen bekamen. Die Bibelfrau setzte sich inmitten einer Gruppe von Kindern unter einen Baum, und Mary hörte, wie sie ihnen eine Geschichte von einem anderen, trockenen, steinigen Land, Palästina, erzählte und von einem Mann, der Aussätzige heilte.

Sie war erleichtert, als Dr. Ida B. sie zu sich winkte. Nun mußte sie wenigstens nicht bei den Aussätzigen mithelfen! Erst noch etwas unbeholfen, befolgte Mary bald immer sicherer werdend die Anweisungen der Ärztin, ließ sich die Namen sagen, schrieb Rezepte und schärfte den Patienten in ihrem besten Tamil immer und immer wieder ein:

»Nehmen Sie die Arznei erst aus dem Papier, ehe Sie sie hinunterschlucken! Haben Sie mich verstanden?«

»Tragen Sie die Salbe drei Nächte hintereinander auf! Dann baden Sie das Kind und waschen auch seine Kleider!«

»Geben Sie dem Baby eine von diesen roten Tabletten! Zerbrechen Sie sie und krümeln sie in sein Breichen. Jeden Tag! Verstanden?«

Bei dem halben Dutzend Stationen, an denen sie im Laufe des Tages anhielten, half Mary dann Geschwüre verbinden; entzündete Augen baden; Haare abschneiden, damit die Salbe besser auf die Kopfhaut aufgetragen werden konnte; ein weinendes Kind halten, während Dr. Ida B. einen schmerzhaften Abszeß unter der harten Hornhaut seiner Ferse öffnet. Sie half ihr, eine schwangere Frau untersuchen, die, von den ausgebreiteten Saris einiger um sie herumstehender Frauen geschützt, auf der Erde lag.

»Das ist meine gynäkologische Abteilung« sagte Dr. Ida B. scherzend.

Mary sah ihr bewundernd zu. Dr. Ida B. hatte das wirklich nicht nötig, unter solchen Schwierigkeiten auf der Landstraße zu arbeiten, und sie hatte bestimmt in ihrer radiologischen Abteilung schon genug zu tun. Warum war sie überhaupt in dieses Land gekommen, zu den Elendesten und Ungebildetsten einer andern Rasse, deren Namen sie sich merkte, als ob sie sich um jeden einzelnen persönlich sorgte?

»Sieh, Mary, das ist Panchala! Und hier ihre kleine Pushpam, so ein hübsches sauberes Baby! Sieht es nicht wie eine Blume aus? Panchala hatte so viel Fehlgeburten, ehe sie dieses Kind austragen konnte. Ihr Mann ist vom Aussatz verkrüppelt und kann nicht arbeiten. Da muß sie ganz allein für die Familie sorgen. Wir wollen ihr, solange sie stillt, weiter Trokkenmilch und Lebertran geben.«

»Was fehlt Ihnen denn, Großmutter? Sie können nicht sehen? Ach ja, Sie haben den Star. Kommen Sie in die Augenklink, da wird man Sie wieder sehend machen. Sie haben niemand, der Sie hinbringt? Da warten Sie hier, bis wir heute abend zurückkommen. Dann nehmen wir Sie mit.«

»Ihr Junge hat seit zehn Tagen Fieber und Kopfschmerzen? Lassen Sie mal sehen! Ja, seine Milz ist vergrößert. Schreiben Sie ihm ein Rezept gegen Malaria, Mary. Kommen Sie nächste Woche wieder hierher, ammal! »Bringen Sie den Zettel und noch eine Flasche mit!«

»Was sagst du? Du hast Blut gehustet?« Mary sah, wie Dr. Ida B. ihre Hände liebevoll um ein schmales Kindergesicht legte. »Ach, hoffentlich hast du keine Tuberkulose!« fuhr sie besorgt fort und wandte sich dann zu der jungen Studentin um. »Das ist einer meiner kleinen Lieblinge! Ich kenne die Familie schon seit vielen Jahren. Wenn das Kind Tb hätte, wäre ich todunglücklich.«

Flink und mit zunehmender Geschicklichkeit tat Mary, was ihr befohlen wurde. Mit einer Kanüle entfernte sie Flüssigkeit aus dem Bauch einer Patientin. Sie half Dr. Ida B., Beingeschwüre jeder Größe behandeln. Vorsichtig wickelte sie einen fadendünnen Guineawurm aus der Hüfte einer Kranken auf eine kleine Heftpflasterrolle, ängstlich darauf bedacht, ihn nicht zu zerreißen, weil sonst eine schmerzhafte Infektion eintreten konnte. Sie holte eine Erdnuß aus der Nase eines kleinen Jungen und tropfte Hunderten von Patienten Heilmittel in die Augen.

Es war schon spät, als der Wagen Odugathur, die letzte Haltestelle, erreichte. Auch hier wartete wieder eine Menge Menschen. Müssen wir die alle noch behandeln? dachte Mary entsetzt. Warum sind wir überhaupt noch bis hierher gefahren?

»Einmal wären wir beinahe heimgefahren, ohne in Odugathur Station zu machen«, sagte Dr. Ida B., als hätte sie Marys Gedanken erraten. »Es war schon spät, und wir waren alle so müde. Aber wir fuhren dann doch noch hin. Und als wir dort ankamen, lag da ein kleiner Junge auf der Erde, den Kopf im Schoß eines anderen Jungen. Er war von einem Ochsen aufgespießt worden. Seine Eingeweide hingen heraus. Glücklicherweise war sein kleiner Freund so schlau gewesen, sie mit sauberen Bananenblättern zu bedecken. Seit Stunden warteten die beiden schon, weil sie wußten, daß wir kommen würden. Wir konnten das Kind zum Glück noch retten. Seitdem bin ich nie wieder in Versuchung gekommen, vorher zurückzufahren.«

Endlich war der letzte Patient beim Schein einer flackernden Laterne behandelt. Die Koffer und Tische wurden verstaut, die Hände geschrubbt. Es war ein Durchschnittstag gewesen: 575 Patienten waren behandelt, an 106 Kinder Milch und Vitamine ausgegeben worden.

Während der Heimfahrt sangen die beiden jungen Schwestern Liebeslieder auf Malajalam, so daß Mary ganz krank wurde vor Heimweh. Eine der Apothekerinnen trommelte leise auf einer leeren Milchpulverdose dazu, die anderen klatschten rhythmisch in die Hände. Dr. Ida B. ließ als Erfrischung Puffreis herumreichen. Dann wurden auf einmal alle ernst. Jemand hatte das Lied angestimmt: »Steigt hinauf die Jakobsleiter«, und das ganze Team fiel ein – nur Mary nicht. Ihr war das Herz so schwer von all dem, was sie an diesem Tag erlebt hatte. Das war also das neue Indien, auf das sie so stolz gewesen war, das tapfere freie Land, dem zu dienen sie so leichthin versprochen hatte! Sie hatte es ja bisher noch niemals richtig gesehen, gerochen, gefühlt. Sie hatte zwar ihre Hände gebürstet, daß sie ganz rauh waren, aber sein Schmutz saß noch auf ihrem Sari, an ihren Armen, in den Poren ihrer Gesichtshaut. Ob sie überhaupt je wieder sauber werden würde?

»Jeder Schritt führt höher, höher ...« sang das Team.

Jeder Schritt! Einmal in der Woche, zweiundfünfzigmal im Jahr, und wieviel Jahre lang waren schon Ambulanzwagen wie dieser auf Wanderpraxis gefahren? Fast ein halbes Jahrhundert lang! Und angenommen, sie führen noch einmal fünfzig Jahre, wieviel Sprossen höher würden sie auf der Leiter geklettert sein? Sie hatte bis jetzt noch nicht gewußt, daß es so viel Elend gab.

Eine Laterne flackerte im Dunkel neben der Landstraße. Der Wagen hielt. Die Hintertür wurde geöffnet und eine kleine, verhutzelte Gestalt hineingehoben: die alte Frau, die durch Star erblindet war. Jemand führte sie zu dem Sitz neben Mary, wo sie sich hinhockte, die nackten Füße unter ihren grauweißen Sari gezogen, den Kopf so tief wie möglich in seine Falten vergraben. Die schmutzige, klauenartige Hand, die die beiden Enden zusammenhielt, zitterte. In dieser Frau waren der Schmutz, der Gestank und das Elend des ganzen Tages noch einmal verkörpert. Instinktiv rückte Mary beiseite, um Abstand davon zu nehmen.

Dr. Ida B., die ihr gegenüber saß, beugte sich zu der blinden Frau und streichelte beruhigend ihre zitternde Hand.

»Schon gut, schon gut! Haben Sie keine Angst! Ich bin bei Ihnen, und ich bleibe bei Ihnen, solange Sie mich brauchen.«

Wieder sah Mary sie bewundernd an.

11

In den Monaten, als Mary mit ihrer klinischen Ausbildung begann, machte Dr. Paul Brand seine chirurgischen Experimente, die die Behandlung Leprakranker in ganz neue Bahnen lenken sollte.

In Indien geboren und in England ausgebildet, hatte er gerade sein Studium als Missionsarzt abgeschlossen, als die ersten Bomben auf London fielen. Bei seiner Tätigkeit in Unfallstationen hatte er sich so viel Erfahrung in der Wiederherstellung gebrochener Arme und Beine angeeignet und ein solches Interesse an dieser Tätigkeit gefunden, daß er 1943, als er sich als Mitglied des Royal College of Surgeons qualifiziert hatte, am Kinderkrankenhaus in London Anstellung gesucht und bekommen hatte. Hier hatte er sich in der Behandlung von Polio-Fällen spezialisiert. Da er diese Arbeit sehr liebte, hatte er nur ungern Dr. Cochranes Drängen, nach Vellore zu kommen, nachgegeben und 1946, kurz nach Marys Eintritt ins College, seinen Dienst begonnen.

Dr. Brands Interesse am Aussatz war zunächst nur mittelmäßig, obwohl er wußte, daß Dr. Cochrane mit dem neuen Heilmittel D. D. S. (diamino-diphenyl-sulfone) experimentierte, das bald die schmerzhafte und viel weniger wirksame

Chaulmoograöl-Injektion verdrängte. Da besuchte er eines Tages das Lepraheim in Chingleput bei Madras, mit dem sein Freund Cochrane seit langem assoziiert war. Dort wurde er zum ersten Mal, ganz plötzlich und ganz bewußt, aufmerksam auf — Hände!

Überall sah er sie ausgestreckt, als sich die Patienten zu seiner Begrüßung aufstellten. Bei einigen waren die Finger bis zu Stümpfen reduziert, bei andern fest in die Handfläche gepreßt. Diese letzteren fesselten die Aufmerksamkeit des jungen, sensitiven Arztes. Er hatte immer gutgeformte, geschickte Hände geliebt, und die stumme Anklage dieser nutzlosen Klauen erregte ihn.

»Ja, das ist ein Jammer!« sagte der Spezialist, der ihn herumführte. »Fast die Hälfte aller Leprapatienten leidet an verkrüppelnder Paralyse der Hände oder Füße, und wir wissen immer noch nicht recht, was wir dagegen tun sollen. Wir können nur versuchen, eine Verschlimmerung zu verhüten.«

Interessiert ging Dr. Brand auf einen der Patienten zu, hob seine Hände hoch und untersuchte sie eingehend. Dann, einem plötzlichen Impulse folgend, legte er seine rechte Hand in die rechte des Patienten.

»Bitte, drücken Sie meine Hand so fest, wie Sie können!« sagte er.

Der Mann tat es. Da der Aussatz die Hände gefühllos macht, wußte er gar nicht, wie fest sein Griff war. Zur Verwunderung des Arztes war er wie Eisen. Die klauenartigen Finger preßten seine Hand zusammen. Die langen Nägel gruben sich in sein Fleisch. Er hatte das Gefühl, als zerbrächen alle Knochen seiner Hand, und er mußte sich beherrschen, um nicht laut aufzuschreien.

Aber seine freudige Erregung war stärker als sein Schmerz. In dieser Hand steckte noch eine Menge Muskelkraft! Diese Entdeckung sollte nicht nur *sein* ganzes Leben verändern, sondern auch das von Tausenden andrer. Er hatte eigentlich nur so lange in Vellore bleiben wollen, bis das Krankenhaus dort einen anderen Chirurgen gefunden hatte. Dann wollte er zu seinem primären Interessengebiet, der Wiederherstellung verkrüppelter Arme und Beine, zurückkehren. Jetzt sah er Möglichkeiten vor sich, die ihn noch stärker forderten. Orthopädische Chirurgen, die sich um Polio-Opfer kümmerten, gab es genug. Aber für die zwölf Millionen Lepra-Opfer auf der Welt war nicht ein einziger da.

Dr. Cochrane war ebenso erregt wie er. Entgegen der landläufigen Meinung hatte er schon immer geglaubt, daß die Chirurgie bei der Aussatzbehandlung von Nutzen sein könne. Und so forderte er seinen Kollegen auf, sich ans Werk zu machen und stellte ihm einen kleinen Mitarbeiterstab zu Verfügung.

Dr. Paul Brand begann sofort mit der Forschungsarbeit. Er und sein Team studierten sämtliche verfügbare Literatur über Handoperationen und testeten Tausende von durch Aussatz gelähmten Händen. Triumphierend kam er zu folgendem Ergebnis: Erstens war die durch Lepra verursachte Paralyse nicht fortschreitend, und es war falsch, anzunehmen, daß transplantierte gesunde Muskeln später auch gelähmt werden könnten. Denn bestimmte Muskeln der Hand und des Armes waren selten gelähmt. Zweitens wurde der Knochen nicht, wie man allgemein glaubte, durch den Krankheitserreger selbst absorbiert, sondern durch die häufigen Verletzungen, wie Schnitte und Verbrennungen, die die natürliche Folgeerscheinung der Gefühllosigkeit waren. Sein Problem war nun, gute gesunde Muskeln und Sehnen zu transplantieren, die dann die Funktionen der gelähmten übernahmen. Er war bereit, mit den chirurgischen Experimenten anzufangen.

»Schicken Sie mir einen Patienten, dessen Hände so schlimm sind, daß nichts mehr daran zu verderben ist«, bat er den Leiter des Lepraheims in Chingleput. Ein junger Hindu kam nach Vellore.

Dr. Cochrane führte ihn zu Dr. Brand.

»Ich bin kein Chirurg«, sagte er. »Aber ich kann Ihnen sagen, daß bei Aussätzigen das Gewebe nach kleineren Operationen gut verheilt. Und wenn Sie Sehnen transplantieren und Knochen wieder geraderichten zu können glauben, um diese armen Bettler in nützliche Bürger zu verwandeln, so ist das das, was ich mir seit Jahren wünsche. Millionen solcher Fälle warten auf Sie.«

Dr. Brand sah sich den jungen Hindu an. Er hatte so furchtbare Geschwüre an den Fußsohlen, daß die Knochen bloßlagen. Mit den Händen, deren Finger krallenartig zusammengekrümmt waren, konnte er nichts greifen, höchstens unter großen Schmerzen etwas zwischen den Daumen und die Außenseite des Zeigefingers klemmen. Der Mut des Arztes sank; aber nicht, weil der körperliche Zustand seines Patienten so hoffnungslos aussah, sondern weil er merkte, wie zerbrochen und verzweifelt der Kranke innerlich war.

Der junge Mann hatte eine gute Erziehung und Ausbildung gehabt. Aus seinen jetzt so matten Augen hatten einst Freude, Mut, Ehrgeiz gestrahlt. Die einstmals frische Stimme bettelte nur noch kläglich um Almosen. War der Aussatz daran schuld? Nein, nicht der Aussatz! Die Menschen waren daran schuld! Die gedankenlose Menge, die aus dem Herdentrieb der Selbsterhaltung handelte, hatte einen gesunden Verstand um den Willen zum Denken gebracht. Dabei war dieser Kranke wie die meisten der am schlimmsten verunstalteten Patienten während des größten Teiles seines Exils nicht ansteckend gewesen.

Dr. Brand nahm seine Hände.

»Erlauben Sie mir, sie zu operieren?«

Der junge Hindu sah seine Klauen ohne sichtbare Bewegung an.

»Tun Sie damit, was Sie wollen«, erwiderte er. »Sie sind mir zu nichts mehr nütze.«

Mary und ihre Kommilitoninnen wußten von diesem Leprakranken.

Wenn sie an seinem Bett vorbeikamen, blickten sie verstohlen zu ihm hinüber. Obwohl Mary überzeugt war, daß die

Furcht vor Ansteckung zum großen Teil unbegründet war, hielt sie sich doch immer noch so weit von den Aussätzigen fern, wie es ihre Pflichten erlaubten. Die Experimente des jungen Chirurgen verfolgte sie aber mit glühendem Interesse. Die Operationen waren nicht grundsätzlich neu. Die gleiche Technik, eine verletzte Sehne durch eine gesunde zu ersetzen, wurde schon bei Kriegsverletzungen und Polioschäden angewendet. Bei Aussatz hatte man sie bisher einfach nicht benutzt.

Dr. Brand und seine Assistenten operierten gleichzeitig zwei Finger, öffneten sie, befestigten die transplantierten Sehnen, prüften die Spannung, schlossen dann die Wunden und beteten. Nach Wochen des Wartens und vorsichtiger Versuche lief das Gerücht von dem Erfolg wie ein Lauffeuer durchs Krankenhaus.

»Haben Sie Dr. Brands Patienten gesehen? Er kann seine Hand jetzt in den Knöcheln bewegen.«

»Heute hat er ein Stückchen Holz aufgehoben ... eine kleine Flasche ... einen Bleistift ...«

»Heute hat er ein Glas Wasser in die Hand genommen.«

Der junge Hindu war ein neuer Mensch. Seine Augen strahlten, er lachte wieder. Eines Tages blickte er auf seine neuen, jetzt wieder kräftigen, brauchbaren Hände und sagte zu Dr. Brand: »Diese Hände gehören nicht mir. Sie gehören Ihrem Gott, der das Wunder vollbracht hat.«

Der Patient blieb noch ein Jahr lang im Krankenhaus. Er wurde Christ und ließ sich taufen. Als er dann entlassen wurde, ging er mit zwei gesunden Füßen, zwei gesunden Händen und hoffnungsvollem Gesicht.

Nach zwei Monaten war er wieder da, mutlos und halbverhungert.

»Die Hände, die Sie mir gegeben haben, sind keine guten Hände, Doktor Sahib«, sagte er bitter zu Dr. Brand. »Es sind schlechte Hände.«

Der junge Arzt starrte ihn entgeistert an.

»Es sind schlechte Bettelhände«, erklärte ihm der junge Hindu traurig. Niemand wollte ihn beschäftigen, weil er noch die Spuren des Aussatzes an sich trug. Niemand wollte ihm einen Raum geben, wo er wohnen konnte. Vorher hatte er seiner verkrüppelten Hände wegen das Mitleid der Menschen erregt, und sie hatten ihm Münzen zugeworfen, so daß er nicht Hungers zu sterben brauchte. Jetzt hatten sie kein Mitleid mit ihm. Sie sahen, daß seine Hände heil waren. Nun hatte er gar nichts mehr.

Er wurde wieder im Krankenhaus aufgenommen und gesundgepflegt. Da er früher einmal Maschinenschreiben gelernt hatte, ermutigte man ihn, sich wieder darin zu üben, und bald konnte er sein Geld dadurch verdienen, daß er für die Patienten im Krankenhaus gelegentlich Briefe schrieb. Aber was sollte mit den anderen Patienten werden, die jetzt wieder »neue« Hände bekamen? Dr. Brand mußte zu seinem Schrekken feststellen, daß das Werk nur halb getan war. Die Leute mußten Handwerke, Berufe erlernen, damit sie selbständig werden konnten. Rehabilitation! Aber wo? Wie?

»Mutter« Eaton half die Antwort auf diese schwierige Frage finden.

Die vierundachtzigjährige frühere Missionarin war mit einer schweren rheumatischen Arthritis ins Krankenhaus eingeliefert worden. Außer einer gewissen Schmerzlinderung konnte man ihr nicht viel Erleichterung verschaffen. Aber Mutter Eaton war gar nicht etwa hart oder verbittert geworden. Man sah sie immer freundlich und heiter.

Eines Tages sagte sie zu Dr. Brand: »Ich konnte vergangene Nacht nicht schlafen. Da habe ich mir Gedanken über Ihr Problem gemacht, Herr Doktor. Ich habe fünfhundert Pfund auf meinem Bankkonto. Die brauchen dort nicht nutzlos herumzuliegen. Bitte, verwenden Sie sie für Ihre Patienten.«

In den nächsten Wochen und Monaten sah Mary, wie in einer entfernten Ecke des College-Geländes eine Anzahl strohgedeckter Hütten gebaut wurden.

»Nava Jiva Nilayam«, »Stätte neuen Lebens«, nannten sie diese Siedlung aus kleinen weißen Häusern, in deren Mitte ein Schuppen stand, das erste Aussätzigen-Rehabilitationszentrum der Welt, wo Menschen ihre Hände nach und nach wieder gebrauchen lernten. Das Zimmer-, Maurer- und Malerhandwerk sowie die Spielzeuganfertigung waren besonders geeignet für Hände, die gefühllos waren. Es wurden Spezialwerkzeuge konstruiert, an Zangen und Scheren Federn angebracht, damit sie sich leichter öffnen ließen, und alles so aufgehängt, daß es ohne Schwierigkeiten erreicht werden konnte.

Da man die Entdeckung gemacht hatte, daß der Verlust der Finger mehr auf äußere Verletzungen als auf Zerstörung durch Aussatzbazillen zurückzuführen war, wurden die Patienten dazu angehalten, ihre Finger besonders sorgfältig zu schützen. An Kochgeräten wurden lange Stiele angebracht, für heiße Becher und Blechteller Holzringe und Weidenkörbe angefertigt.

Zu den ersten vierundzwanzig Patienten gehörten ein Ingenieur, ein Bücherrevisor, ein Student und ein früherer Brahmane. Sie alle lebten einträchtig mit ungebildeten Dorfbewohnern zusammen, aßen mit ihnen am selben Tisch, teilten sich mit ihnen in die Arbeit des Saubermachens, des Wasserschleppens und des Anbaus von Getreide und Gemüse. So wurde nicht nur der Körper wiederhergestellt, sondern auch Geist und Seele konnten gesunden.

Die Medizinstudenten unterstützten das Werk, indem sie eine Kapelle stifteten, die sie gemeinsam mit Studenten andrer christlicher Colleges in einer Woche aufbauten. Es war ein einfaches Gebäude mit niedrigen Mauern und einem Strohdach. Durch die fensterartigen Öffnungen konnte man zu den fernen Bergen hinüberschauen.

In Dr. Brand, dem unermüdlichen, bescheidenen und sich bis zum Äußersten aufopfernden Arzt, spürte Mary etwas von dem gleichen inneren Leuchten, wie es von Dr. Ida ausstrahlte. Sie bemerkte es bei vielen Menschen hier in Vellore, ganz gleich, aus welchem Land sie stammten. Bei Dr. Graham, einer Engländerin, fand sie es; bei Dr. Carol Jameson, einer Amerikanerin, die die gynäkologische Abteilung leitete; aber auch bei der Inderin, Dr. Lazarus. Es war mehr als eine innere Glut. Es war ein Feuer, eine zwingende Kraft, die sich in ungewöhnlicher, manchmal fast unglaublicher Aktivität entlud.

Es war das, was Dr. Ida B. nach einer arbeitsreichen Woche in ihrer unzureichend eingerichteten und mit wenig Personal besetzten Röntgenabteilung noch auf Wanderpraxis hinaustrieb; was Dr. Rambo, den amerikanischen Augenspezialisten, in irgendein schmutziges, elendes Dorf führte, wo er ein Wochenende nach dem andern verbrachte, um Staroperationen vorzunehmen; was Treva Marshall, die immer fröhliche Vorsteherin der Studentinnen, dazu trieb, um Mitternacht aufzustehen und nachzusehen, ob etwa eine heimwehkranke junge Studentin noch heimlich in ihre Kissen weinte. Es war das, was Ranjeetham, eine Studentin aus Vellore, nach dem Schlußexamen in ein Dorf gehen und dort aus dem Geld, das sie als Hochzeitsgeschenk bekommen hatte, ein kleines strohgedecktes Lehmhaus bauen ließ, das dann als Krankenhaus benutzt werden konnte.

Was für eine Kraft diese Menschen auch besitzen mochten, Mary war davon fasziniert, aber auch erschreckt und abgestoßen. Sie wünschte sie sich und wünschte sie sich nicht. Sie sehnte sich zwar auch nach etwas, was ihrem Leben Anreiz gab, aber wenn sie nun etwas dafür opfern mußte: ihren Ehrgeiz, ihren Beruf oder ihre kostbare Freiheit?!

Die Religion, die sie kannte, hatte keine Opfer von ihr verlangt. Sie hatte ihr ein sorgenfreies Leben, eine reiche Kultur und schöne Geborgenheit geschenkt. Hier in Vellore nahm sie noch denselben Platz in ihrem Leben ein. Alle paar Wochen kam Kuriakose Achan aus Trawangur und hielt Gottesdienste für die syrisch-christlichen Studenten, Ärzte und Schwestern. Besonders unter den Schwestern gab es sehr viele Mitglieder der Syrischen Kirche. »Wer sonst lernt denn Krankenpflege?«

meinte Florence Taylor, die Leiterin der Schwesternschule einmal humorvoll. »Fast in jedem indischen Krankenhaus gibt es Annammas und Aleyammas.«

Am Mittwochmorgen war Religionsunterricht. Die Morgenandachten wurden von einem Mitglied des Ärztestabes, die Abendandachten von Studenten geleitet. Wenn Dr. Ida in Vellore war, hielt sie oft die Morgenandachten, die Mary dann regelmäßig besuchte. Sie wollte unbedingt das Geheimnis ihres kraftvollen Glaubens entdecken. Das war ebenso spannend für sie wie die Lösung einer Aufgabe in Chemie. Kühl und sachlich analysierte sie ihre eigenen Motive und Handlungen, rücksichtslos ehrlich, als wären es Elemente in einem Reagenzglas.

»Herr, mein Kreuz will ich nun tragen,
will dir folgen ganz allein«,

sangen die Studentinnen frischfröhlich in der Kapelle.

»Sollt' kein Mensch mehr nach mir fragen,
so wirst du mir alles sein.«
»Meinen Ehrgeiz, Herr, vernichte . . .«

Nein, dachte Mary und preßte die Lippen fest aufeinander. Diese Worte spreche ich nicht nach. Man soll nichts sagen, was man nicht meint. Sie wollte doch gern zu Ruhm und Ehre gelangen. Arbeitete sie nicht hart, um sie sich zu verdienen?

Da, im vierten Jahr ihres Studiums, entdeckte sie das Geheimnis.

Rev. Harrie Scott-Simmonds, der früher Kantor der Kathedrale von Melbourne in Australien gewesen war, jetzt aber seit drei Jahren in Südindien wohnte, kam nach Vellore, um seinen Freund, Dr. John Moody, zu besuchen, der Dozent für Zahnheilkunde war. Man überredete ihn, eine Reihe biblischer Vorträge zu halten. Als redegewandter Evangelist weckte er bald bei allen Studenten reges geistliches Interesse.

Bei Mary, die schon lange unbefriedigt und voller Fragen und Zweifel war, fiel die Saat der Frohen Botschaft auf fruchtbaren Boden. Eines Abends sprach Simmonds schlicht, aber eindringlich über das Thema: »Siehe, das ist Gottes Lamm!« Als Mary die Kapelle verließ, fieberte jeder Nerv in ihr. Bis zu diesem Augenblick war Gott für sie ein unpersönliches Wesen gewesen, gütig, aber unendlich fern, dem man sich durch einen bärtigen Priester nahte oder in wohlklingenden Gebeten, die aus einem anderen Jahrhundert stammten. Das Kreuz, das Symbol seiner Liebe, war eine kunstvolle Bildhauerarbeit, ein hölzerner Altarschmuck gewesen, eine Figur, die auf ein rundes Stück Brot gestempelt wurde, das man feierlich beim Abendmahl aß. Jetzt schienen ihr Gott und das Kreuz plötzlich so nahe zu sein, so lebensnotwendig wie das Atmen. Als sie den schmalen Pfad entlangging, der durch den blühenden Garten führte, spürte sie ein fast schmerzhaftes Verlangen nach diesem anderen Leben.

Jeden Morgen, wenn Mary aus dem Schlafsaal hinaus auf die Terrasse ging, um dort ihre Andacht zu halten, sah sie zwei ihrer Kommilitoninnen, die offenbar gemeinsam beteten. Es waren Mariamma Thomas und eine Ceylonesin, Lily Lawrence. Wenn sie es doch wagte, sich ihnen anzuschließen! Vielleicht — wenn sie nicht so schrecklich allein wäre — —

»Willst du nicht zu uns kommen?« fragte Mariamma eines Morgens. Einen Augenblick zögerte Mary. Wenn sie nun erwarteten, daß sie auch laut betete?

Aber der Wunsch nach Gemeinschaft siegte, und zu ihrem Erstaunen merkte sie bald, daß das Gebet ebenso natürlich sein konnte wie eine Unterhaltung. Die beiden Mädchen glaubten fest, daß Gott wirklich mitten unter ihnen sei. Sie baten ihn so schlicht und vertrauensvoll um seine Führung in ihrem täglichen Leben, wie sie einen ihren Lehrer gebeten hätten, ihnen bei einer schwierigen Aufgabe zu helfen.

Das Wissen um Dr. Idas Geheimnis brachte Mary nur Not und Unruhe. Seinen Willen völlig dem eines anderen unterordnen, und wenn es auch der Wille des Einen, des All-Weisen und All-Liebenden war! Jesus hatte das getan, und was war das Ende gewesen?

Bedeutete es nicht auch, daß sie sich keine Sorgen darum machen durfte, ob sie einmal Geld verdiente oder nicht? Vielleicht bedeutete es sogar, daß sie in einem schmutzigen Dorf arbeiten mußte, statt in einem staatlichen Krankenhaus! Und was das Schlimmste war: Es bedeutete, daß sie ihre Freiheit aufgeben mußte!

Tagelang kämpfte sie mit diesen Fragen. Ihr Gegner war ebenso real wie der Engel, mit dem Jakob rang; denn es war ihr eigener, unbezähmbarer Wille. Das Ende des Kampfes war dann völlig undramatisch. Sie erwachte einfach eines Morgens und wußte, daß die Entscheidung gefallen war.

»Ich bin bereit!« Sie konnte die Worte nicht einmal laut aussprechen in dem vollen Schlafsaal. »Von heute an will ich mich allein von dir führen lassen. Hilf mir, deinen Willen zu tun!«

Seltsam, was dieser einfache Entschluß auslöste! Wie am Unabhängigkeitstag erschienen ihr alle Farben im Garten heller, leuchtender. Als sie zum Krankenhaus fuhr, bemerkte sie plötzlich Dinge, die sie sonst kaum beachtet hatte: einen Busch mit flammenden Bougainvilleas, Kinderlachen, einen Sonnenstrahl, der auf die uralte Ruine von Fort Hill fiel. Sie sah auf einmal alles mit ganz anderen Augen.

Auch ihre Einstellung den Menschen gegenüber hatte sich völlig verändert. Das merkte sie selbst zum ersten Mal ganz deutlich, als jener arme Dorfbewohner ins Krankenhaus gekommen war. Er war von einem Baum gestürzt und hatte sich das Rückgrat gebrochen. Für die Studenten war dieser Fall besonders interessant, weil sie hier zum ersten Mal einem chirurgischen Problem gegenüberstanden, das ihnen noch nicht begegnet war. Der Mann hatte eine Paraplegie, eine Querschnittslähmung.

»Sein Rückenmark ist verletzt«, erklärte der behandelnde Arzt. »Er kann seine Beine nicht bewegen und hat unterhalb der verletzten Stelle kein Gefühl mehr. Man könnte ihn mit einem Messer in den Unterleib stechen, ohne daß er es merken würde. Der größte Teil seines Körpers ist ebenso gefühllos wie die Hände und Füße eines Aussätzigen.«

»Er wird also nie wieder laufen können?«

»Vielleicht doch! Man könnte eine Laminektomie vornehmen, wobei der hintere Teil des gebrochenen Wirbels, der wahrscheinlich verschoben ist und auf das Rückenmark drückt, entfernt werden müßte. Aber man kann nicht mit Bestimmtheit sagen, daß der Patient nach der Operation wieder laufen kann.«

Ein paar Tage später hörte Mary wieder von dem Gelähmten.

»Weißt du das Neueste?« fragte eine ältere Studentin. »Er ist nach Hause gebracht worden.«

»Ist die Laminektomie nicht gut verlaufen?«

»Sie ist gar nicht gemacht worden. Seine Familie wollte es nicht.«

»Ach, warum denn nicht?«

»Wer weiß?! Wahrscheinlich haben ihnen die Ärzte gesagt, daß es nicht sicher sei, ob die Operation Erfolg habe.«

»Ist das ein Jammer!« fiel eine andere Studentin ein. »Nun ist uns dieser interessante Fall entgangen.«

Bis vor kurzem hätte Mary genauso gesprochen. Auch ihr Interesse an den Patienten hatte in der Hauptsache ihrer Krankheit gegolten, an der sie wieder etwas Neues lernen konnte. Aber jetzt entdeckte sie plötzlich, daß ihre Gedanken in ganz anderer Richtung gingen. Wie war dem Kranken jetzt zumute? Wie war es, wenn man nicht mehr arbeiten konnte, wenn man gewaschen und gefüttert werden und zusehen mußte, wie die Familie immer ärmer, der Hunger immer größer wurde?

Zugleich mit diesem neuen Verständnis für die Not eines Kranken kam eine große Angst über sie. Es war bestimmt sehr schwer, Arzt und Christ zugleich zu sein. Denn das bedeutete, daß die Patienten keine Fälle mehr waren. Sie waren Menschen geworden!

Einige Wochen später wurde von Dr. Chandy, dem Chefarzt der neurochirurgischen Klinik, ein Patient eingeliefert, der infolge eines Unfalls nicht nur an den Beinen, sondern auch an den Armen gelähmt war. Er hieß George Mathew und hatte selbst im Union Christian College in Alwaye studiert.

Eines Tages blieb Mary neben seinem Bett stehen. Sein junges Gesicht sah blaß und verbittert aus. »Ach, Sie wollen mir wohl auf Malayalam Ihr Mitgefühl ausdrücken?« fragte er abweisend. »Unterlassen Sie das bitte! Mitleid klingt in jeder Sprache gleich schlecht!«

»Ich bin nicht gekommen, um Sie zu bemitleiden«, erwiderte Mary.

»Dann wollen Sie mir vielleicht etwas bringen? Ich wünsche mir nur eins: eine ordentliche Dosis Arsen. Oder haben Sie ein neues Mittel, das schneller wirkt?«

Mary mußte wider Willen lächeln.

»Ich freue mich, daß Sie noch so eine scharfe Zunge haben.«

»Ja!« rief er heftig. »Und da das alles ist, was ich habe, mache ich auch Gebrauch davon.«

»Es ist aber nicht alles«, antwortete Mary unerschrocken. »Sie haben gute Augen. Sie haben einen klaren, guten Verstand.«

»Und was nützen sie mir? Die Augen, damit ich sehen kann, daß mir jemand einen Löffel vor den Mund hält? Der Verstand, damit ich weiß, wann ich den Mund öffnen soll? Was sonst?«

Mary holte tief Atem.

»Sie haben Gott«, sagte sie leise.

Er kräuselte verächtlich die Lippen.

»Das hätte ich wissen sollen! Sie wollen mir eine Predigt halten!«

»Aber nein, bestimmt nicht! Ich habe nur neulich gerade erfahren, was es bedeutet, zu wissen, daß Gott einen liebhat–«

»Lieb hat? Hat er mich etwa liebgehabt, als er dies geschehen ließ? Genug! Sprechen Sie mir nicht von Gott! Sie, die Sie gesunde Arme und Beine haben!«

Aus seinen Augen sprach verzweifelte Wut. Schweiß stand auf seiner Stirn. »Wissen Sie, wie das ist, gleichzeitig lebendig und tot zu sein? Gefüttert zu werden wie ein Baby? Sich anzustrengen, daß man einen Berg erklettern könnte, und doch keinen Zentimeter vorwärtszukommen? Zu —«

»Oh, seien Sie still!« bat Mary.

Als er ihr gequältes Gesicht sah, fuhr er in bitterem Triumph fort:

»Nein, das wissen Sie natürlich nicht! Aber dann sagen Sie mir auch nicht, wie mir zumute sein soll!«

»Es — es tut mir leid.«

Hilflos wandte sich Mary ab. Sie wußte nichts mehr zu sagen.

12

1950 feierte Dr. Ida ein ganz besonderes Jubiläum. Es war fünfzig Jahre her, seit sie als junge Ärztin nach Indien gekommen war und ihre gewaltige Aufgabe begonnen hatte.

Im Januar fand ihr zu Ehren eine große Feier statt, bei der auch der Maharadscha von Bhavnagar — der damalige Gouverneur von Madras — und seine Gattin zugegen waren. Wenige Monate später folgten zwei weitere festliche Ereignisse: die Einweihung vieler neuer Gebäude im Medizinischen Zentrum von Vellore und die volle Anerkennung des College durch die Universität Madras.

Im Dezember wurde dann als Krönung des Ganzen Dr. Idas achtzigster Geburtstag gefeiert.

Die Kapelle war mit den weißen und blauen Blumen geschmückt, die sie so besonders liebte, und ein eindrucksvoller Gottesdienst eröffnete ihren Ehrentag. Am Abend traf sich ganz Vellore zu einem fröhlichen Fest im Garten des Krankenhauses, wo jede Studentin dem Geburtstagskind eine weiße Blüte überreichte.

In Mary war ein Gefühl tiefer Dankbarkeit und Freude. Sie mußte plötzlich an ein Erlebnis denken, das sie vor einigen Monaten gehabt hatte. Sie war mit Dr. Ida durchs Krankenhaus gegangen, um ihr eine neue Abteilung zu zeigen. Da waren sie auf einem Korridor einem armen Dorfbewohner begegnet. Als er die Ärztin kommen sah, hatte sein durch Krankheit gezeichnetes Gesicht auf einmal aufgeleuchtet, er hatte scheu die Hand ausgestreckt und den Saum ihres Kleides berührt. In Indien gibt es ein Wort dafür: »darshan« — der Segen, den man beim bloßen Anblick oder der Berührung eines Mahatma, einer großen Seele, empfängt. Mary spürte ihn in diesem Augenblick. Sie wußte, sie würde nie erreichen, was diese Frau erreicht hatte. Aber sie kannte jetzt wenigstens das Geheimnis ihrer Kraft.

Gar zu gern hätte sie dieses Geheimnis nun mit allen geteilt. Besonders mit ihrer dritten Schwester Thankamma. Thankamma war sehr krank. Ihr Herz war durch ständige Anfälle von Gelenkrheuma so geschwächt, daß sie immerzu liegen mußte. Mary betete lange und heiß, daß Gott ihre Schwester wieder gesund machen möge. Aber ihr war, als antworte eine Stimme: Wenn sie nun durch ihre Schmerzen Gott näherkommt, wie kannst du dann glauben, es sei ein Unglück für sie?

Wie? Thankamma sollte durch ihre Schmerzen Gott nähergekommen sein? Mary hätte fast gelacht bei dem Gedanken! Ihre Schwester, die schon immer eine schwierige Patientin gewesen war, war im Lauf der Jahre zusehends verbitterter geworden. Mary fürchtete sich deshalb ein wenig vor ihren nächsten Ferien. Andererseits sehnte sie sich danach, ihrer Schwester etwas von dem, was sie selbst innerlich erfahren hatte, mitteilen zu können.

Sie fand Thankamma verändert, ganz wunderbar verändert. Zwar war sie noch immer krank, aber sie murrte nicht mehr. Mit großem Interesse hörte sie Mary zu, die ihr von ihrem neuen, persönlichen Glaubenserlebnis erzählte. Sie fragte auch eingehend nach ihrer Arbeit im Krankenhaus und nach den Problemen der Patienten. Ganz besonders interessierte sie sich für die, die zu den Stationen der Ambulanz kamen. Immer wieder wollte sie von ihnen hören: von ihrer Armut, ihren Krankheiten und von den Therapien, die man bei ihnen anwendete.

Sie wurde immer nachdenklicher. Eines Tages sah sie der kleinen Omana zu, die draußen auf der Veranda herumsprang.

»Wenn es meinem Kind nun so ginge wie denen, die du auf der Wanderpraxis siehst?« sagte sie zu Mary. »Wenn es nichts anderes wollte, als still in meinen Armen zu liegen, weil es keine Kraft zum Herumtollen und Spielen hätte! Ich habe noch nie vorher so richtig darüber nachgedacht.«

Ein andermal meinte sie: »Mary, ich habe mir überlegt, daß es wohl auch hier um uns herum solche Kinder geben wird — und andre kranke Menschen, für die niemand sorgt. Auch in unserm Dorf.«

»O ja!« erwiderte Mary, die im geheimen über das neue Interesse und über das Mitleid, das aus der Stimme ihrer Schwester sprach, jubelte.

»Ganz sicher gibt es die!«

In diesem Augenblick hörte sie einen Schrei, so daß es sie plötzlich eiskalt durchfuhr.

»Gelobt sei Gott! Gelobt sei Gott!«

»Es ist Joseph!« rief Amma, stürzte in den Hof und packte Omana bei der Hand.

»Komm ins Haus, Kind! Komm schnell!«

Omana begann zu weinen, von der ängstlichen Stimme ihrer Großmutter erschreckt.

Mary folgte ihnen in die Küche.

»Ich bringe Joseph das Essen«, sagte sie beruhigend zu Amma.

Als sie am Tor auf ihn wartete, versuchte sie sich Dr. Cochranes überzeugende Worte über den Aussatz ins Gedächtnis zu rufen, aber die Kindheitserinnerungen waren stärker. Sie zitterte. Beinahe hätte sie den Korb hingesetzt und wäre vor Angst weggelaufen.

Dann sah sie ihn. Und auf einmal hatte er gar nichts Abstoßendes mehr. Er war nur ein Kranker, der ärztliche Hilfe dringend nötig hatte.

Sie stellte den Korb nieder.

»Laß mich mal deine Hände sehen, Joseph«, sagte sie und griff nach den umwickelten Stümpfen.

»Du mußt ins Krankenhaus gehen«, meinte sie dann ernst. »Bitte den Arzt, dir die Hände sauber zu verbinden. Und nimm dich besser in acht, daß du dich nicht schneidest oder verbrennst. Hast du mich verstanden?«

Joseph nickte. Mehr bestürzt als dankbar nahm er den Korb und ging seines Wegs.

Nach diesem Erlebnis hatte Mary keine Angst mehr vor der Wanderpraxis. Ihr fünftes Studienjahr hatte nun begonnen, und sie freute sich richtig darauf, freitags mit Dr. Ida B. und mittwochs mit Dr. M. D. Graham über Land zu fahren. An die Behandlung Aussätziger gewöhnte sie sich ebenso wie an Pockenimpfungen oder Augenspülungen. Sie lernte Chaulmoograöl-Injektionen geben und war dankbar, daß sie so eine kräftige Hand hatte und die schmerzhafte Verabreichung der notwendigen Dosis so gut und schnell durchführen konnte. Sie massierte versteifte Finger und verband Dutzende von infizierten Händen und Füßen. Diese klinischen Jahre befriedigten Mary sehr. Da alles Neue und Schwierige sie immer besonders lockte, freute sie sich über die neuen Probleme, die jeder neue Fall mit sich brachte.

Nur ein einziges Mal beklagte sie sich. Sie mußte während ihrer Ausbildungszeit in Geburtshilfe zwanzig normale Entbindungen leiten. Das schien nicht klappen zu wollen. Wenn sie stundenlang, tagelang gewartet hatte, war es eine Zange oder ein Kaiserschnitt.

»Ich werde mein Soll nie erfüllen!« rief sie verzweifelt. »Ich habe erst zwölf in der ganzen Zeit!«

»Nur nicht den Mut verlieren!« tröstete Dr. Loenen, eine der älteren Ärztinnen, die in Vellore ihr Examen gemacht hatten. »Bedenken Sie doch, wieviel mehr Sie dadurch lernen!«

Mary war keine blendende Medizinstudentin. Obwohl sie intelligent und gewissenhaft war, gewann sie nur wenig Lorbeeren. Sie hielt auch nichts davon, bis spät in die Nacht hinein zu arbeiten.

»Wie bringst du das nur fertig!« sagte Grace Koshi, eine jüngere Studentin, die ein halbes Jahr vor ihrem Staatsexamen ihre Zimmergenossin und Freundin wurde. »Du mußt morgen eine Prüfung machen und gehst trotzdem zu Bett wie gewöhnlich; und wirst wahrscheinlich auch schlafen wie ein Klotz. Dabei kommt es jetzt bei dir darauf an. Ich bin erst im zweiten Studienjahr und habe schreckliche Angst vor dem Examen.«

»Du brauchst dir doch keine Sorgen zu machen«, erwiderte Mary.

»Es ist besser, man arbeitet ein paar Stunden hintereinander intensiv und schläft dann. Wenn man gut ausgeschlafen ist, kann man auch etwas schaffen. Erinnerst du dich noch an die Worte Daniels, die Dr. Brand neulich im Gottesdienst gesagt hat? ›Er kann uns wohl erretten ... Und wo er's nicht tun will ...‹«

»Ja, und wenn nicht?« fiel Grace heftig ein. »Das ist ja mein Kummer! Wenn wir nun tun, was wir können, und es geht doch schief – was dann?«

»Ich glaube, dann wird er uns helfen, aus unserm Versagen noch etwas zu machen«, erwiderte Mary nachdenklich.

Grace seufzte. Ob sie wohl in drei Jahren auch so ruhig und ausgeglichen war? Grace gehörte ebenfalls der Syrischen Kirche an. Aber sie fand erst durch Mary einen solchen Reichtum an geistlichen Erfahrungen, wie sie ihn im Formalismus ihrer Kirche nicht gefunden hatte. Liebevoll sah sie über das

Herbe und Spröde im Wesen ihrer älteren Freundin hinweg, bewunderte ihre ruhige Sicherheit und staunte über ihre Gleichgültigkeit äußeren Dingen gegenüber, selbst in bezug auf Kleider.

Eines Sonntagmorgens kam Mary aus dem großen Schlafsaal herunter in ihr Zimmer im ersten Stock. Als sie die Tür aufschloß, fand sie die Schubladen der Kommode herausgezogen, die Tür ihres Spindes aufgerissen und die Fächer ausgeplündert. Offenbar war in der Nacht ein Dieb durchs Oberfenster eingestiegen. Es fehlte zwar auch ein Koffer von einer anderen Studentin, aber Mary war am meisten betroffen. Als sie jedoch angeben sollte, wieviel Saris und Blusen sie vermisse, meinte sie unsicher: »Vielleicht drei oder vier.«

Der Dieb wurde später gefaßt. Es war ein früherer Chauffeur, der nach Bangalur gezogen war. Da er die Verhältnisse genau kannte, war ihm der Einbruch ohne weitere Schwierigkeiten gelungen. Als Mary vom Gericht aufgefordert wurde, ihr Eigentum abzuholen, entdeckte sie, daß ihr sieben Saris gestohlen waren.

»Das sieht dir ähnlich!« schalt Grace zärtlich. »Dir sind Kleider ebenso unwichtig wie einem hinduistischen Sadhu.«

Während ihres letzten Studienjahres zeigte sich Marys Aufgeschlossenheit für geistliche Werte immer deutlicher. Sie hatte schon im vierten Jahr freiwillig im »Kapellen-Komitee« mitgeholfen. Im fünften wurde sie Schriftführerin im Ausschuß für religiöse Angelegenheiten. Sie betätigte sich bei der Fürsorgearbeit der Studenten, die zum Teil aus den gottesdienstlichen Kollekten finanziert wurde. Jede Woche einmal fuhr Mary mit vier oder fünf anderen jungen Mädchen nach Agraharam, einem Dorf an der Landstraße nach Arni, oder nach dem nähergelegenen Idyanchathur, wo das Studenten-Komitee Räume gemietet hatte. Hier hielten die Studentinnen Hygienekurse für die Dorffrauen ab und behandelten, besonders in der Jahreszeit, wo die »Augenfliege« großen Schaden anrichtete, Hunderte von Kindern mit entzündeten Augen.

Als Weihnachten herankam, machte Meena, eine Studentin aus Bengalen, einen Vorschlag, der begeisterte Zustimmung fand und in Zukunft zu einer schönen Sitte wurde: Jede Sprachgruppe, die in Vellore vertreten war, sollte am Heiligen Abend ein oder zwei Weihnachtslieder vortragen. Auf ihren Matten in der schwach erleuchteten Kapelle sitzend, gaben die verschiedenen Gruppen ein anschauliches Bild von jener Mannigfaltigkeit in der Christenheit, die für Vellore charakteristisch war. Es wurden Weihnachtslieder gesungen in Bengali, Hindi und Urdu; in Tamil und Telugu, Marythi, Malayalam und Englisch.

Am ersten Weihnachtsfeiertag standen die älteren Studentinnen nach altem Brauch vor Tagesanbruch leise auf, gingen mit brennenden Kerzen durchs Studentinnenheim und sangen Weihnachtslieder. Die neuen Studentinnen, die das noch nicht miterlebt hatten, fuhren erstaunt hoch, zogen sich an und folgten ihnen. Alle zusammen gingen sie nun zu den Studenten hinüber und brachten ihnen ein Ständchen. Die jungen Männer schlossen sich ihnen an, und die ganze Schar wollte gerade zum letzten Ziel ihrer Wallfahrt, dem Garten vor dem Ärztebungalow, aufbrechen, da hatte Mary plötzlich eine Idee:

»Laßt uns erst noch zur ›Stätte neuen Lebens‹ gehen!«

Gesagt, getan! Mit ihren brennenden Kerzen schlängelte sich die Prozession in einer langen Kette durch die Dunkelheit zu den einsamen Hütten am Rande des Collegegeländes.

»O Bethlehem, du kleine Stadt, wie liegst du schweigend da . . .«

Es könnte wirklich Bethlehem sein, dachte Mary. »Stätte neuen Lebens« – ein kleines Dorf mit winzigen, strohgedeckten Häusern.

»Doch in den dunklen Gassen scheint ein nie verlöschend' Licht . . .«

Gestalten traten aus den Hütten. Dunkle Gesichter erschienen im Lichtkreis der Kerzen, strahlend vor Glück, mit dabei sein zu dürfen. Hände, gerade erst wiederhergestellte Hände hoben sich, nach indischer Sitte gegeneinandergelegt, zum Willkommensgruß.

Für Mary war dieser Augenblick der Höhepunkt des Weihnachtsfestes.

So gingen die fünfeinhalb Jahre der Vorbereitung zu Ende. Mary schloß gut ab, wenn auch nicht glänzend. Von siebenundzwanzig Kandidaten war sie eine von vieren, die in keinem Punkt versagten, und eine von sieben, die ihr Studium beendeten, ohne ein Jahr verloren zu haben.

13

Amma schaute zu dem Berg hinauf und seufzte tief.

»Bist du enttäuscht? Hast du ihn dir anders vorgestellt?« fragte Mary besorgt.

»Enttäuscht? O nein! Wie schön, daß ich ihn endlich einmal sehen kann, den Berg des heiligen Thomas!«

Sie stieg die hundertzweiunddreißig Stufen empor, trat in die alte Kirche ein und stand in ehrfurchtsvollem Schweigen vor dem Hauptaltar, dem großen Stein, der allen Syrischen Christen heilig war. Sie blickte hinauf zu dem Kreuz mit seiner jahrhundertealten nestorianischen Inschrift auf Pehlevi: »Der Reine ... findet Gnade bei dem, der das Kreuz trug.«

Sie bestaunte das Bild der Jungfrau Maria, das vom heiligen Lukas gemalt und von Thomas nach Indien gebracht worden sein sollte.

»Nun ist's gut«, sagte sie dann. »Nun habe ich alles gesehen.«

Selbst der eigentliche Zweck ihrer Reise, die großartige Universitätsfeier, bei der Mary mit den anderen jungen Ärzten und Ärztinnen des Staates Madras würdig in Mütze und Talar erschien, beeindruckte sie nicht so stark wie ihr Besuch auf dem Berg des heiligen Thomas.

Auch in Vellore fand eine Abschlußfeier statt. Mary half

ihren Kommilitoninnen, die traditionellen Jasmingirlanden binden.

»Kindisch!« sagte eine von ihnen. »Girlandentragen ist etwas für Volkschüler. Wir machen es dieses Jahr einfach nicht.«

»Aber Dr. Ida liebt es doch«, sagte eins der jungen Mädchen.

Das gab den Ausschlag. Sie zogen weiße Saris an, legten sich die Jasmingirlande über die rechte Schulter und gingen in langer Prozession vom Studentenheim in den Garten, um den Lilienteich herum und in die hohe, kühle Aula, wo sie ihre Girlanden, zu großen weißen Haufen zusammengerollt, auf dem Podium niederlegten.

Diese Feier fand im August statt, acht Monate, nachdem Mary ihr Studium beendet hatte. Das Datum war so gewählt, daß sie sowohl den Studenten galt, die im April mit ihrem Studium fertig waren, als auch denen, die es im Dezember beendeten. Mary hatte also schon fast zwei Drittel ihres ersten Medizinalpraktikanten-Jahres hinter sich.

Da sie sich in Gynäkologie spezialisieren wollte, hatte sie ein halbes Jahr unter Dr. Lazarus gearbeitet. Ihre eigentliche Vorgesetzte war aber Dr. Carol Jameson, die nur gelegentlich von Dr. Lazarus vertreten wurde. Die indische Ärztin war keine bequeme Lehrmeisterin. Doch die Studentinnen und jungen Ärztinnen liebten und verehrten sie, nicht zuletzt wegen ihrer persönlichen Fürsorge für die Kranken, denen sie täglich Blumen aus ihrem Garten brachte.

Das zweite Halbjahr mußte Mary auf der Entbindungsstation arbeiten. Sie wohnte jetzt im Krankenhaus, allein in einem winzigen Zimmer. Aber die Freundschaft mit Grace Koshi blieb bestehen. Grace besuchte Mary sehr häufig und begleitete sie auch oft bei der Visite in ihrer Abteilung.

Da das Krankenhaus ständig überfüllt war und an Ärztemangel litt, war Mary so stark in Anspruch genommen, daß sie kaum Zeit zum Essen und Schlafen hatte. Nur in den zwei Wochen, in denen sie mit Serala Elisha zusammen vertretungsweise das Zweigkrankenhaus in Gudiyattam übernommen hatte, hatte sie einmal verhältnismäßig wenig zu tun. Die beiden jungen Mädchen, die sich sehr gut verstanden, waren entzückt, als sie bei ihrem ersten Rundgang dort die kleine gelbe Kirche entdeckten, in der Dr. Ida vor fünfzig Jahren jede Woche Sprechstunde abgehalten hatte.

»Hier hat also vor einem halben Jahrhundert die Wanderpraxis begonnen«, sagte Mary sinnend.

»Zuerst ist Dr. Ida in einem Ochsenkarren hingefahren und dann in einem einzylindrigen Peugeot«, fuhr Serala fort. »Die Dorfbewohner sollen so erschrocken gewesen sein, als sie ihn zum ersten Mal kommen sahen, daß sie wegliefen und schrien: ›Der Teufel kommt!‹«

Die Arbeit in dem kleinen Krankenhaus erschien den beiden jungen Ärztinnen fast wie ein Kinderspiel im Verhältnis zu der in Vellore. Aber nach zwei Wochen war Mary doch froh, wieder dorthin zurückkehren zu können.

Ganz besonders gern arbeitete sie im Operationssaal. Ihre erste selbständige größere Operation war die Ausschneidung einer Hydrocele (Wasserbruch). Die ältere Ärztin, die ihr assistierte, war des Lobes voll über ihre gute Technik. Nach der zweiten Operation — diesmal war es ein Leistenbruch — hatte sie das Gefühl, als operiere sie schon ein Leben lang.

Mary war froh, daß sie so gesund und kräftig war, um für zwei, oft auch für drei schaffen zu können. An Operationstagen stand sie schon halb acht Uhr morgens fertig im Op., die Hände gebürstet, die Maske vorgebunden. An den übrigen Tagen machte sie bereits vor Erscheinen des Chefarztes oder der Chefärztin die Runde durch die Krankensäle. Manchmal mußte sie die ganze Nacht bei einer Patientin auf der Entbindungsstation bleiben, ohne deshalb am nächsten Tag eine Stunde länger schlafen zu können. Häufig hatte sie auch Nachtbesuche zu machen, um Frauen, die von unwissenden Dorfhebammen falsch behandelt worden waren, im letzten Augenblick noch zu retten zu suchen.

Dank Dr. Idas Feldzug gegen Unwissenheit und Aberglauben auf dem Gebiet der Geburtshilfe begegnete man in Vellore und seiner näheren Umgebung nur noch selten solchen Fällen. Um so mehr aber in Hunderten von entfernt liegenden Dörfern.

Selten war ein Arbeitstag im Krankenhaus vor elf Uhr abends zu Ende. Oft kochten sich dann die jungen Stationsärztinnen, zu erschöpft, um schlafen zu können, erst noch eine Tasse Kaffee und setzten sich zusammen auf die Veranda des dritten Stockwerks, um dort noch ein Stündchen zu plaudern. Mary gehörte immer mit zu diesen Nachtschwärmern, die sich über die verschiedensten Themen unterhielten: über philosophische Probleme, Krankheiten, Patienten und Liebesabenteuer.

Häufig war Prema, die auch schon länger in Vellore war, die Zielscheibe der Neckereien. Daß sie Dr. Bhat, den Assistenten des chirurgischen Chefarztes Dr. Carman, verehrte, war allgemein bekannt, und sie selbst machte auch gar kein Hehl daraus. Die beiden jungen Leute hatten aber wenig Gelegenheit, sich näherzukommen. Um ihnen zu helfen, schlug Mary den jüngeren Ärzten und Ärztinnen einen Ausflug nach dem Kailas, dem höchsten Berg der Umgebung, vor.

»Das habe ich extra deinetwegen organisiert«, sagte sie neckend zu Prema. »Nun nutze es aber auch aus!«

Der Ausflug war wunderschön. Aber abgesehen davon, daß Prema und Dr. Bhat einen Teil des Aufstiegs Seite an Seite gingen, hatte er nicht den gewünschten Erfolg.

Erst im Mai, als Prema und Ammini während eines Spaziergangs von der einstürzenden Mauer eines alten Tempels verletzt wurden und Prema in Dr. Bhats Behandlung kam, fanden sich die beiden und heirateten noch im gleichen Jahr.

Marys beste Freundinnen waren in dieser Zeit Elsie Alexander, die Mitglied eines Gebetskreises aus ihrer Collegezeit war, Annamma Verghese und Grace Koshi. Ihr vertraute Mary auch ihren sehnlichsten Wunsch an, sich an der Universität

Madras in Gynäkologie und Geburtshilfe zu spezialisieren. Es war eine bezahlte Stelle, die an eine besonders befähigte junge Ärztin vergeben werden sollte und um die sich sehr viele bewarben. Mary hoffte sehr, sie zu bekommen. Sie hatte sich inzwischen die Tüchtigkeit und die Sicherheit angeeignet, die ein guter Arzt haben muß. Wenn Grace Mary durch die Krankenzimmer begleitete, wunderte sie sich, wie geduldig sich diese die Klagen eines jeden Patienten anhörte und ihn dann mit ein paar Worten zu beruhigen verstand. Sie wunderte sich aber auch über die Hartnäckigkeit, mit der sie die Eltern eines im Krankenhaus gestorbenen Kindes überredete, die Leiche öffnen zu lassen.

»Mußtest du denn so – so herzlos sein?« fragte Grace fast böse. »Du hast sie ja beinahe gezwungen, ihre Einwilligung zu geben.«

»Es war notwendig«, erwiderte Mary ruhig. »Vielleicht kann dadurch das Leben von zehn anderen Kindern gerettet werden.«

Drei Monate lang fuhr Mary mit einem kleinen Team jeden Mittwoch an Stelle der Kinderärztin Dr. M. D. Graham auf Wanderpraxis nach Chittoor. Was sie dabei erlebte, war erschütternd. Noch nie hatte sie so viele schwerkranke Säuglinge, Kinder und Mütter behandelt wie auf einer der Zwischenstationen, einer Berghütte, wo sie Stunde um Stunde untersuchte, operierte und verband. Nur ungern gönnte sie sich jedesmal die wenigen Minuten zu einem kleinen Imbiß in einem winzigen Nebenraum, in den sich das Team für ein paar kurze Augenblicke zurückziehen konnte.

Als sie das dritte Mal dorthin kam, erkannte sie hier und da ein Gesicht wieder. Noch eine Woche, und sie hatte sich schon ein paar Namen gemerkt: Lakschmi, das war die Frau, die sieben Babys verloren hatte, ehe sie dieses magere Würmchen bekam, das sie jetzt so hilfeflehend zu ihr emporhob. Nagamma war von ihrem Mann verlassen worden und mußte nun trotz ihrer schwachen Gesundheit Kulidienste tun, um ihre beiden Kinder zu ernähren. Hamsa war ein dürres, dreijähriges kleines Mädchen mit großen schwarzen Augen und zahllosen Geschwüren auf dem Kopf, Hussain ein vierjähriger Moslemjunge mit schelmischem Gesicht, der eine dünne Schnur um seinen geschwollenen Leib trug und sich ein Stückchen Flittergold an jedes Ohr geklebt hatte. Panchalai war ein niedliches Baby, das aber schon viele Narben auf der Augenhornhaut hatte. Der kleine Bala, der durch Polio gelähmt war, war ein Patient der Heilgymnastikerin Helen North, die Woche für Woche mit ihm arbeitete, damit seine Glieder nach und nach wieder beweglich wurden.

Je mehr Einblick Mary in die Not und das Elend der Dorfbewohner bekam, desto mehr beschäftigte sie die Frage, ob sie nicht vielleicht berufen sei, in einem Dorf zu arbeiten. Es gab sehr viele junge Ärztinnen in Vellore, die sich eifrig um Stellen in den Städten und Großstädten bewarben, doch nur wenige hatten Lust, sich in den fünfhunderttausend Dörfern Indiens einzusetzen. Gewiß, auch sie sträubte sich innerlich dagegen. Aber sie hatte ja ihren Willen dem eines anderen übergeben. Und so begann sie ernstlich um seine Leitung zu bitten.

Da wurden diese Probleme plötzlich ganz in den Hintergrund gedrängt. Eines Abends im August erhielt Mary ein Telegramm, daß ihre jüngste Schwester Kunjamma schwer erkrankt sei. Mary wollte sofort zu ihr fahren, konnte aber den Kotschinexpreß nicht mehr erreichen. Am nächsten Morgen traf Kunjammas Mann, Dr. Mathai, der noch in Bombay studierte, in Vellore ein und fuhr mit Mary über Kotschin nach Ernakulam. Als sie am nächsten Morgen dort ankamen, war Kunjamma schon tot.

Mary war wie gelähmt vor Schmerz. Die temperamentvolle, immer fröhliche Kunjamma, die ihr nähergestanden hatte als alle ihre anderen Geschwister, war nicht mehr! Sie hatte einen Bruder, eine Schwester und einen Mann gehabt, deren Aufgabe es war, Menschenleben zu retten, aber sie hatten noch nicht einmal rechtzeitig bei ihr sein können.

Als Mary wieder in Vellore war, arbeitete sie viele Wochen lang zwar wie immer sehr gewissenhaft, aber ohne die frühere Freudigkeit. Allmählich merkte sie jedoch, daß sie seit Kunjammas Tod die Menschen in ihrer Not und ihrem Herzeleid viel besser verstand. Eine junge Mutter, die in schwerem Kindbettfieber lag, flehte sie mit Kunjammas dunklen Augen um Hilfe an. In einer alten Frau, die tagaus, tagein am Bett ihres hoffnungslos Tb-kranken Sohnes saß, sah sie Amma, die tränenlos am Lager ihres Kindes gesessen hatte.

Ihr zweites Praktikantenjahr ging zu Ende. Eines Tages rief Dr. Jameson sie beiseite.

»Ich muß sie etwas fragen, Mary«, sagte sie. »Sie wissen vielleicht schon, daß Sie die Assistentenstelle an der geburtshilflichen Abteilung des Universitätskrankenhauses in Madras bekommen sollen.«

Marys Herz begann stürmisch zu klopfen.

»Ich habe es gehofft«, erwiderte sie, ohne sich ihre Erregung merken zu lassen. »Ich würde mich sehr freuen, wenn ich sie bekäme.«

»Sie verstehen gewiß, daß wir bei unsrer Wahl vielerlei erwägen müssen«, fuhr Dr. Jameson freundlich fort. »Deshalb muß ich Sie bitten, mir zu sagen, ob Sie bereit sind, nach Ihrer Ausbildung in Madras wieder nach Vellore zurückzukommen.«

Mary wurde steif.

»Sie meinen, ich soll das versprechen?« fragte sie.

»Na ja, ich dachte mir das so – obwohl ich es natürlich nicht gerade schriftlich haben wollte. Es wäre nur eine Abmachung zwischen uns. Sie wissen doch, daß wir hier notwendig Geburtshelfer brauchen.«

»Ja«, erwiderte Mary. »Aber –«

»Und für uns, die wir Vellore lieben, sollte der Dienst bestimmt kein Opfer sein, nicht wahr?«

Dr. Jameson, die vor mehr als fünfundzwanzig Jahren all ihre eigenen Zukunftspläne aufgegeben hatte, um Dr. Ida halb um die Welt nach Vellore zu folgen, lächelte bei diesen Worten Mary freundlich zu.

»Nein«, sagte Mary. »Aber –«

Sie konnte sich von einem gewissen Widerstand in ihrem Inneren nicht freimachen. Wie, wenn sie nach ihrer Ausbildungszeit in Madras gar nicht den Auftrag spürte, nach Vellore zurückzugehen? Wenn sie sich berufen fühlte, in irgendeinem Dorf zu arbeiten? Wenn –

»Dann ist es also abgemacht? Sie sind damit einverstanden, für unbestimmte Zeit nach Vellore zurückzukommen?«

»Nein!« sagte Mary. Sie wunderte sich selbst, daß ihre Stimme so ruhig klang. »Es tut mir leid, Dr. Jameson. Es ist zwar sehr wahrscheinlich, daß ich zurückkommen werde, aber ein Versprechen kann ich nicht geben.«

Mary wurde nicht gewählt. Ihre Freundin M. P. bekam die Stelle. Mary war eher traurig und unglücklich als ärgerlich. Sie wollte sich nicht eingestehen, daß vielleicht nicht ihr Gewissen, sondern ihr starker Wunsch nach Freiheit der Grund ihrer Weigerung gewesen oder daß M. P. fähiger und geeigneter für die Stelle war.

M. P. konnte später aus familiären Gründen ihr Versprechen nicht halten. Es ist beiden Mädchen hoch anzurechnen, daß sie Freundinnen blieben.

Wochen der Unruhe und Ungewißheit folgten. Dr. Mathai, Marys Schwager, schlug ihr vor, nach Bombay zu kommen, da es dort viel mehr freie Stellen gebe als in Madras. Aber es waren keine bezahlten Stellen, und Mary brachte es nicht über sich, ihren Vater um Unterstützung zu bitten.

Da löste Appan selbst das Problem.

»Die Kokospalmen haben viel eingebracht«, schrieb er mit immer noch kräftigen Schriftzügen. »Alle meine Töchter sind versorgt, außer einer. Was sie braucht, steht ihr zur Verfügung.«

So machte Mary Pläne. Sie wollte zwei Jahre in Bombay in Gynäkologie und Geburtshilfe arbeiten und dann in diesen beiden Fächern ihr Examen machen. Aber zunächst brauchte sie noch etwas mehr praktische Erfahrung. Wenn sie im Januar mit ihren beiden Praktikantenjahren in Vellore fertig war, wollte sie hier noch für einige Zeit eine Stelle als Registratorin annehmen.

Endlich konnten die schon so lange im Bau befindlichen Wohnungen für die Assistenten und Praktikanten bezogen werden. Mary hatte sich um ein Zimmer im untersten Stock des neuen Gebäudes beworben. Da es noch nicht ganz fertig war, zog sie vorübergehend in ein anderes, ließ aber ihre Sachen alle in den Koffern. Der Umzug fand am 27. Januar 1954 statt.

Später wußte sie nur noch, daß sie die Vorbereitungen dazu getroffen hatte. Es war das letzte, an das sie sich viele Tage lang immer wieder erinnern sollte.

14

Es war der 30. Januar, ein Trauertag für Indien, der Jahrestag der Ermordung Mahatma Gandhis.

Aber Jugend trauert nicht lange. Die jungen Leute in dem Kombiwagen, der aus dem Tor des Krankenhauses hinausfuhr, waren bald in Ferienstimmung. Als das Auto nach einigen Minuten vor einer Bäckerei hielt und der Fahrer Thambu den Auftrag bekam, Kuchen und Torte einzukaufen, steigerte sich die Fröhlichkeit noch.

»Ein Picknick!« riefen ein paar übermütig.

Dr. Carol Jameson nickte. Eine Fahrt nach Gudiyattam war ohnehin geplant, um zwei Medizinstudenten, Maisy Mathen und einen jungen Mann namens Thambidurai, für einige Wochen zum Dienst in das dortige Zweigkrankenhaus zu fahren. Da war ihr der Gedanke gekommen, bei dieser Gelegenheit einen Ausflug mit den Medizinalpraktikanten zu machen, die ihre Ausbildungszeit in der geburtshilflichen Abteilung gerade beendet hatten, und mit denen, die am 1. Februar damit anfingen. Außer ihr und diesen sieben Praktikanten sowie den beiden Medizinstudenten nahmen eine Schwester, Mariamma, und ein Student im letzten Geburtshilfe-Semester, Chandrahasan Johnson, daran teil. Es war ein einzigartig schöner Tag. Die heiße Jahreszeit hatte noch nicht begonnen. Der Staub war jetzt noch wie goldener Dunst, keine erstickende Wolke wie im Sommer. Häufige Regenschauer hatten die Reisfelder grün erhalten. Die Mangobäume blühten, und die Tamarinden legten ein frisches grünes Kleid an.

Dr. Jameson, die mit den Mädchen hinten im Wagen saß, war mit ihren Gedanken bei der ersten Wanderpraxisfahrt, die sie vor fünfundzwanzig Jahren mit Dr. Ida nach Gudiyattam gemacht hatte. Sie konnte sich noch genau daran erinnern, welche Ängste sie ausgestanden hatte, weil ihr die Krankheiten, die sie hier sah, in Stanford oder in der Mayo-Klinik nie begegnet waren; und mit welcher Bewunderung sie der weißhaarigen Frau zugesehen hatte, die Stunde um Stunde unermüdlich ihre schwere Aufgabe an den Ärmsten der Armen erfüllte.

Eine Frage, die ihr von vorn zugerufen wurde, riß sie aus ihren Gedanken.

»Wie bitte? Was sagtet Ihr? Ich habe euch nicht verstanden.«

»Thambidurai möchte gern ein Stück fahren«, rief Johnson nach hinten. »Er läßt Sie fragen, ob er es darf.«

»Mir scheint, Thambu fährt recht gut«, erwiderte Dr. Jameson. »Wie wär's, wenn wir ihn weiter am Steuer ließen?«

Die beiden jungen Männer saßen vorn beim Fahrer. Bei Dr. Jameson, auf der linken Seite des Wagens, saßen die drei jungen Ärztinnen Sojibai, Satyabama und Mary. Die übrigen vier, Ramabai, Achamma Abraham, Nalini und Annamma, sowie die Studentin Maisy und Schwester Mariamma saßen auf der rechten Seite und hinten zwischen den Medikamenten und Instrumenten, die für das Krankenhaus in Gudiyattam bestimmt waren. Daß sie so eng zusammengequetscht waren, erhöhte nur noch ihre Fröhlichkeit.

Jemand fing einen Kanon zu singen an, und die andern fielen in die übermütige Weise ein. Johnson hatte entdeckt, daß die Hupe ein prächtiges Begleitinstrument war. Das eintönige, rhythmische Gehupe war zwar nicht dazu angetan, den musikalischen Genuß zu erhöhen, wohl aber die festliche Stimmung. Außerdem bahnte es dem Wagen einen Weg zwischen den Autos, Ochsenkarren, Tieren und Fußgängern hindurch.

Hin und wieder blickte sich Johnson um, um zu sehen, ob sich Satyabama, gewöhnlich Bama genannt, an der Fröhlichkeit beteiligte. Sie war eine angeheiratete Kusine von ihm und von Kindheit an seine Spielkameradin. Kürzlich hatte sie eine Enttäuschung erlebt, und seine Sorge um sie hatte sie noch enger zusammengeführt. Bama hatte ein ausgezeichnetes Staatsexamen gemacht, und auch Johnson war, obwohl er in Geburtshilfe versagt hatte, durchaus kein schlechter Student.

»Du solltest sie heiraten«, hatte ihm ein Freund im Scherz geraten. »Und wenn auch nur, damit deine Kinder etwas Verstand mitbekommen.«

Obwohl weder Johnson noch Bama im Augenblick die Absicht hatten, diesen Rat zu befolgen, war ihr gegenseitiges Interesse doch bestimmt etwas größer, als es zwischen Kusin und Kusine zu sein pflegt. Er freute sich, als er sah, daß Bama sich angeregt mit Mary Verghese unterhielt.

Thambidurai dachte gar nicht daran, seine Absicht, den Combiwagen zu fahren, aufzugeben. Er war ein selbstbewußter junger Mann, der es gewohnt war, seinen Willen durchzusetzen.

»Ich verstehe gar nicht, warum mich Dr. Jameson nicht fahren lassen will«, sagte er jetzt wieder zu Johnson. »Ich kann es ausgezeichnet.«

Dr .Jameson freute sich indessen über die seltene Gelegenheit, ihre jungen Praktikantinnen in dieser sorglosen Umgebung einmal heimlich beobachten zu können.

»Dein Sari gefällt mir«, hörte sie Bama zu Mary sagen. »Und er steht dir gut.«

Mary lächelte.

»Es ist einer meiner liebsten. Ich habe ihn zu meines ältesten Bruders Hochzeit zum ersten Mal getragen.«

Carol Jameson mußte Bama rechtgeben. Das Grün und Rot stand Mary gut. Wenn dieses meist so ruhige, ernste Mädchen etwas mehr Farbe bekam und lebhafter wurde, war es direkt schön.

Da ließ sich Johnson wieder vernehmen. Mit einem entschuldigenden Lächeln, die Brauen unter dem schwarzen Haarschopf leicht gerunzelt, sagte er: »Thambidurai möchte doch gar zu gern fahren, Dr. Jameson!« Er kann es bestimmt sehr gut. Er hat einen Führerschein.«

»Na schön!« sagte Dr. Jameson nach kurzem Überlegen. »Aber fahren Sie vorsichtig, Thambidurai!«

Dieser setzte sich nun auf den Platz des Chauffeurs und schien auch wirklich geschickt und vorsichtig zu sein. Die fröhliche Stimmung im Wagen hielt an. Neue Lieder wurden gesungen, und Johnson bemühte sich weiter, sie im Takt mit der Hupe zu begleiten.

Als Thambidurai schon eine Weile gefahren war, tauchte vorn auf der Straße ein großer Omnibus auf. Der Chauffeur diese Wagens weigerte sich hartnäckig, den Combi vorbeifahren zu lassen. Jedesmal, wenn Thambidurai zum Überholen ansetzte, beschleunigte er entweder sein Tempo oder fuhr so weit in die Mitte, daß der Combi nicht vorbei konnte. Thambidurai wurde wütend.

»Ha, dem will ich's schon zeigen!« rief er. »Der ist wohl völlig übergeschnappt!«

So dachte auch Johnson, der durch immer wilder werdende Hupenstöße den Busfahrer darauf aufmerksam zu machen suchte, daß er auf der linken Seite der Fahrbahn zu bleiben habe. Als dieser aber auch während der nächsten zwei Meilen den Combi nicht vorbeifahren ließ, verlor Thambidurai die Geduld.

»Jetzt aber los!« murmelte er. »Wenn er mir jetzt nicht Platz macht, dann –« Er trat auf den Gashebel, und der Wagen schoß nach vorn. Johnson hupte wie wahnsinnig, aber der Bus fuhr weiter rechts von der Straßenmitte, also auf der falschen Fahrbahn. Thambidurai setzte an, um ihn zu überholen, diesmal entschlossen, sich nicht mehr zurückhalten zu lassen.

Aber als sie in gleicher Höhe mit dem Bus waren, wurde plötzlich rechts vor ihnen die Mauer eines überwölbten Abzugskanals sichtbar. Wegen des Busses hatten sie die schmale Brücke nicht gesehen. Einen Augenblick dachten sie, sie müßten frontal auf den Brückenpfeiler aufprallen.

Thambidurai riß das Steuer scharf nach links. Wie er es fertigbrachte, weder gegen den Bus noch gegen den Pfeiler zu fahren, wird sich wohl nicht mehr feststellen lassen. Aber es glückte ihm. Doch plötzlich schien er die Kontrolle über sich und den Wagen zu verlieren. Statt auf die Bremse zu treten, gab er Gas. Der Wagen schleuderte scharf nach links, schoß dann nach rechts und wieder nach links, und jedesmal schrien die Frauen gellend auf. Bei seiner dritten wilden Kurve nach links stürzte er die Böschung hinunter.

Carol Jameson suchte nach einem Halt, griff ins Leere und wurde von ihrem Sitz geschleudert, während sich der Wagen mehrmals überschlug.

Das ist das Ende, dachte sie. Es geht nicht um mich. Ich habe mein Leben gelebt. Aber all diese wertvollen, gutausgebildeten jungen Ärzte hier! Welch ein furchtbarer Verlust!

Mit einem letzten Ruck blieb der Wagen auf der Seite liegen. Sein Oberbau war völlig zertrümmert. Die wahnsinnigen Schreie erstarben in einem noch entsetzlicheren Schweigen.

Als Johnson zu sich kam, fand er sich am Fuße des Abhangs unterhalb der Landstraße liegen. Er wußte zwar undeutlich, was geschehen war, sah und spürte aber zunächst nicht viel.

Er lag und schaute zum Himmel hinauf. Sein Kopf schien merkwürdig klar zu sein. Wie kurz das Leben doch ist, dachte er bei sich – und wie ungewiß! Er wunderte sich, daß er das nicht in seiner Muttersprache, in Tamil, dachte, sondern in Englisch.

Langsam wurde er sich seiner Umgebung bewußt und handelte fast mechanisch, wie er es gelernt hatte. Er sah sich seine Hände und Füße an, versuchte Finger und Zehen zu bewegen, und murmelte: »Gut, kein Bewegungsausfall!« Er nahm einen Stock, der neben ihm lag, und fuhr damit über sein Bein. »Auch kein Empfindungsausfall!« rief er erleichtert. Dann versuchte er vorsichtig seinen ganzen Körper zu bewegen.

»Au!«

Der Schmerz war so furchtbar, daß er glaubte, das Rückgrat müsse gebrochen sein.

Nachdem er sich behutsam abgetastet hatte, um festzustellen, wo und wie stark die Verletzungen waren, merkte er, daß der Schaden nicht allzu groß war, und machte sich plötzlich Sorgen um die andern. Er stand langsam auf und blickte noch ganz benommen um sich. Erst allmählich begriff er, was er da sah: zerbrochene und verbogene Autoteile – verstreut umherliegende Menschen.

Einige begannen sich zu bewegen, richteten sich hoch und erhoben sich schwankend. Eine Gestalt kam auf ihn zu. Er erkannte Dr. Achamma Abraham. Sie sah ihn verwirrt an und griff an ihren Hals.

»Haben Sie meine Kette gesehen?«

Johnson schüttelte den Kopf. Er hätte beinahe gelacht. Typisch Frau! dachte er.

Bald hatten sich die meisten Verunglückten hochgerichtet, saßen entweder noch ganz betäubt da oder stolperten unsicher umher. Zwei lagen regungslos nebeneinander: Dr. Sojibai Samson und Dr. Mary Verghese. Jemand beugte sich über sie und sagte dann sachlich: »Sie sind tot.«

Noch eine andere Gestalt sah Johnson regungslos daliegen. Seine quälenden Schmerzen vergessend, lief er darauf zu und kniete neben ihr nieder. Es war Bama.

Ihre rechte Gesichtshälfte war dick geschwollen. Es sah aus, als wäre das Auge verloren. Er faßte nach ihrem Puls, der kaum zu fühlen war. Dann begann er mit künstlicher Atmung. Aber plötzlich hörte er wieder damit auf, aus Angst, daß sie eine Rippe gebrochen haben könnte.

»O Gott, hilf uns!« betete er. »Laß sie leben! Laß alle leben und bei Verstand bleiben!«

Er stand auf. Die Zeit war kostbar. Es mußte etwas geschehen. Mit stechenden Schmerzen im Rücken kletterte er die Böschung hinauf.

Der Omnibus parkte neben der Straße. Die Fahrgäste standen dicht gedrängt am Rande der Böschung und starrten Johnson blöde an.

»Wo ist der Fahrer?« keuchte er.

Der Mann kam von seinem Wagen herüber, erschreckt, feindselig.

»Sie müssen uns sofort nach Vellore fahren«, sagte Johnson eindringlich.

Der Chauffeur antwortete ausweichend. Das könnte er nicht. Er dürfte doch nicht einfach eine andere Route fahren.

»Sie dürfen nicht?« schrie Johnson erbost. »Haben Sie nicht gesehen, daß da unten Schwerverletzte liegen, und zum Teil durch Ihre Schuld?«

Als er das verstockte Gesicht des Mannes sah, versuchte er es von einer anderen Seite.

»Wir sorgen dafür, daß Sie es gut bezahlt bekommen.«

Noch immer zögerte der Fahrer. Da konnte sich Johnson nicht mehr beherrschen.

»Sie werden es bereuen, wenn Sie es nicht tun«, sagte er drohend.

»Ich werde Sie anzeigen. Ich habe Freunde bei der Polizei.

Ich werde Sie verhaften lassen. Verstehen Sie mich denn nicht, Mann? Die Leute liegen im Sterben!«

Achamma Abraham kam ihm zu Hilfe.

»Ich gebe Ihnen diesen Schmuck«, sagte sie und zeigte auf ihre goldenen Armreifen.

Auch einige der Fahrgäste redeten ihm jetzt zu, und schließlich willigte er ein. Johnson paßte auf, daß die Verunglückten sicher den steilen Abhang hinauf und in den Bus gebracht wurden. Ein paar von ihnen brauchten dabei keine Unterstützung. Thambidurai schien mit einigen oberflächlichen Verletzungen davongekommen zu sein. Thambu lief händeringend umher und jammerte über einen kleinen Schnitt in der Kopfhaut. Dr. Jameson beachtete ihre Kopfverletzung und ihren gebrochenen Arm gar nicht und half umsichtig. Schließlich waren alle im Bus außer Sojibai und Mary, die noch immer regungslos auf der Erde lagen. Der Buschauffeur deutete zu ihnen hinüber und sagte:

»Die nicht! Hat keinen Zweck. Die sind tot.«

»Und wenn es so wäre!« fuhr Johnson ihn an. »Sie fahren mit.«

Trotz seiner fast unerträglichen Rückenschmerzen half er die beiden jungen Mädchen die Böschung hinauftragen und vorsichtig im Bus niederlegen. Ihre Gesichter waren fast nicht zu erkennen. In dem von Sojibai schien jeder Knochen zerbrochen zu sein, und das von Mary war vom Backenknochen bis zum Kinn gespalten. Johnson zweifelte nicht daran, daß zumindest sie schon tot war. Er bestieg als letzter den Bus. Mühsam schleppte er sich die Stufen hinauf und legte sich, das Gesicht nach oben, auf den Fußboden.

»Ganz lang ausstrecken«, murmelte er erstickt. Etwas Warmes stieg ihm in die Kehle. Lungenblutung, dachte er und wunderte sich gar nicht, daß sein Ärmel, mit dem er sich über den Mund fuhr, hellrot gefärbt war.

Er hörte unterdrücktes Stöhnen und wußte bestimmt, daß es von Bama kam. Noch nicht völlig bei Bewußtsein, aber wenigstens am Leben, dachte er. Und wenn er sich noch so sehr anstrengen würde, er konnte jetzt nicht zu ihr. Dankbar sah er, daß Dr. Jameson ihr zu helfen suchte.

15

Der Bus rollte durchs Tor des Krankenhauses und hinauf zur Poliklinik. Noch ehe die Verunglückten herausgetragen worden waren, war die Nachricht bis in die Krankensäle und Büros gedrungen.

»Entsetzliches Unglück! Der Combiwagen hat sich überschlagen. Und lauter Ärzte drin!«

Dr. Jakob Chandy, der Neurochirurg, übernahm sofort die ärztliche Versorgung der Opfer. Er ließ alle auf eilig hergerichtete Untersuchungstische legen. »Sie übernehmen diesen hier, Sie diese, Sie diese ...« lauteten seine kurzen Anweisungen an seine Assistenten. Schnell gingen sie durch die Reihen, fragten, untersuchten und rollten einige Patienten sofort in den Operationssaal.

»Was ist denn mit dir?« fragte einer der jungen Ärzte Johnson, mit dem er studiert hatte.

»Wirbelsäulenfraktur«, erwiderte dieser ruhig. »Aber keine motorische oder sensorische Lähmung – und Lungenblutung.«

»Oho, du weißt aber deine Diagnose genau!« meinte sein Kollege und sah ihn etwas ungläubig an. »Wie ich hörte, hast du noch Leute die Böschung mit hinaufgeschleppt. Das kann man doch wohl nicht, wenn man das Rückgrat gebrochen hat.«

»Nein?« fragte Johnson schwach.

»Bleib nur still liegen! Ich glaube, da sind noch dringendere Fälle.«

Johnson blieb still liegen. Etwas anderes hätte er auch gar nicht tun können. Später stellte sich heraus, daß seine Diagnose richtig war: Er hatte den elften Brustwirbel gebrochen und noch kleinere Frakturen an drei anderen Wirbeln sowie eine Lungenverletzung.

Grace Koshi arbeitete gerade in der College-Bibliothek, als sie draußen aufgeregte Stimmen hörte. Sie lief ans Fenster und sah Leute umherrennen. Mehrere Autos fuhren kurz hintereinander nach Vellore zu. Sie horchte hinaus. Schließlich konnte sie sich aus den erregten Zurufen und Gesprächsfetzen ein ungefähres Bild von der Ursache der Unruhe machen.

»Mary!« dachte sie ahnungsvoll.

Sie nahm den ersten Bus, der, schon vollbesetzt mit Studenten, zum Krankenhaus fuhr, und stürzte sofort zur Poliklinik.

Die alte Poliklinik war häufig ein sehr belebter Ort. Aber noch nie hatte Grace so viele Ärzte auf einmal dort herumlaufen sehen. Auch Dr. Ida war da. Sie ging von einem Patienten zum andern, drückte ihnen die Hand, sprach ihnen leise Mut zu, strich hier eine Haarsträhne zurück, wischte dort verkrustetes Blut ab, unglücklich, daß sie nicht mehr helfen konnte. Sie dachte wohl nicht einen Augenblick daran, daß die Berührung ihrer Hand, die heiße Sorge, die auf ihrem Gesicht zu lesen war, in diesem Augenblick ebenso heilend wirkte wie eine Arznei.

Als Grace die Patientin fand, die sie suchte, stöhnte sie auf.

»Mary!«

Aber obwohl die Kranke den Kopf ruhelos hin und her warf, schien sie noch immer bewußtlos zu sein. Entsetzt starrte Grace auf die klaffende Wunde in der rechten Wange, auf das blutgetränkte Haar.

»Wird sie —?«

Angstvoll fragend wandte sie sich an die Ärzte, die mit ihrer Freundin beschäftigt waren. Dr. Mathai, Marys Schwager, der erst kürzlich eine Assistentenstelle in Vellore angenommen hatte, verabreichte gerade Blut- und Gelatinetransfusionen.

»Das wissen wir noch nicht«, erwiderte er. »Ich habe die Familie schon benachrichtigen lassen.«

Ein Patient nach dem andern wurde weggefahren. Sojibai

Samson war nicht so gefährlich verletzt, wie man zunächst gefürchtet hatte, obwohl sämtliche Gesichtsknochen gebrochen waren. Bama, die noch immer bewußtlos war, hatte einen tiefen Schnitt in der rechten Wange, einen Schlüsselbeinbruch und Gehirnerschütterung, Schwester Mariamma eine schwere Rückgratverstauchung. Die meisten anderen waren mit starken Prellungen und Quetschungen davongekommen. Maisy Mathen war völlig unverletzt.

Mary war am schlimmsten betroffen. Als sich die Ärzte das Ergebnis der Transfusionen ansahen, waren sie pessimistisch.

»Sie reagiert nicht, wie sie soll«, hörte Grace Dr. Mathai sagen. »Wenn ihr Blutdruck nicht besser wird, können wir nichts an ihrem Gesicht machen.«

»Mary hat immer einen verhältnismäßig niedrigen Blutdruck«, warf sie ein.

So entschlossen sich die Ärzte, die Gesichtswunde zu nähen. Der rechte Oberkieferknochen war mehrmals gebrochen, die Orbitalplatte aber glücklicherweise unverletzt. Das Auge konnte wahrscheinlich erhalten bleiben.

Grace war nur eine der vielen Freundinnen Marys, die auf die Unglücksnachricht hin zum Krankenhaus stürzten. M. P. hatte den ganzen Tag mit hohem Fieber im Bett gelegen. Wenn sie nicht krank gewesen wäre, hätte auch sie an der Picknickparty teilgenommen. Enttäuscht hatte sie die andern am Morgen abfahren sehen. Jetzt saß sie in furchtbarer Sorge um ihre Freundin vor dem Operationszimmer und wartete. Schließlich konnte sie die Spannung nicht länger ertragen, zog Kittel und Maske an und ging hinein.

Aber hier wurde ihre Sorge nur noch größer.

Das könnte ich sein, dachte sie, als sie auf die stille Gestalt auf dem Operationstisch starrte.

Es war acht Uhr fünfzehn abends, als Mary in das Krankenzimmer gefahren wurde, wo Grace Koshi und andere auf sie warteten. Eine Schwester brachte ihre Kleider.

Bisher hatte Grace noch nicht weinen können. Als sie aber

jetzt Marys blutbesudelten Sari sah, begannen ihre Tränen zu fließen.

Es fehlte nicht an Freiwilligen — Schwestern, Medizinstudenten und Ärzten —, die sich in die Nachtwache bei den Verunglückten teilten. Dr. Mathai und Grace blieben die ganze Nacht an Marys Bett sitzen. Immer noch warf sie ruhelos den Kopf von einer Seite auf die andere, aber immer noch ohne Bewußtsein.

»Laßt mich los, laßt mich los«, murmelte sie unaufhörlich.

Als Grace kurz nach Mitternacht Marys Nachthemd etwas zurechtziehen wollte, bemerkte sie eine gerötete und geschwollene Stelle an ihrer rechten Schulter und machte Dr. Mathai darauf aufmerksam.

»Das sieht wie ein Schlüsselbeinbruch aus«, meinte er. Hoffentlich geht es ihr morgen so weit gut, daß wir ihn versorgen können.«

Zum zweiten Mal innerhalb von sechs Monaten wurde Marys Familie in Kerala in ihren Grundfesten erschüttert.

Appan und Amma waren gerade bei Annamma in Ernakulam, als das Telegramm ankam. Appan war nicht imstande, die weite Reise nach Vellore zu machen. Amma wurde zwischen der Sorge um ihn und dem Wunsch, bei Mary zu sein, hin und hergerissen.

»Natürlich mußt du fahren«, redete er ihr freundlich zu. »Dein Kind braucht dich.«

Sie waren beide sehr gealtert. Kunjammas Tod hatte ihnen eine Wunde geschlagen, die noch nicht geheilt war.

»Nicht auch noch mein anderes jüngstes Kind«, flüsterte Amma. »Ich könnte es nicht ertragen.«

»Bleib, solange sie dich braucht«, ermutigte Appan sie.

»Was wohl nicht mehr lange sein wird«, sagte George leise zu Annamma. »Jedenfalls, wenn ich das Telegramm richtig verstanden habe.«

George, Annamma und Amma nahmen sich ein Taxi und fuhren die Nacht hindurch. Es traf sich, daß John, der damals

als Ingenieur in Alwaye arbeitete und vorübergehend im Haus seiner Eltern in Cherai wohnte, am selben Abend seinen kranken Vater in Ernakulam besuchen wollte. Als er von dem Unglück hörte, rief er sofort seinen Schwager, Dr. Mathai, an und fuhr, begleitet von seiner Schwester Aleyamma und deren Mann, ebenfalls in einem Taxi nach Vellore. Babi war in Trivandrum, als ihn eine verspätete Depesche nach Ernakulam rief. Er glaubte, sein Vater sei schwer krank und fuhr sofort dorthin. Dann rief er Dr. Mathai an.

»Hier ist John«, sagte sein Bruder, der an Mathais Stelle an den Apparat gekommen war. »Ich fürchte, es geht zu Ende.«

Babi nahm Annammas großen Wagen und fuhr damit nach Vellore, da er wußte, daß man in Kerala eine Leiche nicht in einem Taxi überführen konnte. Es war unvorstellbar für ihn, daß seine kleine Schwester Mary nicht nach Hause gebracht werden sollte. Sie war auf der Insel mit den blauen Seen und den Palmenhainen geboren, und da gehörte sie hin. Es schien das einzige zu sein, was er noch für sie tun konnte.

George, Annamma und Amma trafen am Morgen des 31. Januar in Vellore ein und fanden Mary immer noch bewußtlos vor. Es änderte sich an diesem Tag auch nicht viel in ihrem Befinden. Die Ärzte taten, was sie konnten, um sie am Leben zu erhalten. Der Schlüsselbeinbruch wurde notdürftig versorgt und gegen Mittag ein Luftröhrenschnitt gemacht, um ihr das Atmen zu erleichtern.

Amma saß an Marys Bett und ließ sich nicht überreden, es zu verlassen. Immer wieder streichelte sie die heißen, rastlosen Hände, die Augen unverwandt auf das dick verbundene Gesicht geheftet.

»Bitte, ruh dich doch eine Weile aus!« baten John und Annamma. »Du kannst ihr doch gar nicht helfen. Sie weiß nicht einmal, daß du hier bist.«

»Wie könnt ihr das behaupten?« fragte Amma. »Ein Kind fühlt die Liebe seiner Mutter, auch wenn es schläft. Ich muß es doch wissen! Habe ich nicht viele Male die Nächte hindurch an euern Betten gesessen, wenn ihr krank wart?«

An diesem Tage war es auch, daß eine Schwester besorgt zu Dr. Chandy sagte: »Ich habe sie beobachtet. Sie ist sehr unruhig. Dauernd bewegt sie den Kopf und die Arme. Aber noch nicht einmal hat sie ihre Beine bewegt. Sollte etwa ...?«

»Ja«, antwortete Dr. Chandy. »Ihre Wirbelsäule ist verletzt.«

Aber es war noch nicht möglich, das Ausmaß der Verletzung festzustellen. Es blieb allen nur eins übrig – zu warten.

16

Es mußte Monsunzeit sein; denn nur dann strömte das Wasser so tief hinein in all die kleinen Buchten und überflutete die Felder bis an den Rand des umzäunten Grundstücks, wo es plätschernd gegen die Stämme der Kokospalmen schlug. Schon früher hatte Mary immer über den Rand des kleinen Bootes, das sich John und die anderen Jungen heimlich holten, auf die überschwemmte Wiese unter sich geschaut. Aber nie waren die Fluten so tief gewesen wie diese hier. Wenn das Boot umgekippt war, warum kroch sie dann nicht mit ihren Brüdern zwischen den klatschenden, kitzelnden Gräsern hindurch ans trockene Land und sprang in der Sonne umher, damit ihre Kleider wieder trocken wurden und Amma nichts merkte? Warum lag sie hier, und die dunklen Wasser strömten um ihren Kopf, und die Gräser schlangen sich um ihren Körper? Nein, nicht die Gräser! Es mußte etwas Härteres sein. Wurzeln, die ihre Beine umklammerten, sie so fest hielten, daß sie sie nicht bewegen konnte, so sehr sie sich auch anstrengte.

Oder vielleicht waren es gar keine Wurzeln, sondern Schlangen? Lange, gefleckte Schlangen, wie sie sich die Zauberer um den Hals wanden? Ja, es mußten Schlangen sein! Sie fühlte, wie sich die Zähne dieser furchtbaren Tiere in ihre Wangen, in ihre Schultern bohrten. Sie kämpfte verzweifelt, um sich zu befreien, aber es gelang ihr nicht. Die Windungen waren so dicht und fest wie das Geflecht von Kokosblättern, das die Frauen von Cherai zu Zäunen oder Dächern für ihre Häuser herstellten.

»Laßt mich los! Laßt mich los!« versuchte sie zu schreien, aber das Wasser erstickte ihre Worte.

Allmählich wich die Flut zurück, und, noch unklar und verzerrt wie Spiegelbilder in unruhigem Wasser, waren Umrisse zu erkennen. Einmal meinte sie, Ammas Gesicht zu sehen; nicht ärgerlich oder vorwurfsvoll, sondern tiefunglücklich, als ob sie geweint hätte. Nur einmal hatte sie Ammas Gesicht so gesehen, als Kunjamma ... Aber nein, Kunjamma war nicht tot. Das konnte doch gar nicht sein. Sie waren doch noch Kinder, die in einem Boot auf den schmalen Buchten fuhren. Nur war jetzt kein Boot da, weil etwas geschehen war ... Mit einer letzten, verzweifelten Anstrengung kämpfte sie sich aus dem dunklen Wasser heraus. Das Brausen und Dröhnen in ihrem Kopf machte einer Stille Platz, die gleich darauf von halb ungewohnten, halb vertrauten Geräuschen unterbrochen wurde: dem Krächzen einer Krähe, dem Poltern eines Ochsenkarrens, dem Klirren von Glas, dem Plätschern von Wasser, dem Schlappen von Sandalen auf hartem Fußboden. Wo war sie? Das Weiße über ihr war kein Himmel. Um sie herum waren Wände, keine Kokospalmen. Und zu Hause konnte sie nicht sein, weil es dort keine Ochsenkarren gab. Als sie sich auf einen Ellenbogen stützen wollte, um besser sehen zu können, versank sie wieder in einer Flut von Schmerzen.

»Mein Rücken!« stöhnte sie. »Mein Hals – mein Kopf!«

Sie trieb auf der Oberfläche des Bewußtseins. Noch ganz undeutlich und wie aus weiter Ferne gewahrte sie Gesichter, Hände, Stimmen. Sie merkte, daß etwas getan wurde, um ihre Schmerzen zu erleichtern, und fühlte, daß ein Verband den quälenden Druck etwas linderte.

Die Wasserfluten waren schon lange zurückgewichen. Wenn sich für kurze Zeit der Nebel der Pein teilte, wußte sie, daß sie in Vellore war, daß sie in einem verstellbaren Krankenbett lag und daß Schwestern um sie herum waren. Sie versuchte sich zu erinnern, was geschehen war, aber ihre Gedanken gingen hoffnungslos im Kreise: Sie wollte in ein neues Zimmer ziehen ... Ihre Koffer waren schon gepackt ... Sie war furchtbar müde, aber es war noch allerlei zu tun ... Sie wollte in ein neues Zimmer ziehen ...

Es hatte keinen Zweck. Sie konnte sich nicht mehr erinnern.

Da plötzlich schlug sie die Augen auf und sah ein bekanntes Gesicht.

»Lily!« Zu ihrem Erstaunen klang ihre Stimme nur wie ein Flüstern. Lilys hübsches, rundes Gesicht zeigte eine sonderbare Mischung von Überraschung, Erleichterung und Bangigkeit.

»Mary, Liebling! Du erkennst mich?«

»Ja, aber —« Sie faßte sich mit der linken Hand an den Hals. »Was ist? Ich kann — nicht sprechen —«

»Du hast eine Tube in der Kehle«, erwiderte Lily. »Du bekamst keine Luft mehr. Da haben sie einen Luftröhrenschnitt gemacht.«

Marys Hand wanderte suchend weiter, hinauf zu dem dikken Verband, der das rechte Auge und fast das ganze Gesicht bedeckte.

»Warum hier? Was ist geschehen?«

»Du bist mit den anderen Assistenzärzten zum Picknick gefahren. Erinnerst du dich?«

Mary schüttelte den Kopf. Sogar diese kleine Bewegung tat ihr im Gesicht und im Nacken entsetzlich weh.

»Und dabei habt ihr einen Unfall gehabt. Einen ganz furchtbaren Unfall. Der Wagen hat sich überschlagen, und du bist schwer verletzt worden. Das war vor fünf Tagen.«

»Und die andern?« fragte Mary schwach.

»Du denkst mal wieder an die andern«, schalt Lily liebevoll. »Ihnen geht es allen gut. Du bist am schwersten verletzt.«

»Wie schwer?« fragte Mary leise.

Lily fuhr sanft mit der Hand über den dickverbundenen Kopf und die Schulter.

»Na, ich fürchte, dein Oberkiefer ist gebrochen — und dein Schlüsselbein auch«, sagte sie, und ihre Stimme klang ein bißchen zu hell dabei. »Und die Wunde im Gesicht soll ziemlich entzündet sein —«

Mary versuchte zu lächeln. Der Schmerz, den ihr diese Bewegung verursachte, ließ sie aufstöhnen. Arme Lily, dachte sie. Sie hat nie gut Geheimnisse für sich behalten können. Was will sie verbergen? Daß ich für immer entstellt bin? Als ob ich das nicht schon wüßte, wo sich mein Gesicht doch anfühlt, als wäre es gespalten, vom Kinn bis —

Plötzlich durchfuhr sie ein eisiger Schreck.

»Mein Auge?«

»Das haben sie retten können«, beeilte sich Lily zu versichern. »Zuerst waren sie bedenklich. Aber es ist alles in Ordnung. Sie mußten die Orbitalplatte drahten.«

»Gut!« flüsterte Mary. »Gott ist sehr gut zu mir.«

Sie wunderte sich, warum Lily Tränen in den Augen hatte. Auf ihr Aussehen kam es ihr doch wirklich nicht so sehr an!

Sie hob ihre linke Hand und betrachtete sie. Sie war noch kräftig und geschmeidig. Ihre rechte war zwar verbunden, aber sie konnte die Finger alle bewegen. Erleichtert atmete sie auf. Die Augen und die Hände — die Werkzeuge des Arztes!

»Herr Gott, ich danke dir!« flüsterte sie.

Wogen neuer Pein fluteten über sie hin. Später wußte sie nicht einmal mehr, daß sie mit Lily gesprochen hatte.

Die nächsten Tage hätten Stunden — oder auch Jahre sein können. Unter dem Einfluß starker Beruhigungsmittel dämmerte sie dahin. Nur dann und wann kam sie einen Augenblick so weit zum Bewußtsein, daß sie einem vertrauten Gesicht zulächelte, undeutlich auf die Frage eines Arztes oder einer Schwester antwortete oder in wortloser, aber nicht immer tränenloser Qual das Verbinden ihrer infizierten Gesichtswunde über sich ergehen ließ. Sie merkte kaum, daß ihre erste Pflegerin, Aley Kuruvilla, von Gnanamini abgelöst wurde. Daß Amma bei ihr war, nahm sie wie eine Selbstverständlichkeit hin. Und in den ruhelosen langen Nächten lernte sie an Ammas Atemzügen unterscheiden, ob sie schlief oder lag und zu ihr herüber horchte.

Zwar sah sie auch andere bekannte Gesichter und Gestalten kommen und gehen: ihren Bruder George, ihre Schwester Annamma, Grace Koshi, Dr. Mathai, Dr. Ida. Aber Ammas Gesicht sah sie am häufigsten und am klarsten. Es war immer da, wenn sie, schweißüberströmt und stöhnend aus furchtbaren Schmerzzuständen zu sich kam. Und es trug tiefe Leidenszüge.

»Bitte, Amma, mach dir keine Sorgen!« bat Mary immer wieder. »Es wird schon alles gut werden.«

Aber eines Tages merkte sie, daß nicht alles gut wurde. Sie hätte nicht genau sagen können, wann sie diese Entdekkung machte. Es geschah nicht auf einmal. Es war eher wie ein allmähliches Sich-bewußt-Werden, wie das langsame Steigen der Flut in der Monsunzeit.

Die ständig wiederkehrenden, eindringlichen Fragen: »Sagen Sie mir doch, ob Sie das jetzt spüren, Dr. Mary!« . . . »Strahlt der Schmerz bis hierher aus?« . . . Bruchstücke eines Gesprächs, das sie mit angehört hatte: ». . . völlig gefühllos . . . habe die ganze Nacht auf irgendeine Bewegung gewartet . . .«

Ihre eigene vergebliche Anstrengung, in der Bewegung Erleichterung zu finden. Wenn nur ihre Schulter und ihr Gesicht verletzt waren, warum hatte man dann ihren ganzen Körper so fest umwickelt?

Und dann kam schließlich der Augenblick, wo ihr alles klar wurde.

»Morgen machen wir die Laminektomie!« hörte sie jemand sagen.

Sie öffnete die Augen. Plötzlich sah sie das Zimmer und alles, was darin war, ganz scharf vor sich, ebenso starr und bewegungslos wie ihren Unterkörper. Sie sah eine kahle weiße Mauer, die nur von einem Sonnenstrahl belebt wurde. Sie sah die Metallpfosten eines Bettgestells, die wie Käfigstangen aussahen. Sie sah Dr. Chandy, dunkel, ernst, den Kopf über ein Krankenblatt gebeugt, und Schwester Gnanamini, die gerade eine Flasche auf einen Instrumententisch stellen wollte. Sie sah ihre Mutter auf einem Stuhl am Fenster sitzen, die Hände so fest gefaltet, daß die Knöchel ganz weiß waren.

Für einen Augenblick stand alles still. Sogar der hämmernde Schmerz in ihrem Gesicht hörte einen Moment auf. Dann kehrte plötzlich die Bewegung überall wieder. Dr. Chandy legte das Krankenblatt nieder und ging zur Tür. Schwester Gnanamini stellte die Flasche hin. Amma begann langsam ihre Hände zu reiben, so langsam, daß es gar nicht zu ihren sonstigen lebhaften Bewegungen paßte. Die Wange fing wieder an, wehzutun. Sogar der Sonnenstrahl an der Wand zitterte, als ein Luftzug mit den Vorhängen am Fenster spielte.

Alles hatte seine normale Bewegung wieder aufgenommen — nur ein Paar einstmals flinke, kräftige Beine nicht.

In dieser Nacht konnte Mary nicht schlafen. Zum erstenmal seit zehn Tagen war sie vollkommen bei Bewußtsein. Das gewohnte Schlafmittel wirkte nicht. Im Zimmer war es heiß und stickig. Die dicken Verbände um Kopf und Schulter fühlten sich wie heiße, feuchte Kompressen an. Das Klopfen in ihrem Gesicht war stetig und regelmäßig wie ein Pulsschlag. Nur aus Furcht, ihre Mutter zu wecken, widerstand sie dem fast unbezähmbaren Drang, sich zu wehren — mit ihrer linken Hand, der einzigen Waffe, die ihr geblieben zu sein schien, um sich zu schlagen.

Nein, sie war nicht die einzige! Auch Seele und Geist waren Waffen. Und sie focht mit ihnen, wild, lautlos. Schicksal, Leben, Gott — man nenne es, wie man wolle — es war nicht gerecht! Sie hatte alles hingeben wollen, und jetzt hatte man ihr alles weggenommen. Es wäre viel besser gewesen, wenn sie gestorben wäre, statt nicht einmal halb lebendig zu sein. Tränen des Schmerzes, der Wut, der Hoffnungslosigkeit mischten sich mit dem Schweiß, der aus den aufgeweichten Verbänden tropfte. Ihre Kehle wurde von lautlosem Schluchzen zerrissen.

Sie konnte es nicht fassen, daß sie ihre Beine einfach nicht zwingen konnte, ihr zu gehorchen. Fieberhaft konzentrierte sie ihre ganze Aufmerksamkeit auf sie. Sie stellte sie sich in Bewegung vor, wie sie unermüdlich zwischen den Palmen dahinjagten, wie sie die schuppigen Stämme hinaufkletterten, über Hindernisse sprangen, eilig eine Veranda im Krankenhaus entlangliefen. Sie nahm all ihre Willenskraft zusammen, straffte und spannte jeden Muskel, bis das Laken unter ihrem Kopf und ihren Schultern von Schweiß durchtränkt war. Es nützte nichts. Ihre Beine waren wie zwei tote Palmenstämme.

Allmählich legte sich ihre hilflose Wut. Der Verstand begann zu arbeiten. Laminektomie. Die Wirbelsäule war verletzt, ja, aber vielleicht nicht so, daß sie nicht wiederhergestellt werden konnte. Durch die Entfernung des hinteren Wirbelbogenteiles würde der Druck vermindert werden. Vielleicht . . . Gott war gut. Sie konnte ihm vertrauen. Er wollte nur das Beste für seine Kinder. Sie durfte die Hoffnung nicht aufgeben.

Am Morgen brachte sie es fertig, ein schwaches Lächeln auf Ammas Gesicht zu zaubern. Da sie selbst noch nicht so lange sprechen konnte, bat sie Gnanamini, ihrer Mutter die Operation genau zu erklären.

»Es wird alles gut«, fügte sie dann ermutigend hinzu.

Dr. Gwenda Lewis, die junge englische Narkoseärztin, kam mit ihrem energischen, federnden Schritt ins Zimmer.

»Ich werde ganz dicht neben dir stehen«, sagte sie warm. »Wir werden alle mit dir kämpfen. Und vergiß nicht, Mary, Liebes: Was auch geschehen mag, das Leben ist trotzdem gut und wert, gelebt zu werden.«

Auch Mary lächelte. Aber sie fühlte einen jähen Groll in

sich aufsteigen. Was verstehst du davon? hätte sie am liebsten entgegnet. Du, die du gesunde, kräftige Beine hast!

Irgendwie kamen ihr diese Worte bekannt vor.

Als die Operation vorüber war, begann das Warten. Jeden Tag erschien Dr. Chandy oder einer seiner Kollegen, um zu prüfen, ob die Empfindungslähmung nachließ.

Zuerst berührten sie sie mit einem Wattetupfer.

»Schließen Sie bitte die Augen, Doktor Mary! Und nun sagen Sie mir: Fühlen Sie das?«

Mary preßte die Augenlider zusammen, daß sie schmerzten.

»Nein!«

»Und das?« Mary hielt den Atem an, spannte die Muskeln ihrer Arme und Schultern ...

»Nein!«

Dann kam der Stich mit einer Nadel.

»Entspannen Sie sich, bitte! Fühlen Sie das?«

Wieder Augenblicke furchtbaren Wartens. Dann — »Nein!«

»Und das?«

Ah! Hier war doch etwas wie ein Schmerz ...

»Ich — ich weiß nicht genau —«

Ihre Pulse schlugen wie Hämmer — — Bis es ihr grausam klar wurde, daß sie das Stechen in ihrer Wange gespürt hatte.

»Nein! Noch nicht! Versuchen Sie es noch einmal!«

»Wir sind schon dabei, Doktor Mary. Fühlen Sie nichts?«

»Nein ... nein ... nein ...«

»Es dauert seine Zeit. Sie wissen doch, das sind durchaus keine abschließenden Versuche. Vielleicht morgen!«

Morgen ...

Was waren Tage? Wenn nicht Hell und Dunkel miteinander abgewechselt hätten, hätte sie gar nicht gemerkt, daß sie vorübergingen. Sie maß die Zeit anders: an den Pausen zwischen dem qualvollen Verbinden ihrer Wange, an dem Kommen und Gehen des Pflegers, der ihr Bett zweimal am Tag verstellte. Nacht war nicht mehr Dunkelheit und Schlaf. Sie war die grenzenlose Leere, in der sie, oft hellwach, auf dem

Rücken lag, ohne sich umdrehen zu können. Es war ihr unmöglich, auf der Seite zu liegen; und wegen der Wunde im Gesicht konnte sie auch immer nur einmal eine Stunde auf dem Bauch liegen. Ihre Stirn ruhte dabei auf dem Metallstück, das zu diesem Zweck an ihrem Gipsverband angebracht war. Sie mußte ihren Hals fast völlig steif halten, damit die Wirbelsäule nicht bewegt wurde.

Regungslos auf dem Rücken liegen zu müssen, war die größte Qual für sie. Schon als Kind hatte sie sich nachts immer von einer Seite auf die andere geworfen, und als Sojibai Samson einmal eine Zeitlang mit ihr in einem Zimmer gewohnt hatte, hatte ihr etwas wackliges Bett so gekracht, daß Sojibai einfach nicht mehr schlafen konnte und sie bat, mit ihr zu tauschen. Bei einem ihrer ersten Krankenbesuche erinnerte Mary sie an diese Episode.

»Nun braucht niemand mehr Angst zu haben, daß ich ihn störe«, meinte sie am Schluß. Aber gleich darauf tat es ihr leid, das gesagt zu haben; denn Sojibai, deren Gesicht ebenfalls noch die Spuren des Autounglücks trug, konnte kaum ihre Tränen zurückhalten. Und noch schlimmer als ihre eigenen Schmerzen und ihre eigene Not quälte es sie, wenn sie andern Kummer machte.

»Komm, Mutter, verzag doch nicht!« sagte sie einmal zu Amma, als diese ihre Mutlosigkeit nicht mehr verbergen konnte. »Du hast außer mir noch drei Töchter und drei Söhne. Sechs Paar gesunde, kräftige Beine! Und wer weiß? Eines Tages sind es vielleicht wieder sieben!«

Ihr Bruder George mußte nun wieder nach Kotschin in seine Praxis zurück. Aber ihre Schwester Annamma blieb noch. Sie behauptete, ihr Mann und ihre beiden Söhne könnten ebensogut zwei Monate wie zwei Wochen ohne sie auskommen. Und Mary war dankbar für ihre beruhigende Gegenwart, für ihr stundenlanges, geduldiges Vorlesen.

Das Gesicht heilte allmählich. Nur innen im Mund war noch längs der Wange und Lippe ein Abszeß. Jeden Tag kam

Dr. Shanti Fen, Dr. Cases Assistenzarzt, um ihn zu dränieren. Das war ein schmerzhafter Prozeß, und Mary fürchtete sich immer sehr vor seinem Besuch.

So viele Ärzte kümmerten sich um sie, daß sie sich manchmal lustig darüber machte. Da waren Dr. Case, der Chef-Chirurg; Dr. Moody, der Zahnorthopäde; Dr. Chandy, der Neurochirurg, und Dr. Brand, der Spezialist für Orthopädie.

»Wer ist denn nun mein richtiger Arzt?« fragte sie manchmal in komischer Verzweiflung. »Ihr seid so viele, daß ich nicht weiß, bei wem ich mich beschweren soll.«

Jeden Tag wurden Tests gemacht.

»Fühlen Sie das, Doktor Mary?« . . . »Und das?« . . . »Wie ist es damit?«

Jeden Tag wieder das Herzklopfen, die furchtbare Spannung.

»Nein . . . nein . . . nein . . .«

Dann schien man mit den fruchtlosen Versuchen für immer aufgehört zu haben.

»Wie lange ist es her?« fragte Mary eines Tages. Sie konnte nun wieder leichter sprechen, da die Tube am elften Tag entfernt worden war. »Wieviel Tage sind seit der Laminektomie vergangen?«

Effie Wallace, die diensthabende, amerikanische Schwester, versuchte ihrer Stimme einen ganz harmlosen Klang zu geben.

»Na, da wollen wir einmal nachzählen. Die Operation war am 9. Februar. Jetzt haben wir – hm, jetzt muß wohl der 22. sein. Wie die Zeit vergeht!«

Zwei Wochen! Mary war Ärztin. Man brauchte ihr nicht zu sagen, daß das Empfindungsvermögen, wenn es sich zwei Wochen nach einer Laminektomie nicht wieder eingestellt hatte, wahrscheinlich überhaupt nicht wiederkehren würde. So war sie also verurteilt, für den Rest ihres Lebens gelähmt zu sein.

In dieser Nacht konnte Mary wieder keine Ruhe finden. Warum? Warum? All ihre Gedanken kreisten um die Frage, die sie nicht loslassen wollte. Sie hieß nicht: Warum passierte mir das? Warum straft mich Gott so? Sondern: Warum bin ich nicht gestorben, da ich doch so nahe daran war?

Wäre Mary ein andrer Mensch gewesen, hätte sie vielleicht in dieser Nacht ihrem Leben ein Ende gemacht. Eine Möglichkeit dazu hätte sie schon gefunden. Da stand das leere Glas auf dem Nachttisch. Das Glas war dünn – Aber nicht einmal in ihrer tiefsten Verzweiflung kam sie in Versuchung, etwas so Kostbares wie ein Menschenleben zu vernichten. Sie hatte geschworen, Leben zu retten, zu erhalten. Leben war heilig. »Du sollst nicht töten!« war auch für den Arzt das zentrale Gebot.

Warum? fragte Mary wieder. Doch das Wort war jetzt mehr Gebet als bittere Klage. Warum wurde dieses Leiden von ihr verlangt? Warum war sie am Leben geblieben? Hiob hatte erfahren, was Leiden war. Er hatte gelernt zu sagen: »Tötet er mich, ich werde auf ihn warten.« Das war gar nicht so schwer; sie würde sich gern töten lassen. Aber sie mußte sprechen lernen: »Tötet er mich *nicht* ...«

17

Eines Tages erschien Helen North, die australische Physiotherapeutin, mit der Mary oft auf Wanderpraxis zusammengearbeitet hatte, bei ihr im Zimmer. »Dr. Brand hat mich hergeschickt«, sagte sie. »Er meint, es sei nun Zeit, daß du mit Physiotherapie anfängst.«

Das Lächeln auf Marys Gesicht verschwand.

»Du hast mehr als genug zu tun, wenn du mit Leuten arbeitest, denen du wirklich helfen kannst«, erwiderte sie matt. »Du solltest deine Zeit lieber nicht an mich verschwenden.«

»Und warum meinst du, ich könnte dir nicht helfen?« fragte Helen.

»Ich bin Ärztin«, antwortete Mary. »Ich weiß nur zu gut,

was in meinem Körper vor sich gegangen ist. Diese Beine könnten nur durch ein Wunder wieder beweglich gemacht werden.«

»Wer hat denn gesagt, daß deine Beine wieder beweglich gemacht werden sollen?« entgegnete Helen. »Aber möchtest du nicht manches wieder allein machen können, um nicht so sehr von andern abhängig zu sein?«

Marys Augen leuchteten auf.

»Und ob! O Helen, glaubst du wirklich, daß das möglich ist?«

»Natürlich, Mary! Aber es gehört viel Geduld und harte Arbeit dazu.«

»Ich fürchte mich nicht vor Arbeit«, sagte Mary.

»Dann laß uns anfangen. Aber vorher wollen wir beten, nicht wahr?«

»Ja«, erwiderte Mary dankbar.

Helen Norths erfrischend praktischer Glaube tat ihr wohl.

»Ich danke dir, Gott, daß du Mary das Leben wiedergeschenkt hast«, betete Helen schlicht.

Mary wandte ihr Gesicht ab. Dafür zu danken, war ihr noch nicht möglich.

»Hilf uns bei unserm Bemühen, sie wieder so stark und selbständig und brauchbar zu machen, wie es nur irgend geht.«

»Amen«, sagte Mary inbrünstig.

Zuerst kam Helen täglich eine halbe Stunde zu Mary ins Zimmer; später, als Mary widerstandsfähiger geworden war, übte sie länger mit ihr. Sie bewegte jedes Glied. Auch gelähmte Glieder — so erklärte sie — würden steif werden, wenn sie immer in derselben Stellung blieben; sie müßten systematisch bewegt werden, um die gesunden Muskeln zu kräftigen und Mißbildungen und Druckgeschwüren vorzubeugen. Als Ausgleich für die gelähmten Bein- und Unterkörpermuskeln müßten die der Arme und des Oberkörpers das Dreifache ihrer normalen Kraft bekommen.

Als die Übungen in vollem Gange waren, wurde es, wie

Helen schon angekündigt hatte, harte Arbeit. Mary erschöpfte sich fast über das Maß des Erträglichen hinaus. Im März begann die heiße Jahreszeit, und bald merkte sie, daß sie nur oberhalb ihrer Verletzung schwitzte. Das steigerte noch ihr Unbehagen. Mit schweißüberströmtem Gesicht und schweißgebadeten, juckenden Schultern ließ sie geduldig die scheinbar endlosen Übungen über sich ergehen, die sie nicht selbst durchführen konnte, und übte dann zur Kräftigung der Arme und Schultern noch verbissen weiter: Ellenbogen strecken und beugen, immer schwerere Sandsäcke immer länger in den Händen halten.

Sie arbeitete ohne große Hoffnung. Als Ärztin kannte sie die Grenzen, die einem Menschen mit einer Querschnittslähmung gezogen waren. Da sie noch nie erlebt hatte, daß ein Gelähmter so weit wiederhergestellt wurde, daß er arbeiten konnte, wußte sie auch nicht, welche Möglichkeiten es auf diesem Gebiet gab. Aber sie war fest entschlossen, sich nicht unterkriegen zu lassen, anderen so wenig wie möglich von ihrem Herzeleid zu tragen zu geben und sich fest an ihren Glauben an Gottes Güte anzuklammern, auch wenn es im Augenblick noch ein Tasten im Dunkeln war. So konnte sich Helen und andre, obwohl sie oft Tränenspuren auf ihrem Gesicht sahen, nicht erinnern, daß sie je geklagt oder sie nicht mit einem Lächeln begrüßt hätte.

Eines Tages, mehrere Wochen nach der Laminektomie, kam Dr. Paul Brand zu Mary ins Zimmer. Er setzte sich neben ihr Bett.

»Ich glaube, es wird nun Zeit, daß Sie an ihre Zukunft denken, Mary.«

Sie lächelte müde.

»Glauben Sie, ich dächte überhaupt noch an etwas anderes?«

»Ich meine an Ihre berufliche Zukunft, an Ihre weitere Laufbahn als Ärztin.«

Sie starrte ihn an. Es war nicht Dr. Brands Art, über ernste Dinge zu scherzen.

»Meine – das ist doch nicht Ihr Ernst?«

»Aber sicher! Sie denken doch wohl nicht, Sie könnten nun keinen Beruf mehr ausüben, weil Sie wahrscheinlich nicht mehr laufen können?«

Marys Herz klopfte wie rasend.

»Aber wie –?«

»In ein paar Wochen werden Sie in einem Rollstuhl sitzen. Sie haben noch Ihre Arme, gesunde, kräftige Arme, und Ihre Hände, und zwar außergewöhnlich geschickte Hände. Und einen Verstand« – hier zwinkerte er ihr zu – »und was für einen Verstand!«

Marys Hände waren feucht. Ihre Finger krampften sich um das Bettuch.

»Ich sehe noch nicht, wie –«

»Oh, ich wünschte, ich könnte Sie einmal mit in andre Länder nehmen und Ihnen zeigen, wie dort Menschen im Rollstuhl nicht nur annehmbare, sondern sogar außergewöhnliche Arbeit in den verschiedensten Berufen leisten!«

»Aber ein Arzt – ein Geburtshelfer?«

»Mit der Geburtshilfe wird es wohl aus sein, das gebe ich zu«, erwiderte Dr. Brand. »Es wäre wohl schwierig, vom Rollstuhl aus eine Entbindung oder einen Kaiserschnitt zu machen. Aber es gibt ja noch andere Gebiete.«

Dr. Brand führte die Pathologie an, die Bakteriologie. Mary erschrak. Sollte sie ihr Leben lang an Leichen, an totem Gewebe und mit Bakterien arbeiten?

»Klinische Arbeit kann ich selbstverständlich nicht tun«, sagte sie wehmütig.

»Warum nicht?« Dr. Brand sah sie mit verständnisvollem Blick an.

»Ich weiß, was Sie empfinden, und ich freue mich, daß Sie es lieber mit lebendigen Menschen zu tun haben möchten.«

Marys Augen füllten sich mit Tränen. Paul Brand erhob sich, um sich zu verabschieden, und nahm ihre Hand.

»Ich glaube, Sie sind Gott näher als je«, sagte er schlicht.

Mary schüttelte den Kopf. Warum? so fragte sie noch immer. Warum war sie am Leben geblieben? Angenommen, man fand wirklich noch eine Aufgabe für sie; was nützte es, wenn sie, um einem Menschen zu helfen, drei oder vier zu ihrer eigenen Hilfe brauchte?

Aber der Same war gesät. In den Wochen und Monaten, die folgten, sollte er allmählich Wurzel schlagen.

Im April fuhr Annamma nach Hause. Amma blieb, obwohl sie zwischen ihren Pflichten als Frau und als Mutter hin und her gerissen wurde. Sie und Mary zogen in ein Zimmer mit Küche, und als dann noch Komachi, eine ältere frühere Angestellte, zu ihnen nach Vellore kam, verlief ihr Leben wieder regelmäßiger. Die beiden Frauen kochten Mary ihre Lieblingsgerichte, zu denen ein mit Kokosöl zubereiteter Fischreis gehörte. Amma war überall im Krankenhaus gern gesehen und bemutterte jedermann. Sie und Helen North wurden gute Freunde. Sie verständigten sich durch Zeichensprache und in gebrochenem Tamil. Obwohl Amma sehr tapfer war, fand Helen sie doch oft weinend draußen auf dem Flur.

»Wird sie denn niemals wieder gesund werden?« fragte sie dann wohl in großem Weh.

Da Mary nun wieder richtig essen konnte, überschütteten ihre Brüder sie mit Lebensmittelpaketen, Delikatessen von zu Hause: Zuckerwerk und kandierten Früchten, geräuchertem Fisch und Krabben. Und wenn sie sie besuchten, brachten sie ihr das Teuerste mit, was es auf dem indischen Markt gab: Äpfel! Johns Frau, die beste Köchin in der Familie, schickte ihr oft das köstliche »halwa«, das aus Bananen, Melonen, Früchten des Brotfruchtbaums, Butter aus Büffelmilch und Mehl hergestellt wurde.

Wenn Dr. Ida in Vellore war, besuchte sie Mary täglich und brachte ihr Blumen aus ihrem Garten. Mary freute sich schon immer auf sie, weil sie in offener Herzlichkeit auf sie zukam. Auch Amma fühlte sich gleich zu ihr hingezogen.

Als Mary wieder kräftiger wurde, nahm sie lebhaft Anteil

an allem, was sich im Krankenhaus und im College ereignete. Ihre Besucher hatten eine interessierte Zuhörerin und auch eine gute Ratgeberin in ihr. Sie war immer bereit, ihnen ihre kleinen und großen Probleme lösen zu helfen. Einige dieser neuen Bekannten wurden bleibende Freunde. So zum Beispiel Ramani.

»Sieh zu, daß du Mary hin und wieder Gesellschaft leisten kannst«, sagte Grace Koshi eines Tages zu der jungen Medizinstudentin. »Sie hat gern Menschen um sich.«

Ramani, die sehr mitfühlend war, gehorchte der Aufforderung gern. Und wenn sie Mary zunächst mehr aus Sympathie besucht hatte, so merkte sie doch bald, daß sie selbst den größten Nutzen aus dieser Bekanntschaft zog. Als Mary entdeckte, daß Ramanis Kenntnisse auf dem Gebiet der Wirbelsäulenverletzungen nur sehr ungenügend waren, gab sie an Hand ihrer eigenen Lähmung einen genauen Überblick über die Wirbelsäule und ihre Funktionsstörungen.

Ramani war erschüttert und verlegen zugleich. Da sie irgend etwas Teilnehmendes sagen zu müssen glaubte, stieß sie unbeholfen hervor: »Es – es tut mir leid, Mary.«

»Es braucht dir nicht leid zu tun«, meinte Mary lächelnd. »Es ist schon alles richtig so. Ich bin ganz zufrieden und habe mich mit der Tatsache abgefunden, daß ich nie wieder laufen kann. Wenn eine Plaudertasche wie du mir jeden Tag Gesellschaft leistet«, fügte sie mit schelmischem Augenzwinkern hinzu, »macht es mir auch gar nichts aus, wenn ich noch ein paar Monate hier im Zimmer liegen muß.«

Ein andermal sagte sie zu Ramani: »Sieh dir einmal meine Beine an!«

Die junge Studentin, die sich nun schon an Marys zwanglose Art, über ihre Gebrechen zu sprechen, gewöhnt hatte, zog gehorsam die Decke weg.

»Aber – sie sind ja furchtbar geschwollen!« rief sie erschrocken.

»Das wollte ich dir ja gerade zeigen!« erwiderte Mary und

setzte ihr auseinander, welche Ursachen Beinödeme haben können.

Ramani und andere Medizinstudentinnen verbrachten häufig ihre Abendstunden bei Mary. Manchmal ließ sich diese von einer von ihnen den Inhalt der Sonntagspredigt erzählen. Oder sie hielt sie dazu an, zu singen, was sie nur gar zu gern taten. Lieder wie »Nur mit Jesus will ich Pilger wandern« und »Der Herr ist mein getreuer Hirt« bekamen einen neuen Sinn, wenn sie sie für Mary sangen.

Aber obwohl es Mary fertigbrachte, ihrer Umgebung ein heiteres Gesicht zu zeigen, war sie innerlich oft weit davon entfernt, heiter zu sein. Die quälendste Folge ihres Unfalls war für sie die Abhängigkeit von andern. Für einen Menschen, der auf seine Gesundheit und Selbständigkeit so stolz gewesen war, war es ja aber auch bitter, keine Kontrolle mehr über die hauptsächlichsten Körperfunktionen zu haben, hilflos zu sein wie ein Kind und ein Kindermädchen haben zu müssen, das einen im Bett umdrehte.

Aber sie wollte unbedingt wieder selbständig werden, wenn das irgend möglich war. Mit eiserner Energie arbeitete sie täglich Helen Norths physiotherapeutisches Programm durch. Ende April bekam sie ein Plastikkorsett, das ihren Rücken stützen sollte. Da aber die Temperatur in dieser heißesten Jahreszeit oft auf 44 Grad anstieg und die Luft einen hohen Feuchtigkeitsgehalt hatte, war das Korsett äußerst lästig. Es verursachte nicht nur Hautreizungen, sondern auch schmerzhafte Druckgeschwüre. Der Zimmerfächer an der Decke schien die heiße Luft nur herumzuwirbeln, und die roten Vorhänge, die außen an der Veranda aufgehängt und ständig feucht gehalten wurden, brachten auch nicht viel Erleichterung.

Trotzdem wurde Mary von Tag zu Tag kräftiger und geschickter. Schließlich kam der Augenblick, wo sie zum ersten Mal in einen Rollstuhl gesetzt wurde. Das war nicht nur für Mary, sondern auch für viele ihrer Freunde ein Ereignis. Unglücklicherweise wurde sie dabei ohnmächtig. Der zweite Versuch glückte jedoch, und nach und nach konnte Mary sowohl im Stuhl als auch im Bett längere Zeit sitzen.

Nun erweiterte sich ihre Welt. Sie konnte wieder zum Fenster hinausschauen und grünen Rasen und blühende Blumen sehen. Und bald durfte sie auch das enge Zimmer verlassen und wieder unter Menschen sein.

Ramani, Grace und andere rissen sich darum, sie in ihrem Rollstuhl umherzufahren. Aber zuerst machten ihr diese Ausflüge keinen Spaß. Es war demütigend, wie ein Baby ausgefahren zu werden; und das Mitleid in den Augen fremder Leute zu sehen, war noch unerträglicher als ihre Neugier.

Mary litt immer mehr unter ihrer Hilflosigkeit. Wenn sie sich wenigstens selbst anziehen könnte! Während sie im Bett lag, brachte sie Stunden damit zu, sich zu überlegen, wie man einen Sari anziehen könnte, ohne ihn um den Körper herumzuschlingen. Da sie sich nicht nach vorn beugen konnte, war es ein kniffliges Problem. Aber sie löste es. Und als Helen North eines Morgens in Marys Zimmer trat, sah sie ihre Patientin in vorschriftsmäßig gefaltetem Sari im Rollstuhl sitzen.

Zu Marys ersten Besuchern gehörte auch Thambidurai, der Medizinstudent, der den Unfall verschuldet hatte. Er war verlegen und zerknirscht. Mary machte ihm keine Vorwürfe. Jetzt, wo das Unglück geschehen war, hatte ja doch alles keinen Zweck mehr.

Ihre Brüder waren anderer Meinung. Sie wollten Thambidurai verklagen. Da er aus wohlhabender Familie stammte, konnte man eine ganz hübsche Summe dabei herausholen.

»Du denkst eben gar nicht praktisch, Mary«, schalt George. »Der Bursche trägt eindeutig die Schuld. Er müßte zur Verantwortung gezogen werden.«

»Es war ein Unfall«, erwiderte Mary. »Er wollte keinem von uns Schaden zufügen.«

»Aber er war unvorsichtig beim Fahren, und ich meine, man sollte ihn verklagen. John, Babi und Dr. Mathai denken ebenso.«

Mary schüttelte den Kopf. Sie glaubte, daß man vergeben und nicht vergelten sollte. Wenn Thambidurai bestraft wurde, wurden ihre Beine davon auch nicht wieder gesund und ihre Wange ebenfalls nicht. Vielleicht nahm aber ein anderer Mensch Schaden daran — und ihre eigene Seele auch.

»Du glaubst also, wenn dich jemand auf die eine Backe schlägt, sollst du ihm auch noch die andere darbieten«, erwiderte George.

Die Anspielung war so treffend, daß sie einander verdutzt ansahen. Dann lächelte George ein wenig verlegen.

»Na gut, Mary, du sollst deinen Willen haben! Schließlich hast du ja den Schaden.«

Einige Zeit darauf ging die Polizei gegen Thambidurai vor, weil er zu schnell gefahren war. Der junge Student nahm sich einen Rechtsanwalt, der das Verfahren niederschlagen sollte. Dazu brauchte er eine Eingabe, die alle Teilnehmer an der damaligen Autofahrt unterschreiben mußten. Alle außer Mary waren fast völlig wiederhergestellt, und keiner wollte auf ein gerichtliches Nachspiel drängen. So bekam er von ihnen allen die Unterschrift.

Zuletzt ging er zu Mary, die gerade allein in ihrem Zimmer war. Sie nahm die Eingabe in die Hand und las sie durch.

»Sie — Sie brauchen nicht zu unterschreiben, auch wenn die andern unterschrieben haben«, sagte Thambidurai. »Sie haben den meisten Grund zur Klage. Ich würde es Ihnen nicht übelnehmen, wenn Sie sich weigerten.«

Mary mußte sich entscheiden. Obwohl sie schon alles gründlich durchdacht hatte und auch zu einem Entschluß gekommen war, erwog sie das Problem noch einmal. Wenn sie das Schriftstück unterzeichnete, verzichtete sie auf jede Entschädigung. Sie war die einzige, bei der ein dauernder Schaden zurückblieb. Jeder würde es verstehen, wenn sie nicht unterschrieb. Sie konnte diesen jungen Burschen dafür leiden und bestrafen lassen, daß er ihr Leiden zugefügt hatte. Aber — wäre das christlich gehandelt? Die Antwort war sehr einfach. Vor langer Zeit hatte Einer dafür gelitten, daß die Menschen absichtlich, nicht unabsichtlich unrecht getan hatten. »Vater, vergib ihnen ...« Lange betete sie still. Dann griff sie nach dem Federhalter, den Thambidurai in der Hand hielt.

»Wollen Sie nicht erst mit Ihrer Mutter oder sonst jemandem sprechen, ehe Sie unterschreiben?« fragte der junge Mann unsicher.

»Nein«, erwiderte Mary.

Mit fester Hand schrieb sie ihren Namen unter die Liste.

Die Sache kam vor Gericht, und alle anderen Opfer des Unfalls mußten als Zeugen aussagen und ihre Unterschriften bestätigen. Darauf kamen der Richter, der Rechtsanwalt und Thambidurai zu Mary.

Der Richter zeigte ihr die Eingabe.

»Ist das Ihre Unterschrift?« fragte er.

»Ja«, antwortete Mary.

Er versuchte sie über Einzelheiten des Autounglücks auszufragen. Aber sie schüttelte den Kopf.

»Das tut mir leid«, sagte sie. »Die Verletzungen, die ich erlitten habe, haben eine retrograde Amnesie bei mir ausgelöst. Meine Erinnerung reicht nur bis drei Tage vor dem Unfall zurück.«

Der Richter nickte verständnisvoll.

»Ah, ich verstehe. Natürlich. Der Verstand hat etwas gelitten.«

Mary runzelte die Stirn. Sie war durchaus nicht erfreut über diese Bemerkung.

18

Im Juni erkrankte Mary an Gelbsucht, und zu allem Unglück kam auch noch ihre Schwester Annamma krank nach Vellore zurück. Sie mußte sich einer schweren Operation unterziehen und lag ganz in Marys Nähe, ohne daß sich die beiden Schwestern besuchen konnten. Amma mußte nun zwischen zwei

Krankenzimmern hin und her laufen, und es entging Marys scharfen Augen nicht, daß sie das mit ständig wachsender Unruhe tat. Sie sorgte sich um Appan, wollte aber, auch als Annamma auf dem Weg der Besserung war, nicht nach Hause fahren, solange sie fühlte, daß Mary sie brauchte.

Irgendwie muß ich selbständiger werden, dachte Mary. Aber wie?

Auch mit den beiden Pflegerinnen, die auf ihre Kosten vom Krankenhaus eingestellt waren, hatte sie manche Schwierigkeiten. Kochammu, die Tagschwester, mußte sehr bald aus dringenden familiären Gründen nach Hause und durch eine andere, Victoria, ersetzt werden. Saraswati, die Nachtschwester, stahl eine Glühbirne aus einem benachbarten Krankenzimmer und durfte nur noch so lange bleiben, bis Jiwa, ihre Nachfolgerin, eingearbeitet war. Diese schwierigen Zeiten der Umgewöhnung brachten Mary ihre körperliche Hilflosigkeit doppelt stark zum Bewußtsein. Wie gern hätte sie selbst die Arbeiten einer Krankenschwester, ja sogar einer Reinmachefrau getan, wenn sie nur ihre Selbständigkeit wiedergehabt hätte! Jede Tür in ihrem Leben schien zugeschlagen zu sein.

»Ich glaube, es wird nun Zeit, daß Sie an Ihre weitere Laufbahn als Ärztin denken!« hatte Dr. Brand vor Monaten zu ihr gesagt. Der Gedanke erschien ihr immer noch unglaubhaft. Was nützte ein Arzt, der nur seinen Verstand und seine Hände hatte?

Während sie nach außen hin eine heitere Miene zeigte, weinte sie oft heimlich, weinte und betete.

»Nimm mein Leben ...« Die Worte des bekannten Liedes kamen ihr immer wieder in den Sinn. Sie ließen sich so leicht nachsprechen. Wenn ihr Leben nur genommen wäre! Aber die folgenden Worte waren so schwer nachzusagen.

Nimm mein Leben, es sei dein,
laß dir's ganz geheiligt sein!
Nimm dir hin all meine Zeit,
dir sei sie zum Preis geweiht!

Nimm die Hände, daß sie sich
regen nur in Lieb' für dich!

Nimm die Hände!

Schließlich fiel ein erster kleiner Lichtstrahl durch einen Türspalt. Dr. Jameson bat sie, einigen Studenten der Gynäkologischen Abteilung bei ihren Fällen zu helfen. Diese Arbeit war völlig beratender Natur. Einer der Studenten erzählte die Geschichte des Krankheitsfalles, und dann wurde darüber diskutiert. Mary wußte, daß man ihr diese Aufgabe zu ihrer eigenen Therapie gegeben hatte. Aber während dieser kurzen Stunden war sie doch nicht völlig nutzlos.

Dann tat sich eine andere Tür ein wenig auf.

Im Sommer starb Mutter Eaton, und ihr Rollstuhl, der leichter und moderner war als die Krankenhausstühle, wurde zum Verkauf angeboten. Dr. Brand riet Mary, ihn zu kaufen. Sie tat es und konnte sich nun kürzeste Strecken selbst fahren. Als man dann über ihrem Bett noch eine Stange angebracht hatte, an der sie sich hochziehen konnte, war es ihr mit Unterstützung ihrer Pflegerin möglich, sich selbst in den Rollstuhl zu setzen. Sie war so stolz wie ein Kind, das seine ersten Schritte tut.

Im August fuhr Amma nach sechsmonatiger Pflege wieder nach Hause. Mary vermißte die liebevolle Gegenwart ihrer Mutter sehr. Aber die Freude darüber, daß sie etwas selbständiger geworden war, half ihr ein wenig über den Abschiedsschmerz hinweg.

Etwa um diese Zeit wurde sie von Dr. Ruth Myers, der Leiterin des Bakteriologischen Instituts, zur Mitarbeit aufgefordert. Sie war dankbar für dieses Anerbieten, konnte sich aber nicht recht entschließen, es anzunehmen. Auch Dr. Edward Gault von der Pathologischen Abteilung bat sie, zu ihm zu kommen. Doch M. P., die sich jetzt in Pathologie spezialisierte, riet ihr ab.

»Es würde doch wohl schwierig sein, vom Rollstuhl aus Sektionen zu machen«, meinte sie offen.

Mary hatte sowieso nicht viel für Pathologie übrig. Sie wollte mit lebendigen Menschen zu tun haben. Stunde um Stunde grübelte sie über das Problem nach.

Nachdem ihre Mutter abgereist war, war sie in ein anderes Zimmer gezogen, von dem aus sie die Vorderseite des Krankenhauses sehen konnte. Vor ihrem Fenster stand ein hoher Baum, an dessen Stamm vorbei sie zu einer Reihe niedriger Gebäude hinüberschauen konnte, der Aussätzigenklinik, die sie damals mit Achamma zum ersten Mal gesehen hatte. Hier hielten Dr. Gass und seine Assistenten dreimal in der Woche Sprechstunde. Von ihrem Bett oder Rollstuhl aus konnte Mary die Patienten im Schatten des Baumes sitzen sehen. Sie waren zum Teil so nahe, daß die weißen Flecken auf ihrer Haut und ihre Fingerstümpfe zu erkennen waren. Obwohl sich ihr anfänglicher Widerwille längst in Mitleid verwandelt hatte, blickte sie doch immer noch nicht gern zu ihnen hinüber, sondern schaute lieber zu den ineinander verschlungenen Ästen, dem blauen Himmel hinauf.

Aber allmählich wuchs ihr Interesse an den geduldig wartenden Patienten. Bald erkannte sie diesen oder jenen wieder und war dann entweder besorgt oder erleichtert, wenn sie ihn nicht mehr sah. Der kleine Junge zum Beispiel, der immer mit seiner Großmutter dagewesen war, mußte wohl entlassen worden sein, weil seine Krankheit zum Stillstand gekommen war; denn seit zwei Wochen saß seine Großmutter immer allein unter dem Baum. Aber wo war der blinde Moslem mit den entsetzlichen Geschwüren an den Füßen? Warum kam er nicht mehr zum Verbinden? Und das kleine Mädchen, das immer soviele Ringelblumen in seine langen Zöpfe geflochten hatte? Das hatte doch bestimmt erst die ersten Spritzen bekommen!?

Es quälte Mary auch, daß es in der Klinik offenbar immer zu wenig Ärzte gab. Oft war die ganze Veranda voller Patienten, und andere hockten noch im Schatten des großen Baumes.

Als Helen eines Tages zur physiotherapeutischen Behandlung kam, fand sie ihre Patientin in ungewöhnlich ernster Verfassung. Schweigend begannen sie mit ihren Übungen.

»Was meinst du, wenn ich mich in der Aussätzigenklinik meldete?« fragte Mary plötzlich.

Helen, die gerade ihre Beine massieren wollte, sah sie an. Ihr Gesicht strahlte.

»Mary, das ist das Richtige!« rief sie begeistert.

Gemeinsam besprachen sie die Möglichkeiten dieses Planes. Ein paar Tage später brachte Helen eine Therapeutin der britischen Lepra-Mission mit zu Mary.

»Helen hat mir erzählt, daß Sie gern in der Klinik arbeiten möchten«, sagte Ruth Thomas erfreut. »Das ist ja wunderbar.«

»Ich bin mir noch nicht ganz sicher«, erwiderte Mary. »Es gibt vieles zu bedenken. Ich kenne meine Grenzen. Was nützt eine Ärztin, die nicht laufen, sich nicht einmal nach vorn beugen kann?«

»Das wollen wir erst einmal abwarten«, erwiderte Ruth Thomas. »Sie kann uns vielleicht sehr viel nützen.«

»Und ich weiß fast noch nichts über Aussatz.«

»Das können Sie lernen. Sogar die Experten wissen noch wenig über diese Krankheit.«

»Angenommen, die Patienten lehnen mich ab«, fuhr Mary fort. »Der Anblick eines Krüppels erinnert sie vielleicht zu sehr an ihre eigene Invalidität.«

Ruth Thomas diskutierte nicht.

»Versuchen Sie es! Wir kommen morgen früh vorbei, um Sie mitzunehmen.«

In Mary war jubelndes Glück und zitternde Angst zugleich. Sie wußte, daß ihre ganze Zukunft von den nächsten paar Stunden abhing. Niemand würde ihr zu sagen brauchen, ob sie imstande war, die Verantwortung auf sich zu nehmen, die der Arztberuf mit sich brachte. Das würde sie selbst am besten wissen. Schon ehe sie mit ihrem Dienst in der Klinik begann, hatte sie die vielleicht schwerste Probe zu bestehen: Wie sollte sie morgens rechtzeitig mit Waschen, Ankleiden und allem, was sonst noch zu ihrer täglichen Körperpflege gehörte, fertig werden?

Ehe sie sich an diesem Abend schlafenlegte, rechnete sie sich genau aus, wie lange die Prozedur dauern würde. Am Morgen weckte sie Jiwa, ehe es hell wurde, und gab ihr genaue Anweisungen. Als Ruth Thomas kam, saß sie fertig angezogen und startbereit im Rollstuhl.

Zu Marys Erleichterung begrüßten sie die übrigen Ärzte in der Klink weder überschwenglich noch allzu besorgt. Sie hätte irgendeine Volontärin sein können, die sich in einer zu stark belasteten Abteilung zur Verfügung gestellt hatte. Dr. Job, ein früherer Kommilitone, begrüßte sie herzlich. Dr. Gass sagte sachlich:

»Guten Morgen, Doktor Mary. Gut, daß Sie kommen! Miss Thomas hat mir gesagt, Sie wollten uns eine Weile helfen. Das hören wir gern.«

Er gab ihr ein paar einfache Anweisungen, die ein Arzt ohne weiteres befolgen konnte. Unauffällig verschaffte man ihr ein paar Erleichterungen. Aber es waren erstaunlich wenige. Die Ärzte saßen gewöhnlich, während sie untersuchten, und die Patienten saßen oder standen neben ihnen. Marys Arme waren lang, ihre Hände geschickt und kräftig. Ihre anfängliche Befangenheit verlor sich allmählich. Da sie schon auf Wanderpraxis Leprakranke untersucht und behandelt hathe, kannte sie die gebräuchlichsten Methoden schon ein wenig. Sie half Patienten untersuchen, schrieb Rezepte und gab den Schwestern Anweisungen für die Behandlung einfacher Geschwüre.

So sorgfältig ihre Kollegen ihr Gebrechen zu übersehen suchten, so wenig rücksichtsvoll waren die Patienten. Es schmerzte Mary, zu sehen, wie sie sie anstarrten, mit den Fingern nach ihr zeigten und miteinander flüsterten.

»Sieh mal . . . eine Ärztin? . . . eine von uns? . . . was? gelähmt? . . . ein Jammer!«

Als Mary ängstlich forschend in die Gesichter schaute, die zu ihr emporblickten, war sie dankbar, daß keine Ablehnung darin zu finden war.

Sie bestand darauf zu bleiben, bis der letzte Patient behandelt war. Dann kehrte sie so übermüdet in ihr Zimmer zurück, daß jeder Muskel in ihren Armen und Schultern schmerzte. Aber zur nächsten und übernächsten Sprechstunde war sie wieder in der Klinik. Ihre Anwesenheit wurde zur Regel.

Als sie eines Tages die Veranda entlangfuhr, die um die Aussätzigenklinik herumführte, sah sie Dr. Brand in seinem Arbeitszimmer am Ende des Gebäudes sitzen. Sie fuhr zu ihm hinein.

»Ich komme von der Arbeit«, sagte sie stolz.

Er nickte anerkennend. »Ich weiß! Wie geht es?«

Ihre Augen leuchteten.

»Da müssen Sie Dr. Gass fragen!«

»Das habe ich schon getan«, erwiderte er. »Ich meine jetzt nicht, wie es mit der Arbeit geht. Daß da alles in Ordnung ist, weiß ich. Sie haben außerordentliches Geschick und enorme Ausdauer. Ich meine: Wie geht es mit dem Leben?«

Mary überlegte einen Augenblick.

»Ich fange an zu glauben, daß es doch ein Muster hat. Zuerst schienen die Fäden alle so verwirrt, so zerrissen zu sein.«

Die Augen des jungen Arztes glänzten.

»Und jetzt merken Sie, daß der große Musterzeichner auch zerrissene Fäden gebrauchen kann?«

»Ja«, erwiderte Mary dankbar. »Dr. Gass hofft, mich für immer anstellen zu können.«

»Legen Sie sich noch nicht fest!« riet Dr. Brand. »Besuchen Sie doch auch einmal meine Station, Mary! Ich möchte gern einmal sehen, was Sie hier tun könnten.«

Mary war skeptisch. In der Rehabilitations-Abteilung fand sie vielleicht ein geeignetes Betätigungsfeld, aber Chirurgie kam doch sicher nicht in Frage. Traurig schüttelte sie den Kopf.

»Warten Sie!« sagte Dr. Brand.

Einige Wochen lang arbeitete Mary ununterbrochen in der Klink. Jedesmal kam sie erschöpft in ihr Zimmer zurück, wo sie sich dann oft noch in Bücher über den Aussatz vertiefte.

Erstaunt stellte sie fest, daß man bis vor einigen Jahren nur wenig über diese Krankheit gewußt hatte. Viele der wissenschaftlichen Aufsätze stammen von Dr. Robert Cochrane, und orthopädische Chirurgie und Rehabilitation waren in der Aussätzigenbehandlung fast unbekannt gewesen, bis Dr. Brand seine Experimente gemacht hatte.

Bei ihrer Lektüre interessierte sie besonders das Problem der Empfindungslähmung mit all ihren gefährlichen Folgeerscheinungen.

»Die häufigste Ursache für den Verlust von Fingern, Zehen und Füßen ist die Hitze«, schrieb Dr. Brand. »Wenn jemand einen mit heißem Kaffee gefüllten Blechbecher in seiner gefühllosen Hand hält und erst dann niedersetzt, wenn er ihn an die Lippen geführt und gemerkt hat, daß er zu heiß ist, dann hat er sich bereits die Fingerspitzen verbrannt. Wenn er Feuer macht oder darin herumstochert, kann er einen brennenden Stock oder sogar eine glühende Kohle anfassen, ohne zu merken, wie heiß sie sind. Da die Verbrennungen aber nicht weh tun, wird er nicht darauf achten, so daß eine Infektion eintreten und er seine Finger verlieren kann.«

Mary kannte dieses Problem genau. Mußte nicht jede Stelle ihres gelähmten Unterkörpers jeden Tag auf die geringste Rötung oder Abschürfung untersucht werden?

»Aber die wichtigste Aufgabe bei der Aussätzigen-Rehabilitation ist die Erhaltung der Persönlichkeit«, schrieb Dr. Brand weiter. »Die Behandlung des Aussatzes ist ein langer, langer Prozeß. Es kann zwei, drei oder vier Jahre dauern, ehe die Krankheit zum Stillstand gebracht ist, und der Kranke kann leicht verbittert und apathisch werden ...

Ich glaube, der höchste Besitz eines Menschen ist sein Geist, sein Wille zu leben, sein Gefühl menschlicher Würde, seine Persönlichkeit.«

Mary las diese Worte wieder und wieder. Wie gut sie das verstand! Besser noch als Paul Brand mit seinem erstaunlichen Einfühlungsvermögen.

Das Muster ihres neuen Lebens war bereits zu erkennen. Sie begann einzusehen, daß es im Plan des großen Musterzeichners einige seltene Dessins gab, die nur mit zerrissenen Fäden gewebt werden konnten.

19

Mary war etwa einen Monat in der Lepra-Klinik beschäftigt, als ihr Dr. Brand überraschend einen Vorschlag machte.

Er brachte ihn so ruhig vor, als wollte er ihr eine neue Arznei empfehlen. »Sie haben Chirurgie immer gerngehabt, nicht wahr?«

»Ja, sie war mein Lieblingsfach. Aber –«

»Und Ihre Leistungen berechtigten zu sehr großen Hoffnungen, wie ich aus Ihren Zeugnissen gesehen habe.«

»Aber –« Mary war ganz atemlos vor Spannung »– aber haben Sie denn vergessen, daß ich gelähmt bin?«

»Was hat das zu sagen? Sie operieren doch nicht mit den Füßen! Und – die Handoperation, an die ich dabei denke, ist eine der wenigen, die der Chirurg im Sitzen vornehmen muß.«

»Ja, das stimmt!« Marys dunkle Augen glänzten, und in Gedanken war sie schon am Planen, prüfte die neuen Möglichkeiten – –

»Ich mache morgen nachmittag um ein Uhr eine Sehnentransplantation«, sagte Dr. Brand. »Dr. Fritschi assistiert. Wollen Sie uns helfen?«

»Gern!« erwiderte Mary, die ihre Erregung hinter äußerlicher Ruhe zu verbergen suchte.

Lange vor ein Uhr war sie am nächsten Tag schon im Operationssaal, um sich vorzubereiten. Ihr Herz schlug schneller bei den wohlbekannten Geräuschen und Gerüchen, dem vertrauten Anblick. Sie war wieder zu Hause.

Aber jetzt war keine Zeit für Gefühle. Rasch fuhr sie ihren Rollstuhl neben den kleinen Tisch, auf dem die Hand des Patienten liegen sollte, und ließ sich so viele Kissen unterschieben, daß sie in der richtigen Höhe saß. Dann bürstete sie sich die Hände und zog Handschuhe an. Als Dr. Brand und Dr. Fritschi, ein Schweizer Chirurg, kamen, war sie fertig.

»Gut!« sagte Dr. Brand, der alle Vorbereitungen aufmerksam prüfte.

Was Mary an diesem Tag zu tun hatte, war verhältnismäßig wenig: Fäden verknoten, abschneiden, Haut anhaken, Sehnen festhalten.

Aber ihre Erregung und Unsicherheit erschwerten diese elementaren Aufgaben eines Assistenten. Dazu kam, daß sie ihren Körper nicht nach vorn beugen konnte und ihn im Gleichgewicht halten mußte, während ihre Hände anderweitig beschäftigt waren. Da es keinen Ventilator in diesem Raum gab, herrschte eine drückende, fast unerträgliche Hitze.

»Müde?« fragte Dr. Brand, als er sah, daß ihre Hand, die nach einer Klemme griff, zitterte. »Einer der Praktikanten kann Sie ablösen.«

Mary biß die Zähne zusammen.

»Nein, es geht schon!«

Schweiß sickerte ihr in die Augen. Ihre Arme und Schultern schmerzten. Alles drehte sich. Sie klammerte sich an die Ecke des Tisches, um nicht umzukippen.

»Abschneiden!« kam der knappe Befehl.

Das Zimmer stand wieder still. Eine Schwester wischte ihr mit einem Stück Zellstoff den Schweiß von der Stirn. Mit fester Hand nahm sie die Schere und schnitt den Faden ab. Von jetzt ab zitterten ihre Finger nicht mehr.

»Fein gemacht!« sagte Dr. Brand, als sie nach einer Stunde wieder im Waschraum waren. »Ihnen fehlt nur noch die

Übung. Wenn Dr. Fritschi das nächste Mal operiert, hätte ich gern, daß Sie ihm assistierten. Werden Sie das können?«

»Ja«, erwiderte Mary.

In den folgenden Tagen assistierte sie dem Schweizer Chirurgen bei mehreren Operationen, jedesmal ein wenig geschickter und unbefangener. Trotzdem war sie durchaus noch nicht zufrieden. Sie konnte ja schließlich nicht immer nur assistieren. Sie mußte selbst eine solche Operation machen können.

Während sie Dr. Fritschi zusah, prägte sie sich genau jede Einzelheit der komplizierten Sehnenoperation ein. Wenn sie im Bett lag, führte sie sie dann im Geiste Schritt für Schritt durch und versuchte, alle Schwierigkeiten, die dabei auftreten können, einzubeziehen. Es war schon für einen gesunden Menschen nicht ganz einfach, eine neue Operation durchzuführen. War es nicht Vermessenheit, sie in ihrem Zustand zu wagen? Würden ihre Arme und Schultern der Anstrengung gewachsen sein, zu operieren und gleichzeitig ihren Körper aufrechtzuerhalten?

Als der bedeutsame Tag kam, war Mary ganz ruhig. Wenn Gott will, daß ich Chirurgin werden soll, wird er mir die Kraft und Geschicklichkeit geben, die ich dazu brauche, dachte sie. Wenn nicht, wird er mir eine andre Aufgabe zeigen, die ich erfüllen kann. Das war doch so einfach! Eins wußte sie bestimmt: Gottes Plan würde nicht dadurch vereitelt werden, daß ihr eigenes Wünschen und Wollen nicht stark genug war.

Dr. Fritschi, der ihr assistieren sollte, begrüßte sie fast etwas zu heiter. Sie konnte die Besorgnis in seinen Augen lesen. Und — war das verwunderlich?

»Sie werden es glänzend schaffen!« versicherte er. »Aber sollte doch etwas schiefgehen oder zu schwierig werden, dann denken Sie daran, daß ich ja hier bin und Sie ablösen kann.«

Von einem Wärter geschoben, fuhr Mary erhobenen Hauptes in den Operationssaal. Der Patient saß schon da. Seine Hand ruhte auf dem kleinen Hilfstisch. Mary rollte heran und stützte die Ellbogen darauf, um festzustellen, ob sie in der richtigen Höhe saß. Es war gut so.

Um den Sturm in ihrem Innern etwas abklingen zu lassen, blieb sie noch einen Augenblick still sitzen und schaute sich die Hand mit den grotesk gekrümmten Fingern an, die fast ebenso unbrauchbar und ebenso gefühllos war wie ein Teil ihres eigenen Körpers. War es nicht eine Ironie, daß sie, die nicht in der Lage war, Bewegung in ihre eigenen toten Beine zu bringen, diese steifen Knöchel wieder biegsam, diese gekrümmten Finger wieder gerade machen durfte? Nein, keine Ironie! Es war wunderbar! Sie betete still.

Nimm die Hände, daß sie sich
regen nur in Lieb' für dich!

Mit ruhiger Hand machte sie ihren ersten Einschnitt.

Die Operation war eine Strecksehnen-Transplantation am vierten und fünften Finger. Sie bestand darin, daß diese gesunde, nicht gelähmte Sehne aus ihrem Ansatz gelöst und durch die Hand hindurch zu den Fingern hindurchgeführt wurde, um den gelähmten inneren Muskel zu ersetzen. Die Finger konnten dann nicht nur im Grundgelenk gekrümmt werden, sondern auch in den anderen Gelenken gestreckt bleiben. Nach einer ähnlichen Operation an den beiden anderen Fingern und vielleicht noch einer dritten, um den Daumen wieder in die richtige Stellung zu bringen, gewann die Hand ihre verlorenen Funktionen zum Teil zurück. Statt einer unbrauchbaren Klaue wurde sie wieder ein tüchtiges Werkzeug, mit dem man zugreifen konnte.

Mary wußte, daß es bei der Operation nicht nur auf Geschicklichkeit, sondern auch auf Schnelligkeit ankam. Die Aderpresse, durch die das blutleere Feld geschaffen wurde, mußte nach einer Stunde wieder gelöst werden, um eine Nervenschädigung der Hand zu vermeiden. Nach ein paar Augenblicken spürte sie, wie das Gefühl nervöser Hast in ruhige Zuversicht überging. Gerade das Außergewöhnliche ihrer Aufgabe faszinierte sie.

»Gut«, lobte ihr Assistent, als sie vorsichtig die Strecksehne umleitete. »Man könnte meinen, Sie hätten die Operation schon dutzende Male gemacht.«

Mary gab keine Antwort. Sprechen war Kraftvergeudung. Sie sprach nur, wenn sie Anweisungen geben mußte, und dann nur kurz:

»Klemmen ... Hautmesser ... Naht ... abschneiden ...«

Ehe die Operation halb fertig war, zitterten ihr schon vor Anstrengung die Arme. Ihre Ellbogen schmerzten. Schweiß sammmelte sich unter der Operationsmaske, sickerte ihr in die Augen, verwandelte den oberen Teil ihres Kittels in eine feuchte Kompresse. Wenn nur ihre Hände nicht ihre Sicherheit verloren! Sie zwang sie mit aller Kraft, ruhig und gelöst zu bleiben.

Eine Schwester wischte ihr die Schweißbäche von der Stirn

»Wie wär's, wenn ich nun weitermachte?« fragte Dr. Fritschi. »Deshalb bleibt es doch Ihre Operation! Nur noch die letzten Kleinigkeiten!«

Mary lächelte darüber, wie geschickt er das gesagt hatte.

»Nein!« erwiderte sie.

Sie mußte die Operation zu Ende führen. Wenn sie jetzt aufgab, gestand sie ihre Niederlage vor sich und andern ein. Niemand konnte die Tür in die Zukunft für sie öffnen, nicht einmal Gott. Er konnte ihr nur die Kraft geben, sie selbst zu öffnen.

»Hilf mir!« Sie betete nicht mit Worten, sondern mit jedem Atemzug, mit jedem Herzschlag, mit jeder Bewegung ihrer Hände. »Wenn du willst, daß ich das tun soll, dann hilf mir!«

Peinlich sorgfältig nähte sie zum Schluß mit einer Nadel und feinem, rostfreiem Stahldraht die Sehne in ihrer neuen Position fest. Sie legte einen Mullverband und einen leichten Gipsverband an, und die Operation war beendet. Sie hatte nicht ganz eine Stunde gedauert.

»Gut gemacht!« sagte Dr. Fritschi. »Ich hätte das nicht für möglich gehalten.«

Der Wärter rollte sie in den Waschraum. Ihre Hände, die bis zur letzten Nacht ruhig gewesen waren, zitterten nun, und sie mußte die Armlehnen ihres Stuhles fest umklammern, um das Gleichgewicht zu behalten. Sie war zu Tode erschöpft, aber ihr Herz jubelte:

»Ich danke dir! Ich danke dir, daß du mir die Tür öffnen halfst!«

Die nächste Operation kostete sie weniger Anstrengung. Und bald wechselte sie sich mit Dr. Brand und Dr. Fritschi im Operationssaal und bei den Besuchen in der Klink ab. Wohl erlebte sie Augenblicke tiefster Niedergeschlagenheit, wo es ihr unmöglich erschien, ein Berufsleben mit all seinen Schwierigkeiten auf sich nehmen zu können, aber ihr Glaube und ihre Willenskraft halfen ihr immer wieder darüber hinweg. Sobald der Morgen dämmerte, machte sie schon wieder ihre täglichen Übungen, wusch sich und zog sich an, um für ihr Vormittagsprogramm fertig zu sein. Ihre Kollegen und Kolleginnen sahen nichts von ihren inneren Kämpfen. Sie sahen nur ihr ruhiges, lächelndes Gesicht.

Eines Tages im Oktober hörte Mary von Helen North eine aufregende Neuigkeit: Dr. Fritschi wollte Vellore verlassen, um eine Stelle bei dem neuen Aussatz-Forschungs-Sanatorium in Karigiri anzunehmen. Dadurch wurde eine Stelle frei, für die Bewerbungen angenommen wurden.

»Ist das nicht eine wunderbare Gelegenheit für dich, Mary?« schloß Helen ihren Bericht. »Du mußt aber sofort die Formulare ausfüllen. In zwei Tagen ist der letzte Termin für die Einreichung.«

Mary wußte nicht, ob sie sich freuen sollte.

»Wenn mich Dr. Brand für fähig hielte und wenn er wünschte, daß ich mich bewerben sollte, warum hat er es mir dann nicht gesagt?« erwiderte sie.

Helen glaubte die Antwort auf diese Frage zu wissen. Dr. Brand, der selbst ehrenamtlicher Leiter des von dem »Indischen Medizinischen Forschungsrat« finanzierten Programms war, wagte es vielleicht nicht, jemand zur Bewerbung aufzufordern. Zweifellos hatte er deshalb Helen zu verstehen gegeben, daß sie die Information an Mary weitergeben sollte.

»Eigentlich hat dich also Dr. Brand zu mir geschickt?«

»Ja«, erwiderte Helen und legte ein Bewerbungsformular vor Mary hin. »Merkst du denn nicht, Mary, daß das das ist, worauf du gewartet hast? Bei deinem Interesse und deiner Erfahrung ist es beinahe sicher, daß du gewählt wirst.«

»Ich fürchte nur, sie nehmen mich aus –«, sie mochte das Wort gar nicht aussprechen, »– aus Mitleid.«

»Unsinn! Du bist für den Posten besser geeignet als jeder andere. Das weißt du doch selbst. Und wenn es nicht auch Dr. Brands Meinung wäre, hätte er mir nicht gesagt, daß ich es dir erzählen sollte.«

Aber Mary war noch nicht überzeugt. Sie brütete über der Sache, bis es fast zu spät war. So verlockend die Stelle auch war, sie wollte ihrer Eignung und ihrer Fähigkeiten wegen gewählt werden. Aber – wie kam sie denn dazu, zu denken, daß das nicht der Fall war? Vielleicht war es eigene Überheblichkeit, die sie so empfindlich und argwöhnisch machte. Nun tat sich eine Tür vor ihr auf, und sie wollte sich weigern, einzutreten?

In letzter Minute reichte sie ihre Bewerbung ein.

Nicht lange danach erzählte Helen North wieder eine Neuigkeit, die Mary tief erschütterte. Dr. Gwenda Lewis, die junge englische Ärztin, die bei Marys Operation die Narkose gemacht hatte, war im September an Polio erkrankt und lag in einem anderen Flügel des Krankenhauses.

Mary verfolgte den Verlauf ihrer Erkrankung mit großer Besorgnis. Sie wußte zunächst nicht recht, ob sie Dr. Gwenda besuchen sollte. Mußte diese nicht beim Anblick ihrer gelähmten Beine und des Rollstuhls erschrecken, weil sie dann sah, was ihr bevorstand?

»Unsinn!« versicherte Helen North. »Gwenda ist aus dem gleichen Holz geschnitzt wie du. Überzeuge dich selbst!«

Gwenda begrüßte Mary bei ihrem ersten Besuch mit einem herzlichen, wenn auch wehmütigen Lächeln.

»Willkommen, Kamerad!« sagte sie. »Ich hoffe, eines Tages auch fahren zu können wie du. Da kann ich noch viel von dir lernen.«

Mary hatte sich schon immer zu der jungen Engländerin hingezogen gefühlt, und so wiederholte sie ihre Besuche sehr häufig. Ihre Zuneigung wuchs, als sie in der College-Zeitung einen Dankbrief las, den Gwenda Lewis an ihre Freunde geschrieben hatte:

»Ich wünschte, Ihr könntet die wunderbare Erfahrung der ständigen Gegenwart Gottes mit mir teilen«, hieß es an einer Stelle. »Schon früher glaubte ich oft, daß ich mich ganz auf ihn verließe. Aber jetzt merke ich, daß ich das bisher niemals völlig getan habe. Wenn man dahin gebracht wird, nichts mehr tun zu können und alles ihm überlassen zu müssen, dann ist das eine Erfahrung, für die man nur demütig danken kann.«

Mary hörte sie nur einmal klagen. Das war im Oktober, als Dr. Ida sich der einzigen Operation ihres Lebens, einer Bruchoperation, unterziehen mußte und sie ihr nicht die Narkose geben konnte.

Dr. Idas Anwesenheit brachte fröhliches Leben und Treiben ins Krankenhaus. In den Korridoren der Abteilung, in der sie lag, begegnete man ständig hohen Würdenträgern, die sie besuchten. Der Duft von Blumengirlanden und -sträußen übertäubte den Geruch von Narkose- und Desinfektionsmitteln. Fast jede Ärztin und Schwester in dem Krankenhaus mit siebenhundert Betten nahm die Gelegenheit wahr, Dr. Ida wenigstens einmal zu besuchen. Im spitzenbesetzten, leuchtendblauen Bettjäckchen, das Gesicht von dem weißen Haar wie von einem Glorienschein umgeben, hielt sie Hof wie eine regierende Maharani. Sie, die den größten Teil ihres Lebens damit zugebracht hatte, zu dienen, schwelgte jetzt in dem Luxus, bedient zu werden.

Mary gehörte zu ihren häufigsten Besucherinnen. Es war

ihr eine Freude und eine Genugtuung, Dr. Ida ein wenig die Treue zu vergelten, mit der sie sie seit ihrem Unfall besucht und immer wieder aufgemuntert hatte; und es war ihr auch ein Trost, sich bei Dr. Ida aussprechen und von ihr ermutigen lassen zu können. Denn noch wußte sie nicht, wie man über ihre Bewerbung entschieden hatte.

Ende Oktober begab sich Dr. Brand auf eine Reise durch Indien, um Leprakrankenhäuser zu besuchen, Vorträge zu halten und Handoperationen vorzuführen. Da Mary noch nicht wußte, was ihr die Zukunft bringen würde, arbeitete sie sowohl klinisch als auch chirurgisch weiter. Bei der Ausführung der Operationen, durch die Dr. Brand berühmt zu werden begann, wurde sie immer geschickter. Nun sie sich um die Assistentenstelle beworben hatte, wünschte sie nichts sehnlicher, als sie zu bekommen. Sie war mehr und mehr davon überzeugt, daß sie ihre Aufgabe befriedigend erfüllen könnte. Außerdem war es dringend notwendig, daß sie nun endlich Geld verdiente. Wie lange wollte sie denn noch von ihrem Vater und ihren Brüdern abhängig sein? Und vielleicht bekam sie auch nie wieder Gelegenheit, in der Chirurgie, die sie so liebte, weiterzuarbeiten. So fiel es ihr schwer, ihre Ungeduld zu bezähmen.

Da bekam sie die Antwort plötzlich auf Umwegen.

Der College-Chor kam ins Krankenhaus, um für Dr. Ida und Gwenda Lewis zu singen. Mary begegnete den Sängern auf dem Korridor. Frau Dr. Brand, die selbst Ärztin war und auch im Chor mitsang, blieb stehen, um sie zu begrüßen.

»Willkommen in der Abteilung meines Mannes!« sagte sie herzlich und ergriff Marys beide Hände. »Wir sind sehr glücklich, daß Sie die Stelle bekommen haben.«

Marys Glück war nur von kurzer Dauer. Sie erhielt zwar die Assistentenstelle mit Wirkung vom 1. November, konnte aber wochenlang ihre neuen Pflichten nicht übernehmen. Eine Hautverletzung, die sich entzündete und zu einem Abszeß führte, fesselte sie wieder ans Bett. Mehr als ihre Schmerzen quälte es sie, wieder untätig sein zu müssen. Sie hatte einen verantwortungsvollen Posten übertragen bekommen, und nun lag sie da, völlig auf andere angewiesen, nicht einmal fähig, im Rollstuhl zu sitzen.

Helen North besuchte sie täglich, obwohl sie selbst sehr stark beansprucht war. Und Mary freute sich, an ihrem Erleben teilnehmen zu dürfen.

Dr. Ida war gerade rechtzeitig wiederhergestellt, um die neuen Räume für die physiotherapeutische Abteilung zu eröffnen, auf die Helen und ihre Mitarbeiterinnen so sehnlich warteten.

»Sie wollte das Band nicht durchschneiden«, erzählte Helen am Abend dieses großen Tages. »Sie bat uns, eine Schleife zu binden, die sie nur aufzuziehen brauchte. Dann erklärte sie die Räume für eröffnet. O Mary, das solltest du sehen! Nun können wir viel, viel mehr leisten! Du weißt ja gar nicht, wieviel unbehandelte Fälle von Polio und spastischer Lähmung zu uns kommen!«

Die neue Abteilung bestand aus einem großen Raum mit vier Kabinen, in denen je ein Kurzwellen-Diathermiapparat stand; und aus einem kleineren Raum für infrarote, ultraviolette und elektrische Behandlung. Auch ein Gipsraum, ein neues, größeres Schwimmbassin und ein Gymnastikraum gehörten dazu.

»Wir haben noch kein Dach über dem Bassin«, sagte Helen. »Wenn die heiße Jahreszeit kommt, brauchen wir natürlich eins. Du solltest aber mal sehen, wie die Patienten auf die kombinierte Behandlung mit Sonne und Wasser reagieren! Einfach wunderbar!«

Ein paar Tage später, als Gwendas Schwester aus England kam, um Gwenda nach Hause zu holen, brachte Helen noch aufregendere Nachrichten in Marys stilles Krankenzimmer.

»Denk dir, Gwendas Schwester ist so beeindruckt von unseren neuen Rehabilitationsräumen und von dem, was wir an Gwenda tun, daß sie sie hier bei uns lassen will! Ist das nicht eine gute Empfehlung für uns? Ach, wenn wir nur noch mehr tun könnten!«

Und wir Lepraspezialisten auch! dachte Mary, und das Herz tat ihr weh, daß sie wieder zum Nichtstun verurteilt war.

Langsam ging der November zu Ende. Dr. Ida hatte das Krankenhaus verlassen, und Mary war in ihr Zimmer übergesiedelt. Sie fing gerade an, im Rollstuhl zu sitzen, als Dr. Brand von seiner Reise zurückkam. Die Nachricht von ihrer Erkrankung infolge einer Hautverletzung machte ihm Sorge.

»Das Gipskorsett ist sehr unbequem, nicht wahr?« fragte er und blickte nachdenklich vor sich hin.

»Ja«, erwiderte Mary ängstlich. Bedauerte er schon, sie für die Chirurgenstelle empfohlen zu haben? »Aber wenn ich erst wieder in Ordnung bin, werde ich besser aufpassen, daß so etwas nicht wieder vorkommt.«

Im Dezember konnte sie schon täglich ein paar Stunden in der Klinik arbeiten, aber eine Woche vor Weihnachten mußte sie wieder ins Bett.

Weihnachten war schön — und schmerzlich. Ihre Freunde übertrafen sich darin, ihr zum Fest eine Freude zu machen. Die Schwesternschule schickte Chrysanthemen und Poinsettias. Ihre kleinen Nichten — Omana, Gita und Shoba — schrieben ihr selbstgemalte Weihnachtskarten, und Dr. Brand kam mit seinen vier Kindern ins Krankenhaus, um bei ihr und Gwenda, die auch noch ans Bett gefesselt war, zu singen.

Aber das schönste von allen Weihnachtsgeschenken war wohl ein kleiner, in Holz geschnitzter Spruch, den sie von den Schwestern des Krankenhauses bekommen hatte. Er enthielt die fünf Worte:

»Ich weiß . . . Fürchte dich nicht!«

Wie ein Wegweiser in einer grenzenlosen weißen Leere hing er an der Wand gegenüber ihrem Bett. Und die Verheißung, die er ihr zusprach, sollte ihr in den fast unerträglichen Monaten, die nun folgten, immer wieder neue Kraft geben.

20

Mary war durchaus nicht überrascht, als Dr. Brand ihr eine Operation zur Versteifung der Wirbelsäule empfahl.

»Sie werden niemals zurechtkommen, solange Sie dieses Korsett tragen müssen, Mary.« Seine Stimme klang fast entschuldigend. »Sie tun mir leid. Sie haben schon mehr durchgemacht, als man einem Menschen zumuten sollte. Und ich brauche Ihnen nicht zu sagen, daß es nicht leicht sein wird.«

»Ich weiß«, sagte Mary.

Sie versuchte, ihre Verzweiflung zu verbergen. Noch eine Operation! Noch einmal viele Wochen unbeweglich still liegen, wo doch die heiße Jahreszeit in spätestens einem Monat wieder einsetzte!

Aber da war etwas, was ihr noch größeren Kummer machte.

»Werden Sie sich nicht nach jemand anderem für meine Stelle umsehen müssen?« fragte sie den jungen Arzt. »Es wäre unrecht von mir, wenn ich Sie bäte, sie mir aufzuheben. Sie brauchen Leistungen, nicht Versprechungen.«

Paul Brand beruhigte sie. Sie wollten Mary, niemand anders! Und sie konnten sich behelfen, bis sie wieder kräftig genug war, zu arbeiten. Dr. Fritschi konnte einen Teil der Operationen übernehmen; denn Karigiri, wo er jetzt arbeitete, war ja nur zehn Meilen von Vellore entfernt. Außerdem war Dr. Lane, ein englischer Chirurg, einige Monate im Haus, um sich in Hand-Chirurgie auszubilden.

Dann erklärte ihr Dr. Brand die Vorteile, die die Operation mit sich brachte. »Wenn Ihre Wirbelsäule völlig steif ist, können Sie ohne Stütze sitzen. Sie können sich sogar vor- und zurückbeugen lernen. Und ohne das Korsett werden wahrscheinlich auch weniger Druckgeschwüre entstehen.«

Er brauchte Mary nicht lange zuzureden. Wenn die Operation sie selbständiger und leistungsfähiger machte, dann wollte sie sie unter allen Umständen vornehmen lassen. Sie wollte nur vorher noch einmal kurz nach Hause, da sie ihren

Vater seit ihrem Unfall nicht mehr gesehen hatte und er vermutlich nicht mehr lange leben würde.

Mary besorgte sich ihre Fahrkarte und packte die Koffer. Ihr graute vor dieser Reise, der ersten nach dem Autounglück. Aber ihre Familie ließ sie nicht im Stich. George kam mit ihren beiden älteren Schwestern und seiner ältesten Tochter Leila nach Vellore, um sie mit nach Hause zu nehmen. Die Eisenbahnfahrt war nicht so beschwerlich, wie Mary befürchtet hatte. Abgesehen von den anstrengenden und peinlichen Augenblicken, wo sie vom Auto in den Zug und vom Zug ins Auto getragen werden mußte, war die Belastung nicht allzu groß für sie.

In Kotschin erwarteten sie ihre Eltern, die bei George zu Besuch waren. Das Wiedersehen mit Appan war erschütternd. Beide versuchten, ihr Erschrecken und ihren Schmerz über die Veränderung des andern zu verbergen. Appan war viel älter und schwächer geworden. Mary wußte wohl, daß der Kummer über ihren Zustand mit dazu beigetragen hatte. Und das machte sie nur um so trauriger.

»Vergiß nicht, daß dir alles, was ich besitze, zur Verfügung steht!« sagte Appan einmal vertraulich zu ihr.

Erst viel später entdeckte sie, daß er ein besonderes Kontobuch geführt hatte, in dem er die Beträge, die für ihre Pflege und Wiederherstellung nötig gewesen waren, einzeln aufgeschrieben hatte. Nicht, daß seine anderen Kinder ihr diese Extrakosten mißgönnt haben würden! Aber er hatte schon allein die Möglichkeit einer Spannung zwischen seinen Kindern ausschließen wollen.

Zwei Wochen lang war Mary mit ihrer Familie zusammen. Zu ihrer großen Freude hatte sich ihre Schwester Thankamma völlig verändert. Statt sich mit ihren eigenen Leiden zu beschäftigen, nahm sie jetzt lebhaften Anteil an den sozialen Problemen ihres Heimatortes. Sie hatte mit Amma zusammen ein Komitee gegründet, dessen Aufgabe es war, Lebensmittel, die von der Y. W. C. A. in Ernakulam und vom Kirchlichen

Weltdienst gespendet waren, an Notleidende zu verteilen, und sorgte selbst dafür, daß niemand übersehen wurde.

Für Mary war das eine Gebetserhörung. Als sie das Amma einmal sagte, schüttelte die traurig den Kopf.

»Ein Jammer, daß dann solche Gebete nicht öfter erhört werden! Sonst – sonst könntest du wieder laufen wie früher.«

Mary schwieg. Einige ihrer Bekannten hielten sehr viel von Glaubensheilung und hatten auch für sie gebetet. Sie selbst glaubte fest an die Macht Gottes und an die Wirksamkeit des Gebets, aber sie war auch Naturwissenschaftlerin und Ärztin. Sie wußte aus Erfahrung, daß Gott Wunder tat, in Übereinstimmung mit seinen Gesetzen und durch das Wissen und die Geschicklichkeit von Menschen; und sie zweifelte nicht daran, daß oftmals Gebetsheilungen eingetreten waren, die zumindest alle bekannten Gesetze, alles Wissen und alle Geschicklichkeit zu übersteigen *schienen*. Aber sie war viel zu bescheiden, um solch eine besondere Gunst für sich in Anspruch zu nehmen. Und sie wagte auch nicht, für sich um Heilung zu beten. Vielleicht zeigte es sich doch eines Tages, daß Gott sie so, wie sie war, besser gebrauchen konnte. Sie betete lieber um einen stärkeren Glauben und darum, daß Gott sie den Weg finden ließ, wie sie ihm am besten dienen konnte.

Nicht immer hatte sie sich so demütig in seinen Willen gefügt. Zuerst hatte sie wild fordernd, mit verzweifelter Beharrlichkeit gebetet und andere angefleht, es ebenfalls zu tun. Sie hatte sogar an einen anglikanischen Geistlichen geschrieben, Bischof Pakenham Walsh, der seit Jahren mit einer Jakobitergemeinde in der Nähe von Koimbat engverbunden und wegen seines festen Glaubens an die heilende Macht des Gebets bekannt war.

»Es bedrückt mich, daß ich meiner Familie seelisch und finanziell eine so große Last bin«, hatte sie ihm mitgeteilt. »Ich denke nicht so sehr an mich selbst, obwohl ich mir sehnlich gewünscht hätte, nützlich sein zu können. Bitte, beten Sie für mich!«

Seine Antwort hatte sie enttäuscht.

Natürlich wolle er für sie beten. Aber versprechen könne er ihr nur das eine: daß Gott ihr Kraft und Mut schenken werde, wenn er sie nicht heilte. Und er könne ihr Leiden zu einem großen Segen werden lassen.

Als Mary im März nach Vellore zurückkam, erfuhr sie zu ihrer Überraschung, daß Bischof Walsh als Patient ins Krankenhaus gekommen war. Bald nach ihrer Ankunft besuchte er sie. Er war fast neunzig Jahre alt, und allein seine Gegenwart war ein Segen.

»Möchten Sie gesalbt werden?« fragte er sie ernst.

Mary überlegte. Das Salben der Kranken mit Öl, wie es in den ersten Christengemeinden üblich gewesen war, war auch jakobitischer Brauch. Aber Bischof Walsh war kein Jakobit, und Jakobiter sollten nur von ihren eigenen Priestern Sakramente entgegennehmen. Doch war das nicht unwichtig? Wenn Gott sie heilen wollte, konnte er es bestimmt auch durch Bischof Walsh tun, ja sogar ohne Salben und ohne Handauflegung.

Sie blickte zu dem alten Mann mit den gütigen Augen auf.

»Ja«, antwortete sie.

Zwei Tage vor der geplanten Operation kam er abends in ihr Zimmer, wo auch schon viele Bekannte versammelt waren. Er salbte ihre Stirn und bat Gott, sie zu heilen. Mary schloß die Augen. Während sie mit den anderen betete, dehnte und spannte sich ihr Körper, als ob es von ihr abhinge, durch bloße Willenskraft die Gebete zur Erfüllung zu bringen. Dann ließ die Spannung allmählich nach. Ein großer Friede kam über sie. Sie wußte plötzlich, daß es gar nicht darauf ankam, wie die Gebete beantwortet würden. Es würde so oder so richtig sein.

So war sie nicht erstaunt, als kein Heilungswunder geschah. Insgeheim war sie vielleicht sogar ein bißchen erleichtert, daß Gott nicht ein Wesen war, das man überreden konnte, seine physikalischen Gesetze zu ändern, um es den Menschen recht zu machen.

Und doch, wer wollte behaupten, daß kein Heilungswunder geschehen sei? Hatte Bischof Walsh nicht auch um Heilung für Seele und Geist gebeten?

Die Operation fand am 14. März 1955 statt. Um eine Versteifung der Wirbelsäule herbeizuführen, wurden zwischen fünf Lendenwirbeln Knochenspäne aus der Hüfte eingesetzt. Marys Puls wurde während der Operation plötzlich so schwach, daß eine Pause gemacht werden mußte. Aber schließlich konnte der schwere Eingriff doch beendet werden.

Zwischen zwei Gipsschalen liegend, von denen jede einzeln entfernt werden konnte, wurde Mary wieder in ein drehbares Bett gelegt. Morgens nahmen die Schwestern die obere Schale ab, wuschen Mary, drehten sie um, entfernten die andere Schale und wuschen ihr den Rücken. Zwei oder drei Stunden lang mußte sie, das Gesicht nach unten, liegenbleiben, ehe der Rükkengips wieder befestigt und sie wieder in Rückenlage gedreht wurde. Am Abend wiederholte sich die Prozedur.

In den Stunden, wo sie mit dem Gesicht nach unten lag, lebte Mary auf. Die Stirn von einem Band gehalten, die Arme auf ein Tischchen aufgestützt, das unter dem offenen Bettgestell stand, konnte sie lesen und studieren. Gierig verschlang sie ein Buch nach dem andern: »A Man Called Peter«, die Lebensgeschichte und die Bücher von Amy Carmichael und ganze Bände über die Ursachen der Nervenlähmung. Während sie auf dem Rücken lag und zum Nichtstun verurteilt war, betete sie um Kraft für sich und andere, die ebenso zu leiden hatten wie sie. Sie bekam viel Besuch und nahm teil an allem, was ihre Freunde und Bekannten bewegte.

Eines Tages kam eine junge Studentin atemlos zu ihr ins Zimmer gestürzt.

»Denk dir, er hat mir einen Heiratsantrag gemacht!«

Das junge Mädchen war seit einiger Zeit mit einem Assistenzarzt befreundet, den Mary gut kannte.

»Ja, warum nicht?« entgegnete Mary ruhig. »So etwas soll doch vorkommen! Hast du nicht damit gerechnet?«

»Doch – schon – aber was soll ich tun, Mary?«

»Was willst du denn tun? Liebst du ihn? Möchtest du ihn gern heiraten?«

»Ich – ich weiß nicht.« Die leuchtenden Augen und das heftige Erröten des jungen Mädchens straften ihre Worte Lügen.

»Du *wirst* es wissen«, beruhigte Mary sie. »Er ist ein netter junger Mann und ein guter Arzt, ich kann dir nur raten, seinen Antrag anzunehmen.«

Ihre Freundin folgte ihrem Rat, und der glückliche Bräutigam besuchte Mary kurz darauf.

»Ich glaube, sie hat Ihretwegen ja gesagt«, meinte er scherzend, aber von Herzen dankbar.

Viele Menschen waren bemüht, ihr die Wartezeit erträglich zu machen. Annamma Verghese, Elsie, Grace und andere Mitglieder der kleinen Gebetsgemeinschaft stärkten und ermutigten sie immer wieder. Ohne sie hätte sie die langen Wochen kaum ertragen können.

Jeden Tag brachten Bekannte Blumen. Dr. Rambo, der Augenspezialist, hängte ihr ein Reiseplakat von der »Jungfrau« an die Wand.

»Sie brauchen etwas, was ihren Horizont erweitert«, sagte er lächelnd. »Das wird Ihnen dabei helfen.«

Und wirklich! Es war, als dehnten sich die Wände, als öffneten sich wunderbare Ausblicke. Der hohe, weiße Berggipfel war wie ein Strahl des Himmels.

Schwester Effie Wallace, die ebenso erfinderisch wie praktisch war, hatte an einer Stange einen Spiegel über Marys Bett befestigt, in dem sie nicht nur ihr Gesicht sehen konnte, sondern auch das Tablett mit den Speisen, das man ihr auf die Brust setzte, damit sie selbst essen konnte. Der Spiegel reflektierte aber auch Gegenstände außerhalb des Fensters: den großen Baum, einen Busch blühender Bougainvilleas, Patienten, die zur Aussätzigenklink gingen. Manchmal sah Mary Dr. Brand auf dem Weg zu seiner Abteilung. Dann mußte sie sich zusammennehmen, um nicht loszuweinen.

Nicht immer gelang ihr das. Als M. P. eines Tages auf Zehenspitzen in Marys Zimmer trat — Mary lag gerade mit dem Gesicht nach unten —, bemerkte sie, wie ihre Schultern verräterisch zuckten, und ging leise wieder hinaus, um geräuschvoller wiederzukommen.

»Das bist du, M. P.«, rief Mary munter. »Ich kenne deinen Schritt genau. Es hört sich an, als käme ein wilder Stier.«

M. P. fiel es nicht leicht, auf Marys fröhlichen Ton einzugehen.

»Meine Hochzeit«, sagte sie fast schuldbewußt. »Ich — ich dachte, du würdest vielleicht gern etwas davon hören.«

»Aber ja!« Marys Freude war so echt, daß M. P.'s Befangenheit sofort verflog. »Erzähle! Ich bin ja so gespannt!«

M. P. setzte sich mit gekreuzten Beinen auf den Fußboden, so daß Mary sie sehen konnte, und berichtete. Die Hochzeit sollte im Mai in Vellore stattfinden. M. P.s Mutter und Schwestern wollten von Kerala kommen, und Mary sollte, wenn sie auch nicht Trauzeugin sein konnte, doch zum Teil bei der Feier zugegen sein. Der Hochzeitssari wäre ganz weiß, mit goldgesticktem Saum.

»Weißt du, wie ich immer Angst hatte, er nähme meine Liebe nicht ernst? Und jetzt heiraten wir wirklich!« schloß M. P.

Mary lächelte.

»Paß nur auf, daß du nicht in die Kirche hineinpolterst wie eben in mein Zimmer«, sagte sie liebevoll neckend. »Sonst könnte sich's dein Bräutigam vielleicht noch anders überlegen.«

Die heiße Jahreszeit hatte begonnen. Höher und höher stieg die Quecksilbersäule: vierzig — zweiundvierzig — vierundvierzig Grad —.

Das kleine Zimmer wurde eine Hölle, die Gipsschale der Rost, auf dem ihr Körper briet. Über ihrem Bett war zwar ein großer Zimmerfächer angebracht, aber die Luft, die er herumwirbelte, war heiß wie die Glut in einem Hochofen. Das Schilfdach über der Veranda dampfte, wenn es mit Wasser besprengt wurde, so daß es, statt zu kühlen, die Luft im Zimmer nur noch unerträglicher machte.

Doch es gab auch manche Entschädigung für die quälende Hitze in dieser Jahreszeit. Da waren zum Beispiel die köstlich saftigen Mangofrüchte. Da war das Lied der Wanderdrossel, die, nachdem sie monatelang ihr klägliches »Swiiii« und ihr schnarrendes »Ch—r—r« gerufen hatte, plötzlich ihre Stimme wiederfand und in eine Flut von Melodien ausbrach. Da war der Zweig eines Zierstrauchs, den ihr eine Schwester in einer hohen Vase brachte, ein Fächer von blaßgrüner Spitze, übersät mit orange-, karmesin- und scharlachroten Blüten, prächtig wie ein Pfauenschweif. Und da war Hoffnung! Kühle Schauer und frische Winde waren schon unterwegs. Langsam kräftigte sich ihre steife Wirbelsäule. Ein neuer Rollstuhl war bestellt, der leichter zu fahren war und sie unabhängiger machte. Und — das Schönste von allem — es war Arbeit für sie da, wenn sie sich erst kräftig genug dazu fühlte.

21

Ende Mai wurde die Hitze fast unerträglich. Als aber dann der Juni kam und das Thermometer nur noch selten über 38 Grad stieg, faßte Mary wieder Mut. Nun war die lange Zeit des Stilliegens ganz gewiß bald vorüber. Sie wartete sehnlich auf Dr. Brands Rückkehr aus dem Urlaub.

Als er dann wiederkam, heiter und lebensfroh, wuchs auch ihre Zuversicht. Drei Monate waren jetzt seit der Operation vergangen, Zeit genug, daß auch unter besonders schwierigen Umständen Knochen zusammenheilen konnten. Nachdem Dr. Brand die Röntgenaufnahmen ihrer Wirbelsäule studiert hatte, kam er zu ihr ins Zimmer.

Erwartungsvoll sah sie ihm entgegen.

»Mary, Gott ist in diesen langen Wochen bei Ihnen gewesen«, sagte er freundlich. »Sie haben sich sehr tapfer gehalten.«

Irgend etwas in der Art, wie er das sagte, ließ sie angstvoll aufhorchen.

»Ist die Operation mißglückt?«

»Nein, im Gegenteil!« beruhigte er sie. »Sie ist so gut geglückt, wie das nur möglich war.«

Dann erklärte er ihr, daß sie nach einer zweiten Operation, durch die auch noch die übrigen Wirbel unterhalb der verletzten Stelle versteift würden, viel besser sitzen und viel leistungsfähiger werden könne, als das jetzt der Fall sein würde.

Bei diesen Worten befiel Mary ein lähmender Schreck.

»Sie tun mir so leid«, sagte Dr. Brand leise. »Wir alle gäben viel darum, wenn wir Ihnen das ersparen könnten.«

Mary schloß fest die Augen, damit keine Träne hervorquellen konnte. Sie preßte die Lippen zusammen, damit sie nicht zitterten. Diesen Kampf mußte sie allein auskämpfen!

»Ich glaube, Sie wissen gar nicht, was andern in diesem Krankenhaus Ihr christliches Zeugnis bedeutet!« fuhr Dr. Brand fort. »Patienten, Schwestern, Ärzte; allen, die mit ihren menschlichen Nöten und Problemen zu kämpfen haben. ›Denk an Dr. Mary!‹ Diese Worte höre ich immer und immer wieder. ›Wir meinen, wir hätten Schmerzen. Und sie? Sie ist immer zuversichtlich, immer heiter. Niemals hört man ein Wort der Klage –‹«

Mary gab einen erstickten Laut von sich. Als sie ihre Augen schließlich, unfähig, die Tränen zurückzuhalten, wieder öffnete, sah sie zu ihrer Erleichterung, daß sie allein war. Immer zuversichtlich und heiter! Sie müßten sie nur einmal sehen – jetzt! In wilder Verzweiflung ließ sie den Sturm mühsam unterdrückten Aufbegehrens losbrechen: Sie weinte, sie ballte die Fäuste, sie schlug mit den Händen auf die Matratze. Ohne einen Laut von sich zu geben, aber alle Muskeln spannend, als ob sie schrie, gab sie sich ihrem Schmerz hin! Sie konnte es nicht mehr ertragen. Es war grausam von Gott, das von ihr zu verlangen!

Schließlich lag sie erschöpft und keuchend da, keiner Bewegung mehr fähig. Was hatte es für einen Sinn, aufzubegehren? Sie mußte hindurch! Gegen ihr Schicksal anzukämpfen, war für sie ebenso sinnlos wie für einen Vogel, der in einem Käfig saß.

Ihr Blick fiel auf den kleinen, holzgeschnitzten Spruch:

»Ich weiß . . . Fürchte dich nicht!«

Sie weinte wieder. Aber diesmal waren es Tränen der Erleichterung und Dankbarkeit.

Bei der zweiten Operation am 15. Juni wurden die Knochenspäne zur Versteifung der unteren Brustwirbel von ihrem Bein genommen. Wieder begannen die endlosen Wochen des Stilliegens und Wartens.

Die schlimmste Hitze war vorüber. Der Juli, der Windmonat, brachte Regen und erfrischende Kühle. In den Reisfeldern draußen wateten jetzt die Bauern hinter ihren Holzpflügen und den mageren schwarzen Büffelkühen im Schlamm, stampften frisches grünes Laub in den Boden und bereiteten die Felder für die Reissämlinge vor. Rings um sie her war Bewegung – im brausenden Sturm, in den klappernden Hufen, den rollenden Rädern, den dahineilenden Füßen. Nur sie allein schien bewegungslos zu sein.

Als der neue Rollstuhl in ihr Zimmer gefahren wurde, war Mary beglückt und enttäuscht zugleich. Nach langem Hin und Her hatte der Kirchliche Weltdienst alle Einfuhrschwierigkeiten beiseite geräumt, und nun stand er da, strahlend neu, und sie konnte ihn nicht benutzen.

Ende August bekam sie plötzlich Schmerzen im Bereich der Wirbelsäulenverletzung. Zuerst wurde sie von wilder Hoffnung erfaßt, weil sie an einer Stelle, die bisher gefühllos gewesen war, mit einem Mal etwas spürte. Aber Dr. Chandy schüttelte den Kopf.

»Es sieht wie eine Reizung des verletzten Nervenstranges aus«, meinte er besorgt. »Ich hoffte, das würde uns erspart bleiben. Sonst wird manchmal —«, er zögerte einen Augenblick, »— eine ständige Behandlung notwendig.«

Der Schmerz wurde stärker, hielt an. Die milden, nicht zur Sucht führenden Arzneimittel, das einzige, was ihr die Ärzte zu geben wagten — und das einzige, was sie annahm —, halfen nur wenig. Manchmal glaubte sie, die Qual nicht mehr ertragen zu können. Zum ersten Mal seit ihrem Unfall freute sie sich kaum, wenn jemand sie besuchte. Ihr Lächeln war gezwungen. Oft konnte sie nur mit Mühe die Tränen zurückhalten und war froh, wenn sie wieder allein war und sich ausweinen konnte. Sie hatte fast keine Freude mehr an den Gebetsversammlungen, die ihre Freunde in ihrem Zimmer abhielten. Ihre Gebete waren nur ein Stammeln:

»Herr, hilf mir ... Der du selbst Qual und Leiden kennst ... Vergib mir, daß ich geklagt habe, weil ich — nichts fühlte ... Hilf mir diese Schmerzen ertragen!«

In jenen Wochen mußte sie manchmal an die Diskussionen denken, die sie während ihres letzten Studienjahres in Dr. Ida B. Scudders Bibelklasse geführt hatten. Sie hatten versucht, in das Problem des Leidens einzudringen und zu erforschen, wie es zu Gottes Liebe paßte. Mary war damals sehr bekümmert gewesen über die schmerzhafte Krankheit ihrer Schwester Thankamma und über all die Qual, die sie täglich im Krankenhaus mit ansehen mußte. Jetzt war das plötzlich nicht mehr nur ein Problem, mit dem jeder für sich fertigwerden mußte, es war ein Teufel — oder ein Engel —, mit dem man kämpfen mußte.

Als Dr. Chandy Mary den Vorschlag machte, eine Cordektomie vorzunehmen, rief sie verzweifelt: »Nicht noch eine Operation!«

Aber gleich darauf fragte sie, schon wieder hoffnungsvoll: »Glauben Sie, daß die Schmerzen dann aufhören werden?«

Der Arzt konnte es ihr nicht versprechen. Aber er glaubte fest, daß sie nach Entfernung eines Stückchens Rückenmark in der schmerzhaften Gegend Erleichterung bekommen würde.

Mary wußte, was eine solche Operation bedeutete. Mit der Durchtrennung des Rückenmarks wurde auch der letzte Rest von Hoffnung auf Heilung — durch ein Wunder oder eine unerwartete medizinische Entdeckung — zerstört. Wie konnte man aber ohne Hoffnung weiterleben? Nein, sie mußte anders fragen: Konnte sie mit diesen ständigen Schmerzen weiterleben?

Sie schrieb nach Hause und bat um Rat. Die Antwort von dort war unsicher und unklar. Alle hofften noch immer, daß sie wieder gesund wurde, und sahen diese Hoffnung nicht gern vernichtet. Sie fürchteten auch, daß eine neue Operation neue Komplikationen mit sich brachte.

»Aber Du bist ja Ärztin und verständig genug, um Dich selbst entscheiden zu können«, hieß es am Schluß des Briefes.

Mary entschied sich für die Operation.

Amma, John und Annamma kamen zu ihr nach Vellore. Sie trafen am Abend des 2. Oktober dort ein, als Dr. Chandy sie gerade noch einmal aufsuchte, um ihr Mut zuzusprechen.

»Gott wird morgen bei uns sein, Mary«, sagte er, als er ihr zum Abschied die Hand gab.

»Ja«, erwiderte sie dankbar.

Annamma schüttelte den Kopf.

»Er sieht besorgt aus«, murmelte sie, als er gegangen war.

Am nächsten Morgen kam Dr. Ida in den Operationssaal, um für das Gelingen der Operation zu beten. Mary war von Herzen dankbar für das Interesse, das man ihr entgegenbrachte. Aber es wäre ihr fast lieber gewesen, wenn man nicht soviel Wesens um sie gemacht hätte.

Die Cordektomie verlief ohne besondere Komplikationen. Mit einem Gefühl der Angst und Hoffnung zugleich erwachte Mary aus der Narkose. Wenn sie nur erst wüßte, ob die Operation etwas genützt hatte!

Stunden vergingen, ohne daß sie die alten Schmerzen wieder gespürt hätte.

»Sie sind verschwunden«, rief sie Dr. Chandy jubelnd entgegen, als ein Tag und eine Nacht seit dem Eingriff vergangen waren.

»Schön, Mary! Aber das Rückenmark ist noch unter Schockwirkung. Man kann das noch nicht mit Sicherheit sagen«, erwiderte Dr. Chandy vorsichtig.

Als Mary ein paar Stunden später wieder die bekannten Stiche spürte, wäre sie fast verzweifelt. Die Schmerzen waren nicht verschwunden. Sie würden wahrscheinlich nie wieder aufhören.

»Lieber Gott!« betete sie leise. »Wie soll ich so weiterleben?«

Aber Gott war gut. Irgendwie gab er ihr die Kraft, daß sie ihre innere Not vor Ammas und Annammas Augen und vor den Augen vieler ihrer Freunde verbergen konnte. Glücklicherweise waren auch die Schmerzen nicht mehr ständig da wie vor der Operation. Sie kamen plötzlich, manchmal so heftig, daß sie laut aufschreien zu müssen glaubte, und vergingen nach ein paar Augenblicken wieder. Wenn ich erst wieder arbeiten kann, werde ich nicht mehr soviel davon merken, tröstete sie sich. Seit sie wußte, daß die Schmerzen immer wieder vorübergingen, waren sie leichter zu ertragen.

Amma und Annamma fuhren nach Hause, fest davon überzeugt, daß der Eingriff gelungen war. Im Lauf des Oktober wurde das kleine Stück Welt, das Mary in ihrem Spiegel sehen konnte, oft von den Regengüssen der Herbstmonsune überspült. In Gedanken sah sie die Reisfelder längs der Straßen, sah die leuchtendroten Saris der Frauen, die, Hände und Füße in das schlammige Wasser getaucht, Stunde um Stunde gebückt standen und die kleinen, grünen Reissämlinge einpflanzten. Auch sie hatten wohl oft Schmerzen im Rücken! Ja, wenn man selbst leidet, kann man die Leiden anderer besser verstehen, dachte sie. Ich werde nun bestimmt ein besserer Arzt werden. Allmählich änderten sich ihre Gebete. Sie bat nicht mehr: »Hilf mir diese Schmerzen ertragen!«, sondern: »Hilf mir sie nützen!«

Im November durfte Mary zum ersten Mal nach acht Monaten, von Kissen gestützt, im Bett sitzen. Eines Sonntagmorgens, zwei Wochen danach, sagte Dr. Brand zu ihr: »So, Mary, nun ist es soweit! Wenn Sie Lust haben, können Sie einmal im Rollstuhl zu sitzen versuchen.«

Ihr Herz klopfte wie wild.

»Wann darf ich wieder arbeiten?«

»Ich hoffte, daß Sie so fragen würden. Ich glaube, bald«, antwortete er. »Aber wir wollen Sie natürlich nicht drängen. In zwei Wochen verläßt uns Dr. Lane, und es fehlt wieder an Ärzten. Wenn Sie dann ein paar leichtere Aufgaben übernehmen, vielleicht mit einem der anderen Ärzte Visite machen könnten?«

»Ja«, erwiderte Mary, fest entschlossen, schon vor Ablauf der zwei Wochen ihre Arbeit wieder voll aufzunehmen.

Am späten Nachmittag dieses Tages saß sie in ihrem Rollstuhl.

»Ich fahre zur Abendandacht in die Kapelle«, sagte sie zu ihrer erstaunten Pflegerin.

Der Weg über die Korridore und Veranden zur Kapelle war nicht weit. Aber Mary ließ Schwester Victoria, die sie schob, öfters anhalten, um Bekannte zu begrüßen. Als sie dann in dem kleinen Gotteshaus ankam, wollte ihr das Herz überfließen vor Dankbarkeit und Freude. Welch ein lieblicher Andachtsort war doch diese Kapelle, deren weiße Kuppel sich in purpurne Schatten verlor. Der Vorhang in dem hochgewölbten Altarraum war mit grünen Palmen, weißem Antigonon und fllammenden Bougainvilleas bestickt, und auf dem mit Matten belegten Marmorfußboden saßen blau und weiß gekleidete Studentinnen in andächtigem Schweigen.

Wie ein Gefäß, das lange leer gewesen ist, ließ Mary die Schönheit und Heiligkeit der Stunde in sich hineinfließen. Ihr war, als spräche Dr. Inbanathan, der Kaplan des College, nur für sie. Sie blieb die ganze Stunde in der Kapelle und fühlte sich eher gestärkt als ermüdet.

Dr. Brand war sprachlos, als sie am nächsten Tag in sein Sprechzimmer gefahren kam.

»Dr. Verghese meldet sich zum Dienst«, sagte sie.

»Mary, Sie sind unglaublich!« rief Dr. Brand lachend. »Warten Sie, das müssen unsre Leute sehen!«

Er rief den ganzen Stab seiner Abteilung zusammen: Dr. Lane; den anglo-indischen Sekretär Furness, der selbst ein Jahr lang Lepra-Patient gewesen war, und die beiden Physiotherapeuten Palani und Namosivayam. Sie trauten ihren Augen kaum.

»Sind Sie nicht gestern erst aufgestanden?«

»Wir haben Sie frühestens in zwei Wochen erwartet!«

»Sie wollen doch nicht etwa schon arbeiten?«

»Doch, von morgen ab!« erwiderte Mary.

Mary arbeitete wieder regelmäßig, zuerst noch nicht voll, aber jeden Tag etwas mehr. Sie nahm Patienten auf, diktierte Briefe und machte die Visiten mit. Als Dr. Lane Vellore verließ, war sie fast völlig wieder eingespannt. Nur Operationen machte sie noch nicht. Sie hatte so viel zu tun, daß sie am 9. Dezember, Dr. Idas fünfundachtzigstem Geburtstag, erst sehr spät zur Feier fahren konnte, die auf dem Rasenplatz vor dem Verwaltungsgebäude stattfand. Als sie in ihrem Rollstuhl ankam, war das Fest schon in vollem Gange. Papierwimpel in allen Regenbogenfarben flatterten lustig im Wind. Die Gäste waren festlich gekleidet, und überall waren Blumenlauben aufgestellt wie bei einer Hochzeit. Eine Girlande von rosaroten Rosen um die Schultern, hatte Dr. Ida, auf blumengeschmücktem Geburtstagsstuhl sitzend, schon die Huldigung einer langen Reihe von Ärzten, Schwestern und Studenten entgegengenommen. Erschrocken stellte Mary fest, daß sie nun allein ihren Glückwunsch darbringen und an all diesen neugierig blickenden Menschen vorbeifahren mußte.

Scheu und befangen machte sie sich auf den Weg. Der Blumenstrauß auf ihrem Schoß erschien ihr jämmerlich klein. Da sah sie plötzlich eine blaugekleidete Gestalt auf sich zueilen. Sie hielt den Rollstuhl an, und gleich darauf legte sich die rote Rosengirlande um ihre Schultern und hüllte sie in ihren Duft ein.

»Meine Liebe!« begrüßte Dr. Ida sie herzlich. »Das habe ich Ihnen zugedacht.«

22

Im Januar 1956 fing Mary wieder an zu operieren. Obwohl es ihr immer noch nicht möglich war, sich vor und zurück zu beugen oder das Gleichgewicht zu halten, ohne sich auf die Hände oder Ellbogen zu stützen, wurde ihre Geschicklichkeit bei den Handoperationen immer größer. Damit sie bei der Arbeit hoch genug saß, hatte man eine kleine Plattform unter den Operationstisch gestellt, zu der eine Rampe hinaufführte. So konnte sie mit ihrem Rollstuhl direkt unter den Operationstisch gefahren werden.

Nur ein einziges Mal ereignete sich dabei ein unglücklicher Zwischenfall. Eines Morgens, als ihre erste Operation vorüber war, löste sie, in der Annahme, daß der Wärter hinter ihr stehe, die Bremse an ihrem Rollstuhl und fuhr rücklings die Rampe hinunter. Der Stuhl überschlug sich, und sie schlug mit Kopf und Schultern auf dem Fußboden auf. Da die Beine festgebunden waren, blieb sie im Stuhl hängen. Schwester Alice David stürzte mit einem Schreckensschrei auf sie zu.

»O Doktor Mary, haben Sie sich wehgetan?«

Das ruhige »Nein« war nicht sehr überzeugend, zumal sich Mary sofort in ihr Zimmer fahren ließ. Aber kaum hatte die Schwester Dr. Brand von dem Unfall erzählt, als Mary schon wieder im Waschraum erschien, um sich für die nächste Operation vorzubereiten.

Während Marys monatelanger Arbeitsunfähigkeit hatte Dr. Brand seine Operationsmethode verbessert, die man jetzt überall die »Brand-Operation« nannte. Mary hatte ihm zunächst dabei zugesehen und ihm dann assistiert. Schließlich versuchte sie die neue Technik selbst.

Sie legte einen gesunden Muskelstrang am Unterarm des Patienten frei, machte einen bogenförmigen Einschnitt, der oberhalb des Daumens über den Handrücken zum Unterarm führte, klappte den Hautlappen zurück und löste die Sehne eines der Muskeln los, die zur Aufwärtsbewegung des Handgelenks nötig sind. Dann überpflanzte sie die gesunde Sehne vom Unterarm dorthin, spaltete sie in vier Stränge, führte diese durch die Sehnenscheiden der Hand hindurch und nähte sie an die Sehnen auf den Fingerrücken fest. Es war eine vereinfachte Technik, eine große Verbesserung der früheren gegenüber.

Als Mary den Hautlappen wieder sauber festgenäht hatte, betrachtete sie ihr Werk. Wie schade, dachte sie, daß der Patient so eine große Narbe behalten muß! Ein Aussätziger, dessen Krankheit zum Stillstand gekommen ist, wünscht doch nichts sehnlicher, als daß man keine Spuren mehr davon sieht.

Da Dr. Brand seiner wachsenden Verpflichtungen wegen immer häufiger von Vellore abwesend war, mußten Mary und Dr. Fritschi fast alle Operationen selbst machen. Dr. Fritschi kam zweimal wöchentlich vom Leprakrankenhaus in Karigiri herüber. Da verunglückte er im April mit dem Motorrad, so daß er einige Wochen lang arbeitsunfähig war.

Die ganze Verantwortung für die Handoperationen lag nun auf Mary. Dr. Brand war um diese Zeit gerade als Examinator zur Universität Madras gefahren und wollte von dort aus seinen Urlaub antreten. Nur ein Praktikant stand ihr als Assistent zur Verfügung, und da auch die heiße Jahreszeit wieder vor der Tür stand, schien das eine unmögliche Aufgabe zu sein.

»Feigling!« schimpfte sich Mary selbst. »Voriges Jahr um diese Zeit würdest du sonst etwas darum gegeben haben, wenn du eine solche Arbeit gehabt hättest. Danke Gott, und bitte ihn um die Kraft, sie tun zu können!«

Und sie schaffte es. Zwei Vormittage wöchentlich operierte sie von sieben Uhr dreißig bis zwölf Uhr dreißig Hände. In jeder Sitzung konnte sie zwei vollständige Hände fertigmachen. Wenn nur einzelne Finger betroffen waren, auch mehr. An manchen Tagen operierte sie auch nachmittags noch einmal.

Außer ihrer chirurgischen Arbeit gab sie den klinischen Unterricht, diktierte Krankenberichte und machte Visite. Oft war sie in Versuchung, diese täglichen Rundgänge abzukürzen und den endlosen Fragen und Klagen, mit denen die Patienten sie überfielen, aus dem Wege zu gehen. Aber wenn sie die gequälten Gesichter bei ihrem Kommen aufleuchten sah, wenn sie an ihre eigene Qual und Einsamkeit dachte, war ihr das nicht möglich. Ihre Bekannten schalten, baten und — bewunderten sie heimlich, weil sie niemals müde oder zu beschäftigt war, um stehenzubleiben und sich die Kümmernisse ihrer Patienten anzuhören. Sie sorgten auch dafür, daß Mary jetzt, wo sie so viel zusätzliche Arbeit zu leisten hatte, ihr kleines Krankenzimmer verlassen und in ein eigenes Zimmer in dem neuen Arztheim ziehen konnte. Dadurch wurde ihr Leben sehr viel angenehmer. Sie bekam wieder mehr Kontakt mit jungen Mädchen ihres Alters, und ihre Freundinnen konnten sie öfter und ungestörter besuchen. Grace, die jetzt auch Praktikantin war, kam häufig zu Mary, brachte sich ihr Frühstück mit oder hielt ihre Siesta auf Marys breitem Bett.

Aber immer noch brauchte Mary zwei Schwestern zu ihrer Wartung. Sie konnte sich ohne Hilfe nicht einmal im Bett umdrehen. Zwar konnte sie ihren Oberkörper auf die Seite legen, indem sie Arme und Schultern herumwarf, aber sie brauchte jemand, der ihr die Beine in die richtige Lage brachte. Sie hatte gelernt, sich im Rollstuhl ein wenig hochzustemmen, doch vor und zurück konnte sie sich nicht bewegen. Und trotz all dieser Behinderungen hatte sie ein volles Arbeitspensum zu erledigen!

Während Dr. Fritschis Arbeitsunfähigkeit konnten keine Fußoperationen bei den Aussätzigen vorgenommen werden. Dieses Problem beschäftigte sie unaufhörlich. Gewiß, diese Operationen wurden von den Chirurgen immer im Stehen ausgeführt. Aber mußte das sein? Sie malte sich alle Schwierigkeiten aus: Ihr Rollstuhl würde nicht unter den großen Operationstisch passen. Sie konnte sich nur wenig bewegen. Aber sie kannte die Einzelheiten des Eingriffs genau, da sie schon mehrmals dabei assistiert hatte. Und es war nötig!

»Ich werde es tun!« dachte sie entschlossen.

Tagelang überlegte sie alle Möglichkeiten. Schließlich traf sie ihre Vorbereitungen. An das Fußende des großen Operationstisches ließ sie sich ihr Handoperationstischchen stellen, auf dem das Bein des Patienten ruhen sollte. Ihren Stuhl rollte sie unter das Tischchen wie sonst auch. Um ihren Körper etwas näher heranzubringen, ließ sie sich ein Kissen in den Rücken stopfen. Als alles fertig war und der Patient auf dem Operationstisch lag, schloß sie die Augen und betete.

Der Fuß, der vor ihr lag, war völlig verkrüppelt, unfähig aufzutreten, ohne umzuknicken. Er hatte zahllose Narben von Geschwüren, die durch übermäßigen Druck – der Patient war Kuli und hatte ständig schwere Lasten getragen – und durch mangelndes Schmerzempfinden verursacht waren. Der korrigierende Eingriff bestand darin, daß eine Sehne aus der Innenseite des Fußes entfernt, auf den Fuß übertragen und an einem Knochen befestigt wurde. Vier Einschnitte waren dazu nötig, und die ganze Prozedur erforderte, besonders beim ersten Mal, äußerste Konzentration.

Als Mary fertig war, war sie furchtbar müde und erschöpft. Aber die Operation war gelungen. Und bald machte die junge Chirurgin diese Eingriffe ebenso geschickt wie die Handoperationen.

Ihr nächstes Interesse galt den Augenbrauen der Leprakranken.

Wie die Klauenhand, die abgeplattete Nase und die runzlige Haut, so gehörte auch die fehlende Augenbraue zu den Symptomen des Aussatzes. Selbst wenn die Krankheit zum Stillstand gekommen war und nicht die geringste Ansteckungsgefahr mehr bestand, waren diese äußeren Merkmale oft daran schuld, daß ein ehemals Leprakranker wie geächtet war. Seine Hand mochte wieder voll gebrauchsfähig sein, wenn ein Arbeitgeber die zerstörte Nase sah oder bemerkte, daß die Augenbrauen fehlten, stellte er ihn wahrscheinlich nicht ein. Um dem Selbstvertrauen der Patienten aufzuhelfen, hatte Dr. Brand nicht nur Nasenplastiken gemacht, sondern auch Augenbrauen wiederhergestellt. In Marys Abteilung gab es eine ganze Anzahl Patienten ohne Augenbrauen, und sie beschloß, hier Abhilfe zu schaffen. Wieder bereitete sie alles sorgfältig vor. Diesmal ließ sie den Patienten mit dem Kopf auf den Handoperationstisch legen. Dann betete sie still.

Die Brauenoperation war schwierig und zeitraubend. Es mußte zunächst eine Blutbahn gefunden werden, die dicht vor dem Ohr hinauf zur Kopfhaut führte. Nun mußte man die Entfernung von der Ader bis zum Ende der Augenbraue und die gleiche Entfernung längs der Ader abmessen. An diesem Punkt in der Kopfhaut wurde dann die neue Augenbraue markiert und ein entsprechendes Stück Haut über dem Auge entfernt. Der Stiellappen von der Kopfhaut wurde dann unter der Haut bis an die Stelle geschoben, wo die Augenbraue hingehörte, und dort festgenäht.

Als Mary ihre erste Brauen-Operation beendet hatte, war sie erschöpft, aber überschwenglich glücklich.

»Sie werden nur eine Schwierigkeit haben«, sagte sie zu dem Patienten. »Sie werden Ihre Brauen scheren müssen, weil sie zu schnell wachsen.«

Der Patient lächelte glücklich. Wenn er wie manche andere stolze Besitzer neuer Augenbrauen ist, dachte Mary, dann läßt er sie wachsen, daß er kaum durchsehen kann. Mehr als einmal hatte sie einen Patienten ins Sprechzimmer kommen sehen, die Schultern zurückgeworfen und den Kopf stolz erhoben, die Augenbrauen vornweg und er in einiger Entfernung hinterher! Sie wußte genau, was sie empfanden. Würde sie je zu laufen aufhören, wenn sie ihre Beine wieder gebrauchen könnte?

Mary hatte Spaß an den Brauenoperationen. Als sie geschickter wurde, setzte sie ihren Stolz darein, die Form der Augenbraue dem Gesicht des Patienten anzupassen. So gestaltete sie gelegentlich eine Adschanta-Braue, etwas schrägstehend wie bei den alten Buddha-Meisterwerken in den Höhlen von Adschanta.

Eines Tages neckte sie Grace Koshi, deren Augenbrauen ungewöhnlich schmal waren.

»Wie wär's, wenn ich bei dir eine Transplantation machen würde, Grace? Du hast sie bitter nötig! Sie ist in jeder Ausführung bei mir zu haben!«

»Warum gibst du mir nicht die Hälfte von deinen?« erwiderte Grace prompt. »Du könntest sie ganz gut entbehren.«

Als Dr. Brand im Juni zurückkam, konnte Mary Urlaub nehmen und zum ersten Mal seit ihrer Wirbelsäulen-Operation nach Hause fahren. Kurz bevor sie ihre Reise antrat, kam Dr. Gwenda Lewis aus Australien zurück, wo sie einige Monate in einem weltberühmten Rehabilitations-Zentrum für Gelähmte zugebracht hatte. Sie war durch ihre Poliolähmung zwar noch stark behindert, konnte sich aber jetzt sehr viel besser bewegen und wollte sogar Autofahren lernen.

»Wenn du nur einmal dorthin könntest, Mary!« sagte sie immer wieder. »Du würdest staunen, was Gelähmte alles lernen können. Viele laufen sogar, natürlich mit Schienen. Sie werden erstaunlich selbständig.«

Selbständig! Das Wort ließ Mary nicht los, als sie nach Hause fuhr. Sollte sie ihren Eltern und Brüdern etwas von dieser Möglichkeit erzählen? Nein, dachte sie. Sie haben schon genug für mich getan! Ich kann ihnen das nicht auch noch aufbürden.

Als sie eines Tages mit ihrer Familie zusammensaß, kam das Gespräch auch auf Gwenda Lewis, die Amma und Annamma aus Vellore kannten.

»Sie ist gerade aus einem australischen Rehabilitations-Zentrum zurückgekommen«, erzählte Mary. »Und ihr müßtet einmal sehen, was sie für Fortschritte dort gemacht hat!«

Sofort war Johns Interesse geweckt.

»Warum kann dir denn solch eine Kur nicht auch helfen?«

»Das könnte sie schon!« meinte George, der Arzt.

»Dann wollen wir Mary doch hinschicken!« mischte sich jetzt auch Babi ein.

»Wir drei könnten das gut bezahlen.«

Marys Herz hämmerte. Ein Gefühl der Dankbarkeit und Freude wollte sie fast ersticken. Sie brachte kein Wort hervor. Schließlich zeigte sie ihrem Vater und ihren Brüdern einen Brief, den sie gerade erhalten hatte. Gwenda Lewis hatte mit dem Leiter des Rehabilitations-Zentrums, Dr. Bedbrook, wegen Mary korrespondiert, und dieser bat nun Mary, zur Behandlung ins Royal Perth Hospital nach Australien zu kommen.

»Damit ist die Sache entschieden!« sagte John.

Aber für Mary war sie noch nicht entschieden. Durfte sie dieses großmütige Geschenk ihrer Brüder annehmen? Und wie dachte Appan darüber?

Appan wartete, bis er mit ihr allein war, und sagte dann: »Wenn du dorthin fahren willst, dann übernehme ich die Kosten, nicht deine Brüder! Ich will nicht, daß du irgend jemandem, auch nicht anderen Familienmitgliedern, verpflichtet bist. Du weißt doch, alles, was ich habe, gehört dir.«

Wortlos blickte Mary in das geliebte, schmal gewordene Gesicht mit den tiefliegenden Augen, dem Mund, der so eigensinnig war wie der ihre. Würde sie es über sich bringen, so weit und so lange fortzufahren, wo sie doch fast mit Bestimmtheit wußte, daß sie Appan nicht wiedersah?

Nach einem schweren Abschied fuhr Mary nach Vellore zurück. Amma und ein Hausmädchen begleiteten sie. Wie immer seit ihrem Unfall hatte Mary ein Abteil erster Klasse, ein Luxus, der stets ein Schuldgefühl in ihr weckte, wenn sie an die schmutzigen, überfüllten Dritter-Klasse-Wagen dachte.

Fast hätte sie ihr Ziel nicht erreicht. Kurz vor Gudiyattam krachte es plötzlich, und ihr Wagen begann wie wild zu schleudern. Gellende Schreie zerrissen die Luft. Als Mary aus dem offenen Fenster blickte, sah sie, daß der Zug am Rande eines Abgrundes dahinschwankte. Mit beiden Händen hielt sie sich an den eisernen Fensterstangen fest und schloß die Augen. Das Mädchen, das schreiend, seine Bettrolle umklammernd, auf dem Boden hockte, ja selbst Amma, die ihr, würdig wie ein Buddha, mit gekreuzten Beinen gegenübersaß, schienen plötzlich weit weg und unwirklich zu sein. Ihr Leben hing an einem Faden. Seltsam, daß es wieder auf dem Weg nach Gudiyattam war!

Mit aller Kraft klammerte sich Mary an die Stangen und flehte:

»Noch nicht, Gott! Bitte, noch nicht! Du hast ganz gewiß noch eine Aufgabe für mich!«

Der Zug kam schließlich, immer noch dicht am Abgrund, mit einem Ruck zum Stehen. Drei Wagen waren aus den Schienen gesprungen. Aber es hatte nur wenig Verletzte und keine Toten gegeben. Mit knapper Not war ein größeres Unglück verhütet worden.

Mehrere Krankenschwestern aus Vellore, die aus ihrem Urlaub zurückkamen, waren mit im Zug. Ein Ambulanzwagen des Krankenhauses hatte sie in Katpadi abholen sollen und kam nun nach Gudiyattam. Während der fünfundzwanzig Meilen bis nach Vellore hatte Mary Mühe, die jungen Mädchen zu beruhigen.

Sobald sich eine Gelegenheit bot, fragte sie Dr. Brand, ob sie nach Australien fahren könne. Er schien nicht sehr begeistert zu sein.

»Sie werden hier dringend gebraucht«, sagte er.

»Werde ich meine Stelle verlieren, wenn ich fahre?« fragte sie geradeheraus, wie es ihre Art war.

»Leider ja!« war Dr. Brands Antwort.

Marys Mut sank. Enttäuscht stellte sie zunächst einmal alle Gedanken an solch einen folgenschweren Schritt zurück.

Aber Ende des Sommers gingen Veränderungen vor sich, durch die ihre Zukunft auch hier in Dr. Brands chirurgischer Abteilung unsicher wurde. Paul Brand war von der Regierung in Nigeria aufgefordert worden, seine neue Operationstechnik dort vorzuführen. Vor seiner Abreise im September wurden die Abteilung für Handoperation und die für Orthopädie zusammengelegt. Dr. Selvapandiam, ein junger Chirurg, übernahm vertretungsweise die Leitung. Mary teilte man mit, daß sie ihre augenblickliche Stelle auf die Dauer nicht ohne fachärztliche Ausbildung beibehalten könne. Das sei nur so lange möglich, wie der Indische Rat für Medizinische Forschung bereit sei, ihr Gehalt zu bezahlen.

Das war ein schwerer Schlag! Auch Dr. Brands Teilnahme konnte ihn nicht mildern. Er riet ihr, sich bei der britischen Lepramission um die offene Stelle am Krankenhaus in Vadathorasallur, neunzig Meilen von Vellore entfernt, zu bewerben. Aber Mary schüttelte den Kopf. Das würde das Ende ihrer Laufbahn als Chirurgin bedeuten; denn dort wäre sie der einzige Arzt im Hause. Außerdem war eine abgelegene Stadt mit schlechten Straßenverhältnissen bestimmt nicht das Richtige für einen Menschen in ihrer Situation. Aber wenn sie in Vellore blieb, konnte sie sich vielleicht eines Tages nicht mehr selbst unterhalten. Was sollte sie tun?

Nachdem sie lange überlegt, gebetet und viel geweint hatte, schrieb sie an ihren Vater und bat ihn um Rat.

»Bleib in Vellore!« antwortete er. »Wenn Du kein Gehalt mehr bekommst, helfe ich Dir.«

Die College-Leitung hatte einen anderen Vorschlag. Mary sollte bis zu Dr. Brands Rückkehr in ihrer augenblicklichen Stellung bleiben und dann an die Pathologische Abteilung gehen, wo sie am 1. Januar anfangen konnte. Aber für Pathologie interessierte sie sich jetzt noch weniger als damals, kurz nach ihrem Unfall. Sollte sie sich in ein Laboratorium setzen und an totem Gewebe arbeiten, wo sie die Freude kennengelernt hatte, Menschen wiederherzustellen? Sie hatte diesen aussätzigen Duldern mit den narbenbedeckten Gesichtern, mit den Füßen, die so gefühllos und unbrauchbar waren wie ihre eigenen, etwas Besonderes zu geben. Das hatte sie an dem hoffnungsvollen Aufleuchten ihrer Augen gesehen.

Erst neulich war ihr das bei einem jungen Mann aufgefallen, einem früheren Lepra-Patienten, der jetzt als Physiotherapeut in der Abteilung arbeitete. Er hatte sein Studium aufgeben müssen, weil er aussätzig geworden war. Nachdem ihn Dr. Brand an beiden Händen operiert hatte, war er in der »Stätte neuen Lebens« in Physiotherapie ausgebildet worden und behandelte nun andere Hände, die ebenso gefühllos waren wie seine. Er war in Vellore Christ geworden und tat seine Arbeit mit großer Hingabe.

Während sie eines Tages in der Klink operierte, spürte sie, wie seine Augen jeder ihrer Bewegungen folgten. Als sie aufblickte, sah sie einen seltsam frohen Ausdruck in seinem sonst meist schwermütigen Gesicht.

»Ich habe mich immer wegen meines harten Schicksals bedauert«, sagte er lächelnd. »Aber jetzt nicht mehr. Wenn ich Sie so von Ihrem Rollstuhl aus arbeiten sehe, wie könnte ich da noch klagen?«

Nein, selbst in diesen Wochen, wo ihre Zukunft ganz unsicher zu sein schien, sah Mary Sinn und Zweck in ihrem Leben. Wenn sie im Operationssaal arbeitete, vergaß sie ihre eigenen Sorgen. Jeder neue Fall forderte ihr volles Interesse, ihren ganzen Einsatz. Alles um sie her versank, nur der eine Patient war noch da, dem sie mit ihren Händen dienen sollte. Nur Gott und sie, seine Dienerin, waren da; und sie arbeiteten zusammen, um Zerstörtes neu zu schaffen.

An der Brand-Operation war Mary nur eins unbefriedigend: die große, rote, sichelförmige Narbe. Sie störte die Patienten, besonders die Frauen. Aber auch den Männern war sie peinlich. Wie konnte man sie kleiner, unauffälliger machen? Monatelang beschäftigte sich Mary intensiv mit diesem Problem. Plötzlich kam ihr der Gedanke, das Sehnentransplantat oberhalb der Hand anzunähen und dann unter der Haut hindurchzuführen.

Sie versuchte es zunächst an einer Hand, die nur zwei krallenähnliche Finger hatte, und danach an einer vollständigen Klauenhand. Die Operation war sehr knifflig, ließ sich aber ebensoschnell durchführen wie die bisherige. Und zu Marys größtem Entzücken blieben nur zwei ganz kleine Narben zurück. Sie konnte es kaum erwarten, den andern Chirurgen ihre Erfindung mitzuteilen.

Einmal wöchentlich traf sich der gesamte Ärztestab der Forschungsabteilung für Handchirurgie, um sich über Patienten und Probleme auszutauschen. Bei diesen Beratungen wurden oft interessante Fälle demonstriert. Als Mary ihren Patienten vorstellte, starrten die Ärzte ungläubig auf seine Hand. Mary erklärte den Operationsvorgang und zeigte ihn auch später im Operationssaal. Alle waren begeistert. Die neue Methode sollte von nun an ständig angewendet werden. Daß in der Lepra-Chirurgie Verbesserungen vorgeschlagen wurden, war zwar nichts Ungewöhnliches; denn auf diesem Gebiet befand man sich noch im Experimentierstadium. Aber Marys technische Verfeinerung war ein ganz außergewöhnlicher Beitrag.

Was sie jedoch am meisten befriedigte, war nicht die Bewunderung ihrer Kollegen, waren auch nicht Dr. Brands anerkennende Worte. Es waren die leuchtenden Augen und die gestrafften Schultern junger Patienten, die das Krankenhaus nicht nur mit brauchbaren Händen, sondern mit dem Bewußtsein verließen, wieder wie andere Menschen auszusehen.

23

Dr. Brand kehrte im Dezember 1956 von seiner zehnwöchigen Vortragsreise nach Nigeria, dem Kongo, Süd- und Ostafrika zurück. Mary verbrachte das Weihnachtsfest in seiner Familie und lauschte begeistert seinen Berichten über diese Länder, die mutig die Schwelle der Unabhängigkeit überschritten hatten. Sie hatte immer geglaubt, die Probleme der Armut und Unwissenheit in Indien wären so groß, daß sie kaum gelöst werden könnten. Jetzt hörte sie von Ländern, wo es fast keine Ärzte und keine ausgebildeten Schwestern gab; wo man bis vor wenigen Jahren noch keine Fahrzeuge kannte, nicht einmal etwas Ähnliches wie einen Ochsenwagen; wo man nichts besaß, was mit Indiens Erbe an Kultur und Wissen zu vergleichen war.

»Wir meinen, wir hätten es schwer hier in Vellore, weil es uns an Apparaten und Einrichtungsgegenständen, Ärzten und Pflegepersonal fehlt. Wir wissen ja gar nicht, wie reich wir sind!« sagte Dr. Brand.

Mary war beschämt. Sie hatte sich Sorgen um ihre eigenen, unbedeutenden Probleme gemacht. Wenn sie auch wirklich die Chirurgie aufgeben und Pathologin werden mußte, sollte sie doch dankbar sein, daß sie in einem Land geboren war, wo Frauen einen Beruf ausüben durften!

Aber es wurde Januar, und sie ging nicht in die Pathologische Abteilung. Es hatte sich noch niemand um ihre Stelle in der Aussätzigen-Klinik beworben, und man hatte sie gebeten zu bleiben. Obwohl es eine unsichere Position war, blieb sie. Vielleicht war ja gerade die Unsicherheit ein Beweis für Gottes Führung, der sie unbedingt vertraute. Manchmal mußten erst alle Türen vor einem zugeschlagen werden, ehe man merkte, daß sich eine andere Tür öffnete.

Australien! Das Wort stand immer deutlicher über der sich langsam öffnenden Tür. Im April erhielt Mary von Helen North, die seit Oktober auf Urlaub in ihrer australischen Heimat war, einen begeisterten Brief, in dem sie ihr dringend empfahl, nach Perth zu kommen.

»Es ist für Dich bestimmt die günstigste Gelegenheit, die ich mir denken könnte«, schrieb sie. »Gewiß gehört Mut dazu, in Deinem Zustand solch eine lange Reise zu wagen. Aber an Mut hat es Dir ja nie gefehlt. Ich bitte Dich, überlege es Dir!«

Mary teilte ihrer Familie den Inhalt dieses Briefes mit, und alle rieten ihr, die Sache im Auge zu behalten. Sie wollten sie gern unterstützen.

Wieder fragte sie Dr. Brand um Rat. Wieder war er nicht begeistert.

»Zweierlei ist dabei zu bedenken«, sagte er, »die Vertretung und die Finanzierung. Aber die Entscheidung liegt selbstverständlich bei Ihnen.«

Wegen einer Vertretung war Mary nicht allzusehr besorgt, da Dr. Fritschi wieder aushelfen konnte. Mit der Finanzierung war es eine andere Sache. Ihr Vater mußte erst wochenlang mit ihr korrespondieren, ehe er sie davon überzeugt hatte, daß das Geld seiner Meinung nach gut angelegt war. Auch die meisten ihrer Freunde redeten ihr gut zu. Aber einige waren pessimistisch. Hatte sie sich überlegt, wie weit die Reise war? Wie konnte sie so lange im Rollstuhl sitzen? Ein Kollege, Dr. Sakuntala, machte sie darauf aufmerksam, daß sie in Australien mit Rassenvorurteilen zu rechnen habe.

Lange überlegte sie hin und her, bis endlich ihr Entschluß feststand.

Sie rief das Reisebüro Cook in Madras an und buchte einen Flug von Kalkutta nach Perth. Grace Koshi besorgte ihr eine junge Pflegerin, die bereit war, mit ihr zu fahren. Vier Wochen vor ihrer Abreise nahm Mary Urlaub und begann systematisch ihre Arme zu trainieren. Helen North, die inzwischen nach Vellore zurückgekommen war, half ihr täglich dabei.

Da stellten sich plötzlich unvorhergesehene Schwierigkeiten ein. Acht Tage vor der geplanten Abfahrt erkrankte Mary an einer akuten Blasenentzündung. Auch ihr Paß war noch nicht da. Mut und Hoffnung schwanden. Nicht einmal in den ersten Wochen nach ihrem Unfall war sie so deprimiert gewesen.

»Du kannst unmöglich fahren«, sagten Freunde und Bekannte. »Auch wenn das Fieber nachläßt, wirst du zu schwach sein.« »Du hättest dir diese Reise niemals vornehmen sollen.«

Mary rief das Reisebüro an und erklärte ihre Situation.

»Soll ich Ihre Vorbestellung zurücknehmen?« fragte der Angestellte kurz.

In ihrem Kopf drehte sich alles. Ja, natürlich! sagte ihr der Verstand.

»Nein!« antwortete sie entschieden. »Ich wollte nur wissen, wann ich Ihnen endgültig Bescheid geben muß.«

»Wir können Ihnen nur noch einen Tag Bedenkzeit geben, sonst dürfen wir das Fahrgeld nicht mehr zurückerstatten.«

In dieser Nacht ließ das Fieber nach. Trotz Schwäche und Erschöpfung führte Mary ihr Vorhaben durch. Am festgesetzten Tag im November 1957 flog sie mit ihrer Pflegerin von Madras nach Kalkutta, verbrachte dort eine Nacht bei einer Kusine und begab sich am nächsten Morgen an Bord des Flugzeugs nach Perth.

Für viele Menschen mit gesundem Körper wäre solch eine lange Reise schon beschwerlich gewesen. Für Mary war sie eine Qual. Aber wer sie so ruhig-heiter Stunde für Stunde in ihrem Rollstuhl sitzen sah, ahnte das nicht.

Ihre freundliche und geschickte junge Pflegerin, Sushila Nambiar, war von Geburt Kanaresin. Doch da ihr Stiefvater in Kerala wohnte, hatten sie und Mary manche Berührungspunkte miteinander.

Das Flugzeug landete in einer fremden Welt, aber – zu Marys Trost – nicht in einer Welt von Fremden. Kaum waren die andern Fahrgäste ausgestiegen, als vier Leute an Bord kamen: ein kleiner, stämmiger Mann; eine freundlich lächelnde, kräftige Frau, die jeder Notlage gewachsen zu sein schien; eine Krankenschwester und ein Mann in mittleren Jahren, der sich als Dr. Bedbrook vorstellte.

»Willkommen in Australien!« sagte er herzlich. »Das hier sind Ihre Physiotherapeuten, Miss Sharp und Mr. Johnson.«

Mary wehrte erschrocken ab, als Johnson sofort Anstalten machte, sie aus dem Rollstuhl zu heben.

»Ich bin ziemlich schwer –«

Miss Sharp lachte.

»Schwer? Für dieses Muskelbündel sind Sie nur eine Feder!«

Mary fühlte sich so leicht und vorsichtig hochgehoben, als wäre sie ein kleines Kind. In Kalkutta waren zwei kräftige Wärter nötig gewesen, um sie ins Flugzeug zu tragen, und sie hatte noch Angst gehabt, sie würden sie fallen lassen. Dieses eine Paar Arme trug sie mühelos die Treppe hinunter. Als sie zur Hälfte unten waren, sah sie eine Menge Kameramänner auf dem Rollfeld stehen.

Sie zitterte. Nicht vor Nervosität. Sie hatte noch nie solche Kälte erlebt! Dankbar dachte sie an die Wolljacken, die Grace und Cheruchi vorsorglich für sie gestrickt hatten. Als sie Vellore verließ, wo es selbst im tiefsten Winter keine wesentliche Abkühlung gab, war dort Herbst gewesen. Hier war Frühling. Aber was für ein Frühling! In Indien war der Frühling die lange Dürreperiode vor dem Regen: braune Felder, kuperfarbener Himmel, aus verschmachteter Erde in glühende Farben ausbrechende Büsche und Bäume. Hier schien alles wie frisch gewaschen und zum Trocknen aufgehängt zu sein und die Farben anders als in Indien, gedämpft und sanft.

Als Mary durch die erstaunlich sauberen Straßen fuhr, schaute sie interessiert um sich. Wie konnte es so viel Platz, so wenig Menschen geben! Wo waren all die Ochsenwagen, die Rikschas, die schwerbeladenen Kulis, die nackten Kinder, die gemächlich dahinschlendernden Kühe, die im Unrat wühlenden Hunde, die Bettler? Sie wunderte sich, wie verhältnismäßig ruhig es hier war. Sogar durch den City-Verkehr kamen sie schnell und ungehindert hindurch, ohne anhaltend hupen zu müssen.

Die ersten beiden Tage verbrachte Mary im Royal Perth Hospital. Dann wurde sie zu dem drei Meilen außerhalb der Stadt gelegenen Zweigkrankenhaus gebracht, dessen umfangreiche Gebäude von großen grünen Rasenflächen umgeben waren, an die fast ringsum Wald grenzte. Sie bekam ein luftiges, komfortables Zweibettzimmer und hatte eine angenehme Zimmergenossin. Sushila wurde bald mit in den Krankenhausdienst eingespannt. Sie arbeitete während ihres ganzen Aufenthalts in Australien in der Abteilung, in der Mary untergebracht war.

Die Reise hätte sich schon gelohnt, wenn ich nur hierhergekommen wäre, um einmal ein paar Wochen an diesem erstaunlichen Ort zu wohnen, dachte Mary in den nächsten Tagen oft. Zum ersten Mal seit ihrem Unfall fühlte sie sich nicht fremd, allein. Niemand sah sie neugierig an, wenn sie in ihrem Rollstuhl die Korridore und Veranden entlang und über die weiten Rasenplätze fuhr; denn fast jeder hatte hier einen Rollstuhl. Es war eine kleine Stadt auf Rädern. Mary hätte nie gedacht, daß es so viele Gelähmte auf der Welt gäbe. Der einzige Unterschied zwischen ihr und den meisten andern war, daß sie manches konnten, was sie nicht konnte: mit Schienen laufen, sich mit bewundernswerter Geschicklichkeit in ihren Rollstühlen vorwärtsbewegen und die überraschendsten Kunststücke vollführen.

Aber das würde sie noch lernen! Die Gemeinschaft mit andern, die mit den gleichen Schwierigkeiten zu kämpfen hatten, war tröstlich und anspornend zugleich. Fast sofort begann Mary mit ihrem Trainingsprogramm.

Dr. Bedbrook, der im Stoke-Mandeville-Krankenhaus in England unter dem berühmten Rehabilitations-Spezialisten Dr. Gutmann gelernt hatte, hatte selbst sehr erfolgreiche Methoden für das Training Gelähmter entwickelt. Es dauerte gar nicht lange, da merkte Mary schon eine Besserung bei sich. Nachdem sie einige Wochen lang Arm- und Gleichgewichtsübungen gemacht und sich im Gewichtheben geübt hatte, konnte sie sich zu ihrer größten Freude durch Arm- und Schulterbewegungen vor- und zurückbeugen und im Rollstuhl ihre Lage verändern. Dadurch, daß sie an einer über dem Bett angebrachten Stange Klimmzüge machte, wurden ihre Arme so kräftig, daß sie sich bald umdrehen und sogar nachts ohne fremde Hilfe auf die andere Seite legen konnte.

Aber wie bei den anderen Gelähmten war auch bei Mary das Hauptziel des Trainings, wieder laufen zu lernen. Halb hoffend, halb zweifelnd, ob das überhaupt für sie sinnvoll sein würde, begann sie mit dieser Phase der Rehabilitation.

Schon ehe sie richtige Beinschienen bekam, begann das Training. Es wurden feste Schienen an ihre Knie gebunden, um sie steif zu machen, und so mußte sie, von zwei Therapeuten gestützt, stehen. Zum ersten Mal seit vier Jahren!

Als dann die Beinschienen angeschnallt waren, machte sie ihre ersten Gehübungen zwischen den Eisenstangen eines Barrens, der zwar nur dreieinhalb Meter lang war, dessen Ende ihr aber unerreichbar schien. Langsam lernte sie all die schwierigen Bewegungen mit den Armen und Schultern, die notwendig waren, um — beide Beine gleichzeitig bewegend — die Last ihrer toten Glieder ein paar Zentimeter vorwärtszuschieben. Jede Bewegung erforderte ihre ganze Kraft. Ihr Oberkörper war nach wenigen Minuten in Schweiß gebadet, ihre Arme und Schultern zitterten, ihre Schläfen pochten.

Nach den Schienen kamen die Krücken.

»Noch ein bißchen mehr Schulterbewegung, Doktor! ... Fein! Siebeneinhalb Zentimeter diesmal! ... Noch einmal, bitte! ... Denken Sie daran, daß alles mit den Schultern und Armen geschafft werden muß, und immer in gleichmäßigem Rhythmus! ... Gut! Viel besser als gestern! ... Sie müssen heute wenigstens sieben Schritte gemacht haben ...«

Mary hatte keine Freude an diesen Laufübungen. Stunde für Stunde, Tag für Tag, Zentimeter um Zentimeter die furchtbare Anstrengung, um den richtigen Rhythmus herzustellen. Woche um Woche der Kampf, um siebeneinhalb Zentimeter, zwölfeinhalb Zentimeter, niemals aber ganz das unmögliche Ziel von fünfzehn Zentimeter zu erreichen! Und — hatte es wirklich etwas zu bedeuten, wenn es ihr gelang? Machte es sie selbständiger in ihrem täglichen Leben? Wurde sie deshalb tüchtiger in ihrem Beruf? Vielleicht — ihr selbst unbewußt — setzte dieser innere Widerstand ihre Leistungsfähigkeit herab. Mit verbissener Energie zwang sie ihren halbgelähmten Körper zu voller Mitarbeit beim Training. Aber ihr Herz war nicht dabei.

Dann trat eine Komplikation ein. Um die Harnblasenkontrolle zu verbessern — ein wichtiger Punkt im Rehabilitationsprogramm für Gelähmte —, hatte man Mary Alkoholinjektionen gegeben. Als Folge davon entstanden Spasmen in einem Bein, das dadurch allmählich kürzer wurde als das andere. Zwar erhöhte man den Schuhabsatz, aber die Mißbildung und Krampfneigung komplizierten das Problem des Laufens, sogar das des Sitzens; denn der krampfartig zuckende Fuß schlüpfte immer wieder aus seiner Raste. Um diese Schwierigkeit zu beheben, wurde eine Leiste hinten an der Fußraste angebracht, aber das spastische Bein blieb ein Problem. Doch in jedem Unglück ist auch irgendein kleiner Segen. Die Fachärzte sahen schließlich ein, daß es für sie wenig Zweck hatte, laufen zu lernen. Und darüber war sie sehr froh.

Eine besondere Überraschung für Mary war das Sportprogramm. Bisher hatte sie geglaubt, daß alle aktiven Sportarten für Gelähmte nicht in Frage kämen. Hier sah sie zu ihrem Erstaunen Männer und Knaben in Rollstühlen Tennis und Basketball spielen. Es sah aus, als ob die Rollstühle, statt hinderlich zu sein, manchmal sogar von Vorteil wären. Ein durch Polio an beiden Beinen gelähmter junger Mann erzählte Mary, daß er und einige ebenfalls gelähmte Kameraden neulich einen Wettkampf gegen ein paar kerngesunde, kräftige Jungen aus der Stadt gewonnen hätten, die öfter hierher kämen und das Rollstuhlfahren als besonderen Sport betrachteten.

»Und das ist noch gar nichts!« fuhr der junge Mann fort. »Sie müßten erst einmal die Gelähmten-Weltspiele miterleben! Wie bei den Olympischen Spielen! Die Gelähmten haben fast alle Sportarten auf ihrem Programm: Schwimmen, Bogenschießen, Basketball, Billard, Speerwerfen und Kugelstoßen, Fechten und Tischtennis. Und jeder Teilnehmer kämpft vom Rollstuhl aus. Das ist wirklich sehenswert.«

Vor Marys Augen öffnete sich eine neue Welt. Die Gelähmten-Weltspiele waren von Dr. Gutman gegründet worden. England hatte mit seinen jährlichen internationalen Stoke-Mandeville-Spielen die Führung übernommen. Aber auch andere Länder wie Deutschland, die Vereinigten Staaten, Griechenland, Frankreich, Italien, die Schweiz, Norwegen und die Niederlande hatten ihre Teams.

»Indien aber noch nicht«, warf Mary leise ein.

Nein, in Indien gab es noch keinen Sport für Gelähmte. Außer in einigen wenigen Orten wie Vellore fand man nicht einmal die elementarsten Formen von Rehabilitation. Mary mußte plötzlich an den an Armen und Beinen gelähmten jungen Studenten in Vellore denken, an seine hoffnungslosen Augen, an sein verbittertes Gesicht. Und so gab es Tausende in Indien. Wenn sie doch auch an einen Ort wie diesen kommen könnten!

Die Sportart, die Mary sich aussuchte, war das Bogenschießen. Aber trotz ständigen Trainings wurde sie nicht so ein guter Schütze wie Janet, eine andere Gelähmte, die aus unglaublicher Entfernung von ihrem Rollstuhl aus ins Schwarze traf. Janet hoffte, an den Gelähmten-Weltspielen teilnehmen zu können, wenn sie in Australien stattfanden und Frauen dabei zugelassen waren.

»Janet beschämt mich«, sagte Mary einmal kläglich. »Miss Sharp ist mein einziger Trost.«

Miss Sharp, die Sportleiterin, die ein herzensguter Kerl, aber durchaus kein guter Bogenschütze war, lächelte gutmütig.

Eines Tages jedoch stellte Mary ihre Freundlichkeit auf eine harte Probe. Sie war in ihrem Rollstuhl zu dem Rasenplatz gefahren, wo das Bogenschießen immer stattfand. Als sie bei der kleinen Stufe ankam, die den Weg vom Rasenplatz trennte, hielt sie wie gewöhnlich an, um zu warten, bis ihr einer der Therapeuten hinunterhalf. Sie maß die Entfernung mit den Augen. Nur eine Handbreit! Närrisch, erst auf jemanden zu warten! Sie wendete den Stuhl und versuchte, rückwärts den kleinen Abhang hinunterzufahren. Der Stuhl kippte um, und schon lag sie mit schmerzendem Kopf, die Beine hilflos nach oben gestreckt, auf dem Rasen. Miss Sharp und Mr. Johnson sahen das Unglück und liefen zu ihr hin.

»Ungezogenes Kind!« schalt Miss Sharp, die furchtbar erschrocken war. »Ich könnte Sie durchwichsen für Ihre Ungeduld und Ihren Eigensinn.«

Johnson sagte nichts, hob Mary und ihren Stuhl auf und setzte sie ruhig wieder hinein. Sie war unverletzt, aber tief beschämt.

»Verzeihung, das habe ich falsch gemacht«, sagte sie zerknirscht. Nur selten in ihrem Leben hatte sie so etwas zugegeben.

In Perth bot sich für Mary auch viel Gelegenheit, ihr Wissen und ihre Erfahrungen als Ärztin zu erweitern. Jeden Samstag begleitete sie Dr. Bedbrook und sein Team bei der großen Visite durchs ganze Haus und nahm auch an den Konferenzen der Ärzte teil.

Es gefiel ihr sehr gut in Australien. Sie genoß das Klima dort: die angenehme Kühle nach dem heißen Sommer. Zum ersten Mal in ihrem Leben trug sie wollene Kleidung und wärmte sich an einem Kaminfeuer. Die Australier waren freundlich. Nirgends begegnete sie betonter Zurückhaltung oder gar Rassendiskriminierung.

Sehr bald hatte sie einen großen Bekanntenkreis. Sonntags wurde sie regelmäßig von Mrs. Prosser mit dem Wagen abgeholt und zum Gottesdienst in die Kapelle der »Gemeinde Christi« (Disciples of Christ) gefahren. Ein anderer Bekannter, ein reicher Mann namens Finey, der selbst gelähmt war und seine Pflegerin geheiratet hatte, lud sie häufig zu Autoausflügen ein. So lernte Mary die schöne Stadt Perth mit ihren breiten Straßen, komfortablen Villen und dem großen King's Park kennen. Sie staunte über den Reichtum, dem sie überall begegnete, über die gesunden, gutgekleideten Menschen, die keine Not und keine Slums kannten. Hier im Westen Australiens lebte auf zwei Quadratmeilen nur ein Mensch, während in Kerala tausend Menschen auf einer Quadratmeile wohnten. Das Herz tat ihr weh, wenn sie an Indien dachte.

Eigentlich hatte Mary nur sechs Monate in Perth bleiben wollen; aber ihr Training war von so offensichtlichem Erfolg begleitet, daß sie, um es noch drei Monate – bis zum August – fortsetzen zu können, ihr Visum verlängern ließ.

Im Juli kam das Telegramm. Obwohl sie schon lange damit gerechnet hatte, war der Schlag doch furchtbar: Appan war tot.

24

Wenn ich nur nach Hause gefahren wäre, wie ich es vorgehabt hatte, war Marys erster Gedanke. Aber sie wußte auch, daß Appan das nicht gewollt hätte. Er hatte es gehaßt, wenn viel Aufhebens um ihn gemacht wurde, so wie sie es auch haßte. Und er war plötzlich und ohne Kampf gegangen.

»Amma war bei ihm«, hatte John auf der Depesche hinzugefügt, weil er wußte, daß ihr das ein Trost sein würde. Amma zur Seite zu haben, wenn er starb, war Appans letzter

Wunsch gewesen, als sie ihn vor einem Jahr zum letzten Mal gesehen hatte.

Mary machte hier nun nichts mehr Freude. Sie war froh, als sie nach Hause fahren konnte.

Ihre Kusine Kunjannam und ihr Bruder holten sie in Bombay vom Schiff ab. Kunjannam hatte, nachdem sie damals in Vellore nicht mit zum Studium angenommen worden war, in Bombay ihren Doktor gemacht.

Während der drei Tage, die Mary im Hause ihrer Kusine zubrachte, besuchte sie das »Gesamtindische Institut für Physikalische Medizin und Rehabilitation«. Es war die einzige Einrichtung dieser Art in Indien und wurde von der Weltgesundheits-Organisation, der indischen Regierung und der des Staates Bombay finanziert. Dr. Sant, der Leiter, begrüßte Mary und führte sie durch eine seiner Kliniken. Sie war enttäuscht, daß er nur in orthopädischer Chirurgie und nicht auch in Rehabilitations-Medizin ausgebildet war und daß nur ambulante Behandlungen durchgeführt wurden.

Wenn wir doch einen Dr. Gutman oder Dr. Bedbrook in Indien hätten! dachte sie. Und sie betete inbrünstig, daß Gott jemand für diese Aufgabe willig machen möchte.

Von Bombay flog sie nach Kerala und blieb zwei Wochen zu Hause, ehe sie nach Vellore zurückkehrte. Das Wiedersehen war schmerzlich und tröstlich zugleich. Wie schön war es, daß die Familie, auch als ihr Haupt nicht mehr lebte, immer noch eine Einheit war. Appans liebevolles Verständnis und zarte Fürsorge schienen auf Marys Brüder übergegangen zu sein. Einer wie der andere versicherte ihr, daß er sie nicht im Stich lassen würde. Was sie besäßen, gehöre ihr. Amma war auch in ihrem Schmerz stark und standhaft.

Seltsamerweise fühlte sich Mary mit Thankamma am engsten verbunden, weil Thankamma offene Augen für die Not um sich her hatte.

»Erinnerst du dich an Joseph?« fragte sie eines Tages. »Er ist sehr krank gewesen. Ich brachte ihn ins Krankenhaus nach

Ayyampilly. Zuerst wollten sie ihn dort nicht aufnehmen, rückständig wie sie sind. Aber schließlich gelang es Dr. K. C. Paul, die Leitung davon zu überzeugen, daß Lepra nicht so ansteckend ist wie Tuberkulose.«

»Bravo!« rief Mary. War das ihre Schwester Thankamma, das furchtsame Mädchen, das sich angstvoll im Haus versteckt hatte, wenn Josephs »Gelobt sei Gott!« vorn am Tor erklang?

In Vellore wartete ihre alte Stelle auf sie. Dr. Brand war auf Urlaub in England, aber Dr. Selvapandiam und seine Kollegen bereiteten ihr einen begeisterten Empfang. In der Abteilung war alles wie vorher: überfüllte Krankensäle und Sprechzimmer, der gleiche Ärzte- und Schwesternmangel. Und bald hatte sie sich wieder in die vertraute Arbeit gestürzt. Im übrigen hatte sich aber allerlei verändert. Neue Stockwerke und Säle waren gebaut und ein Teil des Anbaus an der Neurologischen Abteilung war schon eröffnet worden. Ein weißes, imposantes Gebäude, die neue Poliklinik, hatte das ganze Krankenhaus so sehr verändert, daß man es kaum wieder erkannte.

Marys Freundinnen wußten auch allerlei Neues zu berichten. Dr. Gwenda Lewis, die gerade aus England zurückgekommen war, sollte ein Auto mit Handschaltung bekommen, das sie auch Mary fahren lehren wollte. Eine Schriftstellerin aus Amerika war in Vellore gewesen und wollte eine neue Biographie von Dr. Ida schreiben. Ramani erzählte, daß ein neuer Arzt mit Namen Pulimood an die Neurologische Abteilung gekommen sei, der eifrig die Bibel- und Gebetsgruppe besuche.

Die Gebetsstunden fanden bald wieder in Marys Zimmer statt, leider ohne Annamma Verghese, die Dr. Mammen Cherians Frau geworden war und jetzt mit ihrem Mann zur weiteren Ausbildung in Edinburgh in Schottland wohnte.

Zu denen, die sich ganz besonders über Marys Rückkehr freuten, gehörte auch Dr. Chandy, der Neurochirurg. Monatelang mühte er sich nun schon mit einem Patienten, einem Mann, der früher gut verdient hatte und jetzt, wo er wegen einer Querschnittslähmung seine Frau und seine sieben Kinder nicht mehr ernähren konnte, hoffnungslos in Depressionen versunken war.

Als Mary hörte, wie wenig der Kranke auf Heilmaßnahmen reagierte, fragte sie sich, ob Dr. Chandy recht daran tat, sie mit ihm bekanntzumachen. Sie konnte ihm zwar zeigen und erklären, was für Möglichkeiten es für Gelähmte gibt, wie man eine solche Behinderung überwinden und wieder selbständig werden kann, aber sie konnte ihm nicht die Mittel zu solch einer Rehabilitation bieten. Denn man war in Indien und nicht in Australien! Was hatte sie diesem Leidensgenossen zu geben? Hoffnung oder nur noch schlimmere Enttäuschung?

»Ich werde mich um ihn kümmern«, sagte sie.

Der Erfolg übertraf Dr. Chandys Erwartungen. Sein Assistent, Dr. Pulimood, berichtete ihm begeistert: »Es ist nicht zu glauben, was Dr. Mary aus unserm Patienten gemacht hat. Er ist ein ganz neuer Mensch geworden. Schon Mary in ihrem Rollstuhl zu sehen, geduldig, tapfer — selbst ein Beispiel dafür, daß das Leben für einen Krüppel nicht zu Ende zu sein braucht — na, jedenfalls hat dieser eine Besuch, den sie bei ihm gemacht hat, mehr bewirkt als alle Vorträge und armstärkenden Übungen.«

Aber obwohl sich Mary über ihren offensichtlichen Erfolg sehr freute, war sie doch lange nicht befriedigt. Was wurde denn aus dem Patienten, wenn er wiederhergestellt, wieder arbeitsfähig war? Woher bekam er die orthopädischen Hilfsmittel? Wo fand er einen Arbeitsplatz?

Es waren noch andere, neue Patienten mit Querschnittslähmung eingeliefert worden. Mary besuchte sie in ihren wenigen Freistunden. Aber bei jedem Besuch erschien ihr das Problem schwieriger und hoffnungsloser. Sie konnte so wenig für diese Menschen tun.

»Wenn wir doch eine gute Rehabilitationsabteilung hier in Indien hätten!« sagte sie zu Dr. Chandy. »Wenn wir sie doch hier in Vellore hätten!«

»Ja«, erwiderte er ernst.

Nicht lange nach Marys Rückkehr aus Australien war ihre Freundin Ammini Mathai, jetzt Ammini Thomas, nach einer mehrmonatigen Studienzeit an der Duke-Universität aus den Vereinigten Staaten zurückgekommen.

»Ich habe dort einen sehr interessanten Mann kennengelernt«, erzählte sie Mary bei ihrem ersten Wiedersehen. »Er war Leiter der Abteilung für Physikalische Medizin in Duke, ein Krüppel, aber außerordentlich energisch und tüchtig! Er ging auf Krücken.«

Marys Interesse war nicht sehr groß. Die Vereinigten Staaten und die Duke-Universität schienen ihr sehr weit weg.

»Ich habe ihm von dir erzählt«, fuhr Ammini fort.

»Weißt du, was er sagte?«

»Nun?«

»Er bat mich, dir zu schreiben, du möchtest sofort nach New York kommen oder ihm wenigstens sofort einmal schreiben. Er ist von einem Dr. Rusk, einem weltberühmten Rehabilitations-Leiter in New York, ausgebildet worden und wollte dir aus erster Hand darüber berichten. Er hat mich ein paarmal gefragt, ob ich es dir mitgeteilt hätte, aber leider habe ich es immer wieder vergessen.«

»Macht nichts«, meinte Mary. »Wie sollte ich denn nach New York kommen?«

»Warum sollte das nicht möglich sein?« erwiderte Ammini.

Mary sah sie erstaunt an, schwieg aber. Der Gedanke an dieses Gespräch ließ sie jedoch nicht wieder los.

Eines Tages hielt sie es nicht mehr aus. Sie mußte noch einmal mit Ammini über dieses Thema sprechen.

»Erinnerst du dich, daß du mir von einem Mann erzähltest, dem ich schreiben sollte? Ich glaube, ich werde es tun.«

Ammini war hocherfreut. Sie setzten sich sofort hin und schrieben den Brief gemeinsam. Ammini schickte ein paar lobende Sätze über Mary voraus, die Mary sehr peinlich waren. Aber aller Protest war umsonst. Ammini schickte den Brief ab, wie er war.

Mary haßte es auch, wenn in der Öffentlichkeit von ihr gesprochen wurde. Nachdem Dr. Brand zu ihrem Entsetzen im Mai 1958 auf der Jahresversammlung der Lepra-Mission ihre Geschichte erzählt hatte, war ein Teil davon sogar gedruckt worden.

»Wenn ich in meinem Sprechzimmer sitze«, hatte Dr. Brand erzählt, »kann ich durch mein Fenster den kleinen Pfad sehen, der vom Hauptgebäude unseres Krankenhauses zur Aussätzigenklinik führt. Ich kann die Patienten sehen, die dort auf ihre Behandlung warten — und auf Dr. Mary Verghese. Wenn die junge Ärztin in ihrem Rollstuhl angefahren kommt, schaue ich zu den verkrüppelten, gelähmten Menschen hinüber. Ich beobachte so gern ihre Gesichter, wenn Dr. Mary um die Ecke biegt, immer noch mit der tiefen Narbe quer über Stirn und Wange. Kaum haben sie sie gesehen, da geht ein Leuchten über ihre sonst so apathischen oder verbitterten Gesichter. Sie sehen in ihr einen Menschen, der vom Tod zum Leben gekommen ist, der, obwohl er jetzt nur noch zum Teil lebendig ist, ihnen seine ganze Kraft, Geschicklichkeit und Liebe, sein ganzes Mitleid schenkt. Sie sehen einen Menschen, der schwerer gelähmt und behindert ist als sie. Und dieser Mensch hat sich ein hohes Maß von Können erworben und dieses Können dem Herrn zu Füßen gelegt, um denen zu helfen, die leiden und die sie brauchen . . .«

Mary wurde rot vor Verlegenheit und Unmut, als sie das las.

»Aber deine Geschichte kann andern helfen«, beschwichtigte Grace sie. »Schon wenn sie hören, daß du den Glauben und den Mut gehabt hast, dich durchzuringen, werden andere

Verkrüppelte oder Gelähmte ebenfalls Vertrauen fassen. Siehst du das nicht ein?«

Also gut, dachte Mary, wenn auch widerstrebend. Wenn es andern half, wollte sie sich nicht sträuben. Sie hoffte aber, daß die Menschen wußten, daß das alles nicht ihr Verdienst war. Ohne die ständige Hilfe eines Anderen hätte sie es nicht schaffen können.

Obwohl Dr. Brand erst im Oktober aus England zurückgekommen war, mußte er schon im November wieder fort, diesmal nach Japan und anderen Zentren des Fernen Ostens. Die Anforderungen, die an Mary gestellt wurden, waren erschrekkend groß. Aber Mary hatte das Gefühl, als habe sie noch nie so viel leisten können. Sie freute sich, so beweglich geworden zu sein, daß sie eine solche Fülle zusätzlicher Arbeit bewältigen konnte.

Das Operieren wurde ihr dadurch wesentlich erleichtert, daß ihr der amerikanische Plastik-Chirurg, Dr. Hugh Johnson, bei schwierigen Fällen half. Sie würde nie den Ausdruck vergessen, der auf seinem Gesicht lag, als sie die Operationsmaske abnahm und ihm ihr Gesicht zeigte. Er hatte ihr dann vorgeschlagen, ihre Wange zu operieren, aber niemals fand sie Zeit dazu, bis . . .

Eines Tages kam M. P. zu Mary zu Besuch und brachte ihre zweijährige Gita mit, ein reizendes kleines Mädchen mit großen dunklen Augen. Als Mary das Kind begrüßte, sah sie, wie es erschrak und weinend sein Köpfchen im Sari seiner Mutter vergrub. M. P. versuchte schnell die Aufmerksamkeit ihres Kindes und ihrer Freundin dadurch abzulenken, daß sie ihnen eine lustige kleine Begebenheit erzählte, aber obwohl Gita ihre Angst bald vergessen zu haben schien und fröhlich mit der »Tante in der Rikscha« schwatzte, vergaß Mary dieses Erlebnis nicht. Sie wußte, warum das Kind so erschrocken war. Sie hatte denselben ängstlichen Ausdruck bei anderen Kindern im Krankenhaus und auf der Straße gesehen; auch bei ihren Nichten und Neffen.

Bei Babys Zwillingen hatte ihr ungewöhnlicher Anblick mehr Neugier als Furcht ausgelöst.

»Hat Tante Mary Beine?« hatte der kleine Mol sein Schwesterchen Kochuman gefragt.

»Ja«, hatte Kochuman geantwortet, nachdem sie kühn Marys Sari hochgehoben hatte. »Tante Mary hat Beine, aber sie kann nicht laufen.«

An den Beinen und dem Rollstuhl war nichts zu ändern. Aber die Narbe ...

Eines Tages sah sich Mary ihr Gesicht prüfend im Spiegel an. Da trat Ramani ins Zimmer.

»Eitles Mädchen, du!« rief sie neckend. »Du bist hübsch, Mary! Du brauchst dir keine Sorgen um dein Aussehen zu machen.«

»Hübsch!« spottete Mary. »Mit dieser Narbe!«

Ramani sah sie verblüfft an.

»Welche Narbe? Die hatte ich gar nicht gesehen.«

Mary sah Ramani prüfend in die Augen, schüttelte dann aber verwundert den Kopf.

»Ich glaube, du meinst das wirklich so.«

Ramani bückte sich und küßte die entstellte Wange.

»Wirklich!« sagte sie. »Deine Freunde sehen sie überhaupt nicht. Du bist immer so strahlend, so fröhlich, daß wir nichts anderes sehen als Schönheit.«

Trotz dieser Versicherung war Mary nicht überzeugt. Ihre Freunde empfanden vielleicht so, ja, aber wie war es mit den Patienten und besonders mit den Kindern, die sie behandeln mußte?

Sie sagte Dr. Johnson, daß sie sich operieren lassen wolle.

Der Eingriff wurde im Januar 1959 gemacht. Dr. Brand assistierte. Da er die Schwierigkeiten kannte, die bei den früheren Operationen aufgetreten waren, bestand er auf jeder nur erdenklichen Vorsichtsmaßnahme.

»Ein Arzt ist immer auf Komplikationen gefaßt, wenn er

einen Kollegen operiert«, sagte Dr. Johnson halb im Scherz. »Ärzte und Schwestern scheinen dazu zu neigen.«

»Es handelt sich nicht um irgendeinen Arzt«, erwiderte Dr. Brand ernst. »Es handelt sich um Dr. Mary.«

»Ja, ich weiß. Bei Gelähmten muß man mit Blutungen rechnen«, sagte nun auch Dr. Johnson ernst.

Ehe die Operation vorüber war, trat solch eine schwere Blutung ein.

»Ich werde es mir in Zukunft zweimal überlegen, bevor ich wieder einen Arzt oder eine Ärztin operiere«, sagte Dr. Johnson, als Mary endlich außer Gefahr war.

Marys Freundinnen und Freunde, die sich wöchentlich zu einer Gebetsstunde in ihrem Privatzimmer zusammenfanden, wollten nun in ihr Krankenzimmer kommen.

»Soll ich sie nicht lieber abbestellen?« fragte Grace besorgt.

»Nein«, erwiderte Mary, der das Sprechen noch schwerfiel. »Ich brauche euch. Ich habe soviel zu danken.«

Nach ein paar Wochen begann Mary den Erfolg der Operation zu sehen – weniger in ihrem Spiegel als in den Gesichtern der Fremden, die sich nun nicht mehr entsetzt oder mitleidig abwandten. Die Kinder, die neugierig an ihrem Rollstuhl spielten, starrten die Narbe zwar verwundert an, erschraken aber nicht mehr davor.

25

Monate vergingen, und immer wieder betete Mary: »Herr, gib, daß auch andre Menschen in Indien die Gelegenheit bekommen, die du mir geschenkt hast. Gib uns ein Rehabilitations-Zentrum! Irgendwo! Aber wenn es sein kann, hier in Vellore. Bitte, schicke jemanden, der es einrichtet!«

Erst als der Brief von Amminis Bekannten aus Amerika

eintraf, kam ihr der Gedanke, daß sie selbst der »Jemand« sein könnte.

»Ich habe Ihren Brief an Dr. Rusk geschickt«, schrieb der Amerikaner. »Er interessiert sich sehr für Sie und wünscht, daß Sie ihm selbst schreiben. Ehe er Sie als Stipendiat in seinem Institut aufnehmen kann, muß er Ihre Krankengeschichte kennen, muß wissen, was sie leisten können und was Sie augenblicklich arbeiten. Bitte, schreiben Sie ihm sofort!«

Mary erzählte Dr. Brand von dem Brief, den sie geschrieben hatte.

»Dr. Rusk? Den habe ich im November in Hongkong kennengelernt«, sagte Dr. Brand.

»Wir hatten ein sehr fruchtbares Gespräch. Er fragte mich unter anderm, ob wir nicht ein Rehabilitations-Zentrum für Gelähmte in Vellore gründen wollten.«

»Und was haben Sie ihm geantwortet?« fragte Mary gespannt.

»Im Augenblick noch nicht.«

Noch nicht, dachte Mary erleichtert.

»Ich habe ihm von Ihnen erzählt«, fuhr Dr. Brand fort. »Er war außerordentlich interessiert. Wenn Sie die Stelle an seinem Institut haben möchten, schreiben Sie ihm auf alle Fälle.«

»Meinen Sie wirklich, daß — daß ich das tun könnte?«

Dr. Brand lächelte seltsam. Aber seine Augen waren ernst.

»Mary«, sagte er, »ich weiß, wenn Sie glauben, daß Gott das von Ihnen erwartet, kann nichts auf dieser Welt Sie daran hindern, es zu tun.«

Mit dem ihr eigenen, unbedingten Vertrauen auf Gottes Führung nahm Mary alles, was die nächsten Monate brachten, freudig, aber ohne darüber erstaunt zu sein, hin. Rechtzeitig bekam sie ein Stipendium aus dem Welt-Rehabilitations-Fonds, das ihr ihre Ausbildung in New York ermöglichte.

Sie wußte genau, daß sie keine selbstsüchtigen Gedanken dabei hatte. Ihr eigenes Rehabilitationsprogramm hatte sie in Australien abgeschlossen. Sie wollte sich jetzt nur genügend ausbilden, um dann in Indien ein Institut für physikalische Medizin und Rehabilitation leiten zu können. Die normale Ausbildungszeit betrug zwar drei Jahre, aber sie hoffte, auf Grund der Erfahrungen und Kenntnisse, die sie sich bereits erworben hatte, den Kursus sehr viel früher beenden zu können.

Doch was hatte ihre ganze Ausbildung für Sinn, wenn sie dann in Indien nicht die Möglichkeit hatte, ihr neues Wissen und Können zu verwerten? Sobald sie bestimmt wußte, daß sie nach New York fuhr, besprach sie dieses Problem mit Dr. Carman, dem Leiter des Medizinischen Zentrums, und mit Dr. Brand und Dr. Chandy, deren Abteilungen am meisten davon betroffen wurden. Alle waren sich darüber klar, daß eine Rehabilitationsabteilung gegründet werden mußte, ehe Mary aus Amerika zurückkam.

Am 9. Dezember, Dr. Idas neunundachtzigstem Geburtstag, war Mary mit ihren Reisevorbereitungen fast fertig. Traurig und glücklich zugleich verließ sie ihr Zimmer, um zur Geburtstagsfeier zu fahren. Die Einwohner von Vellore hatten Dr. Ida, ihrer beliebtesten Bürgerin, einen goldenen Schal geschenkt, der ihre Schultern umhüllte. Als Mary im Rollstuhl zu ihr hinfuhr, stand sie nicht wie vor vier Jahren auf, um ihr entgegenzueilen; denn auch sie saß in einem Rollstuhl. Kurz vor ihrem 88. Geburtstag war sie gestürzt und hatte sich die Hüfte gebrochen, so daß sie nicht mehr laufen konnte.

Lächelnd sahen sich die beiden Frauen an, die alte und die junge, die so verschieden waren, aber auch so viel Gleiches hatten: das gleiche Ideal, die gleiche hingebende Liebe.

Die blauen Augen, die noch so klar und leuchtend waren wie die Seen von Kerala im Sonnenlicht, schienen schon in unbegrenzte Ferne gerichtet.

»Meine Liebe«, sagte Dr. Ida lächelnd zu Mary und streckte

ihr beide Hände entgegen. »Wie gut Sie heute aussehen! Ich hoffe, Sie fühlen sich auch so!«

Sie erkennt mich nicht, dachte Mary mit leisem Schmerz. Ich werde sie wohl heute zum letzten Mal gesehen haben.

Der kurze Urlaub, den Mary nach ihrer Abreise aus Vellore in ihrem Elternhaus verbrachte, war sehr unruhig. Sie erfuhr dort, daß ihre Reiseanträge, die sie zur Britischen Luftfahrtgesellschaft nach London geschickt hatte, überholt waren. Das Büro in Bombay durfte aber einen neuen Antrag entgegennehmen. So füllte sie die neuen Formulare aus und schickte sie an ihre Kusine Kunjannam nach Bombay. Glücklicherweise war Dr. Brand gerade zu einer Konferenz in Bombay, so daß er die Papiere gleich unterschreiben konnte. Kunjannam und ihr Bruder suchten den Amtsarzt der Luftfahrtgesellschaft in seinem Dienstzimmer auf, um seine Genehmigung einzuholen.

»Nein!« sagte er bestimmt. »Eine Frau im Rollstuhl, halbgelähmt und dann noch ohne Begleitung? Das erlaube ich nicht, ohne sie vorher gesehen zu haben.«

Mary war entsetzt. Wie? Extra nach Bombay fliegen, um sich vorzustellen? Aber wenn es sein mußte –

»Warte, wir haben noch einen andren Plan!« sagte Kunjannam am Telefon. »Wir fragen funktelefonisch in London an.«

Wieder das bange Warten wie in den Tagen vor ihrer Reise nach Australien. Mary war fast schon geneigt, die Reise aufzugeben. Vielleicht war es besser, sie wartete, bis einmal jemand aus Vellore nach Amerika fuhr und sie begleiten konnte? Aber wann würde das sein? Nein, sie wollte jetzt fahren!

Sechs Tage vor dem geplanten Abreisetag erhielt sie die Erlaubnis vom Büro in London. Erleichtert atmete sie auf. Jetzt erst wurde es ihr bewußt, daß Weihnachten vor der Tür stand.

Liela, Shiela und Biela, Georges kleine Töchter, hatten schon einen großen bunten Papierstern in der vorderen Veranda aufgehängt. Kunjani, Georges Frau, überwachte in der Küche das Backen und Kochen der Weihnachtsgerichte. Genießerisch sog Mary den Duft ein. Ihre Augen glänzten am Weihnachtsabend mit denen ihrer kleinen Nichten um die Wette. Sie war wieder ein Kind.

Am 26. Dezember kam die ganze Familie in Georges Heim zusammen, um Abschied von ihr zu nehmen, und am nächsten Tag begleiteten sie fast alle zum Flugplatz von Kotschin. Amma, George, Kunjani und Annamma flogen mit nach Bombay, wo Mary nach ein paar Stunden der Ruhe an Bord des Flugzeugs gebracht wurde, das kurz darauf nach London startete. Als es mit ihr in die Nacht hineinflog, kam plötzlich ein Gefühl panischer Angst über sie. Zum ersten Mal seit ihrem Unfall war sie jetzt für viele Stunden völlig auf sich selbst angewiesen. Sushila, die sie damals nach Perth begleitet hatte, studierte in London und würde sie erst bei der Zwischenlandung dort in Empfang nehmen. Einen Augenblick fühlte sie sich in der Dunkelheit des Flugzeugs so hilflos wie ein neugeborenes Kind. Aber ein paar Minuten später konnte sie der Stewardeß, die sie nach ihrem Befinden fragte, versichern, daß es ihr gut gehe. Wie töricht war es doch auch von ihr gewesen, zu denken, sie sei allein!

»Führe ich gen Himmel, so bist du da ...«

Es dauerte lange, bis es Tag wurde; denn das Flugzeug flog nach Westen. Als es schließlich über London kreiste, war es erst Nachmittag, in Bombay allerdings schon wieder Abend. Mary schickte ein heißes Dankgebet zu Gott empor, als die Maschine landete und sie vertraute Gesichter sah: Sushila, Annamma Verghese und ihren Mann, der zur weiteren ärztlichen Ausbildung in London arbeitete, ihren Schwager Dr. Mathai und andere Bekannte aus Vellore. Miss Sharp, die Sekretärin der »Britischen Freunde von Vellore«, war ebenfalls gekommen, um ihr bei den Einreiseformalitäten behilflich zu sein. Mr. Jefcoate, Jeff genannt, ein Hüne von einem Mann, hatte Mary und Sushila im Nu in seinem Wagen verstaut und fuhr sie in sein Haus nach Amersham. Im Vorüberfahren sah Mary nur flüchtig rauchende Schornsteine, schmale, kurvenreiche Straßen, von sauber geschnittenen Hecken eingefaßt; steil abfallende Dächer und schließlich die weiße Tür eines kleinen Hauses, neben der an der Mauer zwei blaue holländische Holzschuhe befestigt waren und über der in großen goldenen Lettern das Wort »SABOTS« (Holzschuhe) stand.

Die Tür ging auf, und heraus kam eine freundlich lächelnde Frau, deren Haar wie poliertes Kupfer glänzte.

»Willkommen bei Sabots!« grüßte Phyllis Jefcoate ihre Gäste fröhlich.

»Ich trage Sie die Stufen hinauf«, sagte Jeff und setzte seine Worte sofort in die Tat um.

»Ich habe Gwenda Lewis diese Treppe viele Male hinaufgetragen. Keine Angst, wir schaffen's schon!«

Das war ein Lieblingsausdruck Mr. Jefcoates, wie Mary bald merkte.

»Wir schaffen's schon« galt für alle Aufgaben – vom Abholen von Gästen am Flugplatz bis zum Organisieren eines Wohltätigkeitskonzerts zugunsten von Vellore, das jeden Frühling einmal in der Royal Albert Hall in London stattfand.

Mary blieb zwei Tage in England. Am Morgen nach ihrer Ankunft besuchte sie das Stoke-Mandeville-Krankenhaus, wo sie Dr. Gutman, den Leiter des Gelähmten-Rehabilitations-Programms, kennenlernte.

»Man hat mir erzählt, daß Sie vom Rollstuhl aus operieren, Doktor«, sagte er bewundernd.

»Ja«, erwiderte Mary fast ungeduldig. Sie war doch nicht hierher gekommen, um über sich selbst zu sprechen!

»Ich habe Gelähmte schon die unglaublichsten Dinge tun sehen«, fuhr Dr. Gutman fort. »Aber das noch nicht! Ich glaube, Sie sind der einzige gelähmte Chirurg auf der Welt.«

Nun wandte sich das Gespräch den Gelähmten-Weltspielen zu. Dr. Gutman erzählte Mary, sie fänden 1960 zum ersten Mal im Ausland statt, und zwar in Rom, anschließend an die Olympischen Spiele. In diesem Jahr, 1959, seien in England bei den nationalen Spielen erstmalig Frauen mit zum Wettkampf angetreten, und an den internationalen Spielen hätten sehr viel mehr Länder teilgenommen als früher.

Eines Tages wird auch Indien dabei sein, dachte Mary.

Sie verließ London am 30. Dezember. Diesmal dauerte es lange, bis es Abend wurde, und sie und der Abend erreichten New York fast zur gleichen Zeit. Obwohl die Reise zehn Stunden gedauert hatte, sah sie die Silhouette von New York zum ersten Mal im Glanz der untergehenden Sonne.

»Ich möchte aber keine Zeit auf meine eigne Rehabilitation verwenden«, sagte Mary und sah Dr. Rusk bestürzt an. »Ich dachte, das wäre bekannt?«

Dr. Rusk schien den kleinen Raum, in dem er sich mit Mary unterhielt, fast auszufüllen. Körperlich ein Riese, mußte er wohl auch eine ungeheure Willenskraft besitzen. Vom ersten Augenblick an hatte Mary den Eindruck, einen vielbeschäftigten Mann vor sich zu haben. Nach und nach erfuhr sie, daß er nicht nur sein eignes Institut leitete, sondern auch am Bellevue-Krankenhaus sowie bei einem Dutzend nationaler und internationaler Ausschüsse und Kommissionen mitarbeitete, zahlreiche Artikel über sein Spezialgebiet schrieb und Vorlesungen im In- und Ausland hielt. Denn mit Hilfe der Behandlungsmethoden, die er während des Zweiten Weltkriegs als Leiter des Genesungsdienstes bei der amerikanischen Luftwaffe erstmalig angewendet und dann im Rahmen der Rehabilitationsprogramme des New York University Medical Center weiterentwickelt hatte, konnte die Behandlung der Körperbehinderten in der ganzen Welt bedeutend verbessert werden.

Dr. Rusk lehnte sich in seinem Sessel zurück. Jetzt schien er gerade sehr viel Zeit zu haben.

»Ich will Ihnen einmal von einer unsrer Patientinnen erzählen«, sagte er wie beiläufig.

Mary hörte zunächst etwas ungeduldig, dann aber mit wachsendem Interesse zu.

Die Patientin war vor mehreren Jahren an Polio erkrankt und, an beiden Armen und Beinen gelähmt, hier ins Institut gekommen. Sie konnte sich jetzt an Krücken vorwärtsbewegen und ihre Hände zu mehr als 75 Prozent gebrauchen. Um das zu erreichen, hatte sie sich sechsundzwanzig Operationen – davon vier Eingriffen zur Versteifung der Wirbelsäule – unterzogen.

»Es dauerte sieben Monate, bis wir ihr beigebracht hatten, wie sie einen Bordstein bewältigen konnte«, sagte Dr. Rusk. »Jeden Muskel mußten wir bei ihr neu entwickeln, bis sie endlich gelernt hatte, wie sie es machen mußte. An dem Tag, als es ihr zum ersten Mal geglückt war, wiederholte sie es noch zehnmal vormittags und zwanzigmal nachmittags. Am nächsten Tag – es war ein Freitag – versuchte sie es fünfzigmal. Dann entließen wir sie. Am Montag darauf nahm sie eine Stelle beim Fernmeldeamt in Bellevue an. Dort arbeitet sie jetzt seit acht Jahren, ohne einen einzigen Tag gefehlt zu haben.«

Er lächelte. »Da hat sich die Mühe doch gelohnt, nicht wahr?«

Marys Augen glänzten.

»O ja!« sagte sie.

»Irgendwie haben wir alle unsre ›Bordsteine‹«, fuhr Dr. Rusk fort, »Dinge, die uns hindern, all unsre Fähigkeiten voll zu entwickeln.«

Er wies dann auf die einfachen und praktischen Methoden hin, die im Institut angewendet würden.

»Die neu hinzukommenden Patienten werden zunächst daraufhin geprüft, ob sie sich selbst die Zähne putzen, das Haar kämmen, vom Bett in den Rollstuhl, vom Rollstuhl in ein Auto gelangen können. Das tägliche Training wird dann den besonderen Bedürfnissen jedes einzelnen angepaßt und soll ihn so selbständig wie möglich machen. Bei den Resultaten, die im Laufe von dreizehn Jahren bei vierzigtausend Patienten erzielt worden sind, handelt es sich nicht um Wunder, wie manche zu denken scheinen. Sie sind das Ergebnis harter Arbeit und eiserner Energie. ›Wenn der Patient etwas wirklich will, ist ihm nichts zu schwer‹, ist einer der allgemein anerkannten Grundsätze im Institut.«

Dr. Rusk schwieg einen Augenblick. Dann schloß er: »Machen Sie sich keine Sorgen wegen der Kosten. Das gehört alles mit zu Ihrer Ausbildung. Während Ihrer eignen Rehabilitationszeit werden Sie auch an Vorlesungen und ärztlichen Besprechungen teilnehmen. Kurz, Sie werden Ihr eigner erster Patient sein.«

Mary war schon bald mitten in ihrem Rehabilitationsprogramm. Sie bekam wieder Beinschienen, neue und bessere als in Australien, und einen neuen, besseren Rollstuhl. Das wertvollste Stück ihrer neuen Ausrüstung war aber erstaunlicherweise das einfachste: ein kleines Brett, das sie an einer Schlinge an ihren Rollstuhl hängen konnte. Mit Hilfe dieses Brettes lernte sie sich selbständig vom Rollstuhl in ein Auto und vom Auto in den Rollstuhl zurück bewegen.

Die australische Rehabilitationsmethode hatte darin bestanden, daß sich der Patient mit Hilfe von Stangen hochzog. Hier lernte er, sich hochzustemmen. Tag für Tag, Woche für Woche wurden Übungen zur Kräftigung der Arme und Schultern gemacht; denn das Hochstemmen erforderte ganz besondere Kraft der Herabziehungsmuskeln der Schultern und des Trizeps. Jeden Tag übte Mary eine Stunde lang auf einer Matte, um Haltung und Gleichgewicht zu verbessern. Sehr viel Zeit verwendete sie darauf, sich in den kleinen, notwendigen Handgriffen des täglichen Lebens immer besser auszubilden. Sie versuchte es auch von neuem, laufen zu lernen. Drei Monate lang trainierte sie verbissen zu den ermunternden Kommandos der Krankengymnastiker und schleppte ihre Schienen mit sich herum wie ein gefangenes Tier seine Falle.

»Fein, Doktor! Nur noch einmal zurück, ja? Freuen Sie sich nicht über die Fortschritte, die wir machen?«

Nein, Mary freute sich nicht. Und sie wußte, daß sie keine Fortschritte machte. Die gleiche Krampfneigung, die sich bei ihren Laufübungen in Australien eingestellt hatte, hemmte sie auch hier und nahm ihr den Mut. Hunderte von Stunden üben, um die Armmuskeln zu stärken? Tausende von Malen sich hochstemmen? Ja! Der Preis war nicht zu hoch, wenn sie sich dann besser und selbständiger bewegen konnte. Aber sich stundenlang rutschend und schlurfend abmühen, um eines Tages sagen zu können: »Seht mal her, ich kann laufen!« Nein!

Nachdem sie ein Vierteljahr lang eisern geübt hatte, bat sie, als Stationsärztin anfangen zu dürfen. Das wurde ihr auch erlaubt.

Die Rehabilitationsabteilung in Bellevue, in der sie nun arbeitete, bestand aus zwei großen Sälen, einem für Männer und einem für Frauen, die stationär behandelt wurden. Es kamen aber auch viele ambulante Patienten sowie Kranke aus anderen Abteilungen, etwa der Neurologischen Abteilung, die spezielle Behandlung brauchten. Mary hatte mit allen drei Gruppen zu tun und nahm regelmäßig an den Konferenzen teil, in denen auf Grund von Untersuchungen durch einen Internisten, einen Psychologen, einen Physiotherapeuten, einen Beschäftigungstherapeuten, einen Sprachtherapeuten und einen Fürsorgebeamten über die Aufnahme von Patienten verhandelt wurde. Sie brauchte zwar keine Nachtbesuche zu machen, hatte aber im übrigen den gleichen Dienst wie die anderen Stationsärzte. Leider konnte sie nicht mit ihnen zusammen im Hauptgebäude wohnen, weil dort die Badezimmer für ihren Rollstuhl zu klein waren. So bekam sie ein Zimmer in der Psychiatrischen Klinik. Um ihr den weiten Weg durch das Souterrain bis zum Hauptgebäude zu erleichtern, besorgte ihr Dr. Rusk einen elektrischen Rollstuhl.

Zuerst mochte Mary diesen Stuhl nicht. Sein Geräusch lenkte die Aufmerksamkeit auf sich, so daß sie auch hier, an einem der wenigen Orte der Welt, wo sie nicht aufzufallen hoffte, wieder auffiel. Aber zweifellos konnte sie sich jetzt leichter und schneller vorwärtsbewegen. Es war, als wenn man eine alte, von einem Menschen gezogene Rikscha aus Kerala durch eine motorisierte ersetzte, wie man sie in anderen Teilen Indiens schon fand. Bald machte ihr der neue Rollstuhl nur noch einen Kummer: Er fuhr ihr nicht schnell genug.

Bis sie eines Abends Panne hatte.

Sie war gegen sieben Uhr auf dem Rückweg in die Psychiatrische Klink. Da alle Angestellten, die im Souterrain arbeiteten, um fünf Uhr nach Hause gingen, war auf der Rampe niemand zu sehen. Ihr Stuhl surrte und ratterte durch die leeren Räume. Plötzlich Stille. Kurzschluß! Der Stuhl war nicht auf Handbetrieb umzustellen. Was nun? Nach fünf Uhr kamen nur selten Leute durch das Souterrain. Sie konnte Stunden, ja, die ganze Nacht hier sitzen, ehe jemand Hilfe brachte.

Sie betete und wartete. Zehn Minuten vergingen, fünfzehn, zwanzig. Nach fünfundzwanzig Minuten hörte sie den hohlen Widerhall von Schritten. Sie hielt den Atem an. Es kam ihr gar nicht der Gedanke, zu rufen. Das Geräusch wurde lauter, klang wie Trommelschläge durch die Leere. Schließlich erschien ein Arzt, der zum Nachtdienst in die Psychiatrische Klinik wollte.

»Würden Sie mich wohl einmal schieben?« fragte Mary ruhig. »An meinem Stuhl muß etwas kaputt sein.«

Der Preis, den Mary für ihre Selbständigkeit zahlen mußte, war manchmal wirklich hoch. Als sie in ihr Zimmer in der Psychiatrischen Klinik zog, war sie zum ersten Mal seit ihrem Unfall vor sechs Jahren völlig allein. Aber ihr war nicht bang. Sie freute sich sogar. Keine Schwester mehr! Ein Bett in der passenden Höhe, ein Telefon daneben, ein großes Badezimmer nebenan — was brauchte sie mehr?

Aber sie hatte sich wohl zu sicher gefühlt.

Eines Abends, als sie in ihr Zimmer kam, hatte sie plötzlich den Wunsch, festzustellen, nach welcher Himmelsrichtung sie durch die Fenster ihrer kleinen Wohnung schaute. Nach Osten auf den Fluß, nach Norden auf das Gebäude der Vereinten Nationen oder nach Westen auf Manhattan? Vom Rollstuhl aus konnte sie das nicht sehen. So fuhr sie zum Badezimmerfenster und zog sich am Fensterbrett hoch. Sie konnte eben nur flüchtig eine Fülle blendender Lichter sehen, dann saß sie auf der Erde. Ihr Stuhl rollte langsam, aber unerbittlich davon. Hilflos starrte sie hinter ihm her, wütend über sich selbst, enttäuscht und auch ein wenig bang. Was sollte sie tun? Was *konnte* sie tun? Niemand war in Rufweite. Das Telefon, das etwa vier Meter entfernt war, hätte ebensogut vier Meilen entfernt sein können. Kein Mensch würde vor morgen früh in ihr Zimmer kommen.

»Dummes Ding!« schalt sie sich. »Wenn du dir jetzt nicht selbst helfen kannst, verdienst du es gar nicht, daß man dich allein läßt.«

Sie beschloß, sich selbst zu helfen.

Froh, daß sie sich nicht verletzt hatte, schleppte sie sich, indem sie sich ein paarmal mit den Armen hochstemmte, bis zum Rollstuhl.

Obwohl der Sitz höchstens sechzig Zentimeter über der Erde war, schien er zunächst unerreichbar. Sie zog das Kissen herunter, legte es auf den Fußboden neben sich und brachte es irgendwie fertig, sich darauf zu setzen. Ruckend und rutschend schleppte sie sich neben die Badewanne, griff hinein und holte den Sitz heraus. Gut! Er war ein paar Zentimeter höher als das Kissen. Es gelang ihr, ihren Sitzplatz dahin zu verlagern. Dann hielt sie Ausschau nach einem höheren Platz, den sie in Gestalt eines kleinen Tisches entdeckte. Von da aus konnte sie sich auf den Klosettdeckel und schließlich auf den Rollstuhl setzen. Es war eher ein Gefühl des Triumphes als der Erleichterung, das sie bewegte. Jeff würde gesagt haben:

»Sie haben es geschafft!«

Mary war noch nicht lange in New York, da packte sie ein wahrer Heißhunger, die Sehenswürdigkeiten der Stadt zu besuchen. Jedesmal, wenn sie das Empire State Building sah, schien es sie wie ein leuchtender Finger zu locken. Als sie wieder einmal frei hatte, überredete sie eine Schwester, sie dorthin zu begleiten. Eine zweite Schwester und ein an Armen und Beinen gelähmter junger Mann schlossen sich ihnen an, und so fuhren sie in einem Taxi hin. Mit dem Fahrstuhl gelangten sie zum ersten Aussichtspunkt, dann zum zweiten im 102. Stock. Mary konnte sich hochstemmen und aus den Fenstern schauen. Aber ihre Freude wurde dadurch getrübt, daß ihr junger Begleiter das nicht konnte. Sie schämte sich fast, mit zwei gesunden Armen gesegnet zu sein.

»Wir heben Sie hoch«, sagten die Schwestern.

Aber das wollte der junge Mann nicht. Schließlich kamen ein paar Herren, die ihn auf ihre Schultern nahmen und ihm die Stadt nach allen vier Himmelsrichtungen zeigten.

Bis neun Uhr abends blieben die vier Ausflügler oben auf dem Empire State Building, zwischen dem Himmel mit seinen blassen Sternen und den unten in der Großstadt allmählich aufblitzenden Lichtern.

Aber Mary wußte schon zuviel von den dunklen Unterströmungen des Großstadtlebens, um von seinem Zauber geblendet zu sein. Die Probleme New Yorks — Krankheit, Armut, Spannungen, Enttäuschungen — strömten in nicht endenwollender Flut durch die Tore des Bellevue-Krankenhauses.

Sie zog Vergleiche zwischen dem, was sie in Amerika sah, und Indien; und nicht immer zum Nachteil ihrer Heimat. Sie hatte die Vereinigten Staaten für ein christliches Land gehalten. Aber geistliche Gesundheit und echter Glaube schienen nicht seine Stärke zu sein. Besucher aus dem Osten hatten zunächst den Eindruck, als gäbe es hier nur eine Menge zum Teil verspielter technischer Vorrichtungen und — Mülleimer voll achtlos weggeworfener Nahrungsmittel. Es mochte in Indien wohl zwei Millionen Aussätzige geben. Aber in den Vereinigten Staaten gab es dafür zwei Millionen Alkoholiker.

Und wie war es mit den Gesundheitsproblemen der beiden Länder? Indien hatte, den Statistiken zufolge, einen Arzt für fünftausend und eine Schwester für sechstausend Menschen aufzuweisen, während in den Vereinigten Staaten ein Arzt auf siebenhundert und eine Schwester auf dreihundertfünfzig Menschen kam. In Indien gab es für viertausend Einwohner ein Krankenhausbett, in westlichen Ländern ein Bett für hundert Einwohner. In Amerika starb alle vierzig Minuten jemand an Tuberkulose, während in Indien jede Minute ein Mensch daran zugrunde ging. Die Lebenserwartung des Amerikaners lag bei siebzig Jahren, während die des Inders erst in jüngster Zeit über dreißig gestiegen war.

Auch auf dem Gebiet der »Rehabilitation« war der Westen dem Osten weit voraus. In Indien gab es nur wenige staatliche und nichtstaatliche Einrichtungen, von denen Körperbehinderte Pflege, Unterhalt und Berufsausbildung erwarten konnten. Es gab zwar in Bombay das Gesamtindische Institut für Physikalische Medizin und Rehabilitation, und in Neu-Delhi hatte das Gesamtindische Institut für Medizinische Wissenschaften Interesse an der Gründung eines Instituts gezeigt. Aber die Zahl der geschulten führenden Kräfte war noch zu gering.

Hier in Bellevue wurden täglich neunundzwanzig Dollar für jeden Patienten ausgegeben. Wenn man in Indien nur zwei Dollar pro Tag hätte, könnten schon Wunder vollbracht werden. Es gab dort auch noch keine Pflegeanstalten. Wenn ein Mann hilflos war, mußte seine Frau ihn selbst pflegen, auch wenn sie dann nicht arbeiten konnte und ihre Kinder hungern mußten.

Eines Tages sah Mary ein eindrucksvolles Beispiel für den Erfolg der Rehabilitation auf wirtschaftlichem Gebiet. Sie besuchte Abilities, Inc., einen Betrieb auf Long Island, den Henri Viscardi jun. gegründet hatte, um zu beweisen, daß Körperbehinderte ebenso produktiv arbeiten können wie Gesunde. Viscardi, der von Geburt an keine normalen Beine gehabt und erst mit siebenundzwanzig Jahren mit künstlichen Gliedern laufen gelernt hatte, führte Mary selbst. Sein Betrieb, den er 1952 mit fünf Leuten begonnen hatte — diese fünf besaßen zusammen nur ein brauchbares Bein und fünf Arme —, beschäftigte jetzt nahezu vierhundert Angestellte, die alle schwerbeschädigt, jetzt aber vollbeschäftigt waren, und zwar mit Arbeiten, die höchste Geschicklichkeit erforderten, von der Herstellung elektronischer Elemente bis zu ihrer spezialisierten Verpackung. Wo erst nur eine Garage für zwei Autos gestanden hatte, sah man jetzt ein großes, mit Klimaanlage versehenes Gebäude mit geräumigen Werkräumen, Büros und Sport- und Erholungsmöglichkeiten.

»Es gibt gar keine ›körperbehinderten Menschen‹«, sagte Viscardi mit Nachdruck. »Es gibt nur Menschen. Jeder ist irgendwie behindert.«

Er erzählte, daß Abilities Inc. erfolgreich mit andern Betrieben der gleichen Größe konkurriere. Die ganze Einrichtung bestehe aus Standardmaschinen und -instrumenten mit nur geringen Abänderungen. Alle Angestellten arbeiteten vierzig Stunden in der Woche und führen selbst zur Fabrik und wieder nach Hause. Aber alle seien Opfer von Krankheiten wie Polio, Gehirnlähmung, Querschnittslähmung, Epilepsie oder hätten Seh- oder Hörstörungen.

In den acht Jahren, seit die Gesellschaft bestand, war Viscardis Glaube mehr als gerechtfertigt worden. Er hatte seinen Betrieb 1952 mit einem geborgten Kapital von 9000 Dollar begonnen und konnte 1959 ein Vermögen von zwei Millionen Dollar aufweisen.

Seiner ausgezeichneten Sicherheitsvorrichtungen wegen hatte Abilities Inc. weniger als die Hälfte der durchschnittlichen Haftpflichtversicherungsprämie ähnlicher Betriebe zu bezahlen. Die Angestellten, die alle normalen Lohn bekamen, fehlten innerhalb von hundert Arbeitstagen durchschnittlich einen

Tag wegen Krankheit, während ein normaler Angestellter in den USA 1,3 Tage fehlte. Aus andern persönlichen Gründen versäumten sie nur ein Drittel der Zeit, die ein normaler Angestellter versäumte.

Mary staunte, als sie über die Reihen der Handwerker hinblickte, von denen viele, in Rollstühlen sitzend, an komplizierten Maschinen arbeiteten. Sie wurde einigen vorgestellt: Art, dem ersten Angestellten des Werkes und jetzigen Vize-Präsidenten und Betriebsleiter, der mit zweieinhalb Jahren an Polio erkrankt war; Murray, einem im Zweiten Weltkrieg Verwundeten, dessen Schreibtisch in der Preisüberwachungsabteilung eine bewegliche Krankenbahre war; Alex, der, ohne Arme und Beine geboren, viele Jahre Zeitungsjunge gewesen war, jetzt aber die Aufsicht über die Packabteilung hatte, verheiratet und Vater eines kleinen Mädchens war; Ellen, die auch Kinderlähmung gehabt hatte, und jetzt die Personalabteilung leitete.

»Das ist für mich nicht nur ein Beruf«, sagte Ellen ernst zu Mary. »Es ist meine Lebensaufgabe.«

Am tiefsten bewegt war Mary von dem Schicksal eines jungen Angestellten, der Konzertpianist gewesen war und seine Hände verloren hatte. Mit Hilfe zweier Stahlhaken spielte er ihr auf einer elektrischen Orgel ein Lied vor.

Wenn er Hände gehabt hätte, wäre er vielleicht ein ganz gewöhnlicher Pianist geworden, dachte Mary. Niemals hätte er die Seele eines Menschen so aufwühlen können wie jetzt. Aber als er die Hände verlor, hat er bestimmt auch geglaubt, alles wäre zu Ende.

Wie ein Blitz schoß ihr der Gedanke durch den Kopf: Angenommen, sie selbst hätte den Unfall nicht gehabt und wäre nur eine ganz gewöhnliche Gynäkologin geworden, wie es in ihrem Lande viele gab, würde sie sich dann so für die Körperbehinderten Indiens eingesetzt haben?

Eines Tages erhielt Mary einen Brief mit einer Marke aus Kerala. Die Handschrift war ihr unbekannt. Sie las zunächst die Unterschrift: George Mathew. Das war ja der junge Mann, der, an Armen und Beinen gelähmt, in Vellore im Krankenhaus gelegen und so verbittert zu ihr gesagt hatte: »Sprechen Sie mir nicht von Gott, Sie, die Sie gesunde Arme und Beine haben!«

Gespannt las sie die engbeschriebenen Seiten:

»Ich fand Ihre Geschichte in einer Zeitung ... So wissen Sie also nun auch, was es bedeutet, halb lebendig und halb tot zu sein ... Ich habe auch gehört, was Sie geleistet haben, und dachte, es würde Sie vielleicht interessieren, was ich tue und tun möchte ...«

Nach seiner Rückkehr in seine Familie hatte George eine Art Kindergarten für körperbehinderte Kinder gegründet. Solange er noch keinen Rollstuhl besaß, hatte er sie in sein Zimmer bringen lassen, wo er vom Bett aus ihre Beschäftigung überwachte. Seit er im Rollstuhl fahren konnte, traf er sich mit ihnen im Freien, wo sie auch mehr Platz hatten. Denn aus den zwanzig Kindern, mit denen er angefangen hatte, waren inzwischen vierzig geworden. Wenn im März die Schulen und Colleges geschlossen wurden, wollten einige seiner Kommilitonen nach Kayamkulam kommen und ihm helfen. Er plante einen großen Umzug mit seinen Kindern zu Nehrus Geburtstag und einen Ausflug für besonders bedürftige nach Kap Comorin. Wenn er erst genügend Geld gesammelt hatte, wollte er ein Pflegeheim für körperbehinderte Kinder und Erwachsene auf seinem eigenen Grundstück bauen. Für das Hauptgebäude brauchte er 11 000 Rupien (etwa 9200 DM), für die Kinderabteilung und das Freiluft-Auditorium noch etwa 7000 Rupien. Natürlich war das alles bis jetzt ein Traum ...

Aber was für ein Traum! dachte Mary jubelnd.

Von diesem Tag an arbeitete sie womöglich doppelt so eifrig an ihrer Ausbildung. Sie konzentrierte sich auf ein Ziel, und ganz allein auf dieses eine: Rehabilitation!

Dr. Franziska Dworecka, in deren Abteilung sie eine Zeitlang zur Ausbildung war, fand es nicht leicht, mit ihr zu arbeiten. Wenn Mary etwas tun sollte, was sie nicht wollte, tat sie es ganz einfach nicht. Wenn man ihr riet, im Bett zu bleiben, damit eine Hautentzündung besser ausheilen konnte, erschien sie wie gewöhnlich zum Dienst. Für internistische Fälle interessierte sie sich immer weniger. Die überließ sie den internistischen Stationsärzten. Bei ihren Kollegen kam sie in den Ruf, eigensinnig zu sein. Aber da nahm Dr. Dworecka sie in Schutz.

»Warum soll sie denn nicht ausschließlich für Rehabilitation Interesse haben?« meinte sie. »Kennt ihr vielleicht einen richtigen Chirurgen, der sich für etwas anderes interessiert als für Chirurgie? Wir wollen um ihretwillen dankbar sein, daß sie — auch im übertragenen Sinne — ein steifes Rückgrat hat.«

26

Dr. Ida war tot!

»Erst wollten wir es gar nicht glauben«, schrieb eine von Marys Freundinnen Ende Mai 1960 aus Vellore. »Wir wußten natürlich, daß es einmal kommen würde, aber wir waren dann doch bis ins Innerste erschüttert. Das ganze Krankenhaus schien stillzustehen. Wir waren wie ein Körper, aus dem der Geist entflohen ist. Und dann hatten wir plötzlich das Gefühl, als seien wir alle eine große Familie geworden. Wir merkten, daß wir alle das gleiche empfanden, Ärzte, Schwestern, Krankenpfleger, die einfachsten Arbeiter, ja, sogar viele der Patienten: Wir waren wie Brüder und Schwestern, die ihre Mutter verloren hatten.«

Während Mary weiterlas, konnte sie all das sehen, was eine halbe Weltreise entfernt geschehen war: das Auto, das durch die Dunkelheit der Nacht von Hill Top zum Krankenhaus nach Vellore fuhr; die Frauen und Mädchen, die die Nacht hindurch arbeiteten, um den offenen Wagen mit frischen Blumen zu schmücken; die erschütterten Einwohner

Vellores, denen sie ein kostbares Erbe hinterlassen hatte, das Krankenhaus, in dem täglich Tausende von Indern Hilfe und Genesung fanden.

Jetzt kamen sie, um ihr die letzte Ehre zu erweisen. Zur öffentlichen Trauerfeier strömten sie in den Hof des Krankenhauses, weil es in der ganzen Stadt keine Kirche oder Halle gab, die die Menschenmenge hätte fassen können. Dicht gedrängt folgten sie dem mit Blumen überschütteten Wagen und säumten die Straßen, als die geliebte Gestalt mit unbedecktem Gesicht, wie das in Indien Sitte ist, langsam ihre letzte Reise machte. Sie drängten sich durch das Tor, kletterten über die Mauern und auf die Bäume des kleinen Ausländerfriedhofs und standen so dicht, daß über einen Lautsprecher Raum geschafft werden mußte für die Bestattungszeremonie. Zum Schluß überschütteten sie ihren Ruheplatz mit Blumen, die sie so geliebt hatte, mit dieser Fülle von Schönheit, mit der Indien immer wieder für die Monate der Trockenheit entschädigt wurde.

Mary erlebte das alles so intensiv mit, daß sie den Duft der Blumen zu riechen, die glühende Hitze zu spüren glaubte. Aber was sie empfand, war nicht Trauer. Dr. Ida tot? O nein! Immer wieder hatten in den neunzig Jahren ihres Lebens Trompeten sie gerufen. Und stets hatten sie zum Wecken geblasen, niemals zum Zapfenstreich. Das letzte und klarste Signal, auf das sie lange gläubig und hoffnungsvoll, ja sogar ungeduldig gewartet hatte, war keine Ausnahme. Denn nie war sie lebendiger gewesen. Ihre geschickten Hände und flinken Füße hatten sich vertausendfacht, um ihren hohen Auftrag, Menschen zu heilen, zu erfüllen.

Mit meinen Füßen kann ich ihr Werk nicht fortsetzen, dachte Mary. Ich will es aber mit den Händen versuchen.

Plötzlich hatte sie Heimweh nach Vellore und freute sich auf Dr. Brand, der im August zum achten Welt-Kongreß der Internationalen Gesellschaft für das Wohl der Körperbehinderten nach New York zu kommen beabsichtigte. Natürlich wollte sie die Konferenzen ebenfalls besuchen. Aber wie sollte sie immer zu dem Versammlungsort gelangen? Daß sie ständig darauf angewiesen war, jemanden um seine Begleitung zu bitten, wenn sie irgendwohin fahren wollte, war ihr furchtbar. Krankenhausangestellte hatten meist zu viel anderes zu tun, und ihre Freunde und Bekannten in der Stadt wollte sie nicht um Gefälligkeiten bitten.

Als die Zeit des Kongresses herankam, stand Marys Entschluß fest. Sie wollte es lernen, allein zu fahren.

Kurz bevor die Tagung begann, rief sie in der Geschäftsstelle der Vereinten Nationen an.

»Ja, wir haben Platz für einen Gast im Rollstuhl«, versicherte man ihr.

Am Abend des ersten Kongreßtages fuhr Mary zum Toreingang des Krankenhauses und ließ sich ein Taxi kommen. Der Chauffeur war hilfsbereit, aber skeptisch.

»Von mir aus gern, meine Dame. Wenn Sie denken, es geht? Aber ich weiß noch nicht, wie –«

Als Mary auf dem Brett von ihrem Stuhl auf den Autositz rutschte und dann schnell ihre gelähmten Beine hinterherzog, pfiff er erstaunt vor sich hin. Nach ein paar kurzen Instruktionen faltete er den Stuhl zusammen und legte ihn auf den Rücksitz des Autos. Beim Haus der Vereinten Nationen half er Mary heraus und blickte ihr mit väterlichem Interesse nach, wie sie auf den Eingang zufuhr. Ein Portier half ihr die eine Stufe zum Gebäude hinauf. Sie wurde freundlich, aber ohne peinliche Überschwenglichkeit begrüßt und von einer der führenden Persönlichkeiten durchs Haus begleitet.

Triumphierend kehrte sie ins Krankenhaus zurück. Am nächsten Abend nahm sie sich ein Taxi zum Waldorf Astoria Hotel, dem Treffpunkt des Rehabilitations-Kongresses. Ihr zweiter Taxifahrer war sowohl an ihrem Zustand als auch an ihrer Geschicklichkeit völlig uninteressiert. Er hätte nicht unpersönlicher sein können, wenn er einen Sack Kartoffeln vor sich gehabt hätte.

Mary traf Dr. Brand in der Nähe des Konferenzsaales. Er begrüßte sie hocherfreut.

»Mary, wie sind Sie denn hierher gekommen? Wer hat Sie gebracht?«

»Niemand«, erwiderte sie ruhig. »Ich bin allein gekommen.«

Er sah sie erst ungläubig an, dann lachte er.

»Das war Ihnen zuzutrauen! Gleich werden Sie mir erzählen, daß Sie einen Ausflug auf die Spitze des Empire State Building machen wollen.«

Als sie ihm sagte, daß das schon geschehen sei, beglückwünschte er sie.

Obwohl die Versammlung sehr groß war, fühlte sich Mary dort völlig zu Hause. Viele der Delegierten und Gäste saßen in Rollstühlen. Auch war ein Sari hier nicht auffälliger als ein Kostüm in einer indischen Stadt; denn die Delegierten, die aus sechzig Ländern kamen, trugen sehr verschiedene Kleidung.

Bei einer der nächsten Versammlungen wurde Dr. Brand für seine hervorragenden Leistungen auf dem Gebiet der Aussätzigen-Rehabilitation der Lasker-Preis, eine der höchsten Auszeichnungen für Ärzte, überreicht. Dann hielt Dr. Rusk einen Vortrag über das Thema: Rehabilitation für den Frieden.

»Wenn erst Gerechtigkeit herrscht, wird auch Friede kommen. Mit dem Frieden ist es wie mit der Freundschaft. Sie kann nicht gekauft oder verkauft, sie muß verdient werden. Wenn wir Gerechtigkeit in der Welt hätten, würden wir auch Frieden haben.

Ich glaube, das ist allen Menschen klar, besonders den Körperbehinderten, der größten Minderheitsgruppe in der heutigen Welt. Für sie bedeutet Gerechtigkeit das Recht, mit ihren sogenannten normalen Brüdern und Schwestern zu wetteifern; die Gelegenheit, so behandelt und so ausgebildet zu werden, daß sie mit den Fähigkeiten, die sie besitzen, so gut wie möglich leben können ... Es ist sehr viel getan worden, um

Rehabilitationszentren ins Leben zu rufen; besonders in den letzten Jahrzehnten. Aber es gibt auch noch viel Not in der Welt, der man noch nicht abgeholfen hat. Durch den Aussatz sind zum Beispiel schätzungsweise zweimal soviel Hände arbeitsunfähig geworden wie durch Polio und Arthritis, durch Verletzungen und Unfälle ...«

Ein Gefühl der Erleichterung und jubelnder Freude ergriff Mary. Sie war nicht allein in ihrem Kampf. Indien mit seinen scheinbar unlösbaren Problemen war nicht allein.

»Wir haben alle das gleiche Ziel«, schloß Dr. Rusk. »Wir wollen Erfahrungen austauschen, wir wollen lernen, um aus dieser Woche des Beisammenseins neues Wissen, neue Methoden und neuen Mut mitzunehmen. Wir, die wir im Rehabilitationswerk arbeiten, dürfen wirklich dankbar sein, daß wir in dieser technisch so fortgeschrittenen, geistlich aber so zurückgebliebenen Welt eine gemeinsame Sprache sprechen.«

In den Wochen und Monaten nach dem Kongreß schien es Mary oft, als wären diese Augenblicke der Begeisterung und des Glücks nur ein Traum gewesen. Auf anstrengende Tage folgten einsame Abende, wo sie hart studierte, und Nächte, wo sie sich schweißgebadet auf ihrem Lager wälzte.

»Undankbare!« schalt sie sich oft, wenn sie versucht war, sich selbst zu bemitleiden. »Du solltest dich schämen! Denk an die Gelähmten in Indien, die keine Ventilatoren und keine Rollstühle haben!«

Drei Wochen lang hatte Mary wieder unter Druckgeschwüren zu leiden, trotz ständiger Wachsamkeit und häufigem Verändern der Sitzstellung, den einzigen Waffen, mit denen der Gelähmte die immer lauernde Gefahr bekämpfen kann.

Ständige Wachsamkeit! Tag für Tag, Woche für Woche, Jahr für Jahr, das ganze Leben lang das aufreibende Ritual: mit dem Spiegel in der Hand den ganzen Körper nach geröteten Stellen absuchen, mit warmem Wasser und Seife waschen, dann die gelähmten Teile leicht massieren und pudern; Schaumgummipolster unter die geröteten Stellen legen; darauf achtgeben, daß keine Stelle länger als eine Stunde gedrückt wird; die kleinste Verletzung so behandeln, als wäre sie eine tödliche Wunde. Eintönige, zeitraubende Tätigkeit, für Gelähmte aber oft entscheidend über Leben und Tod.

Der Winter brachte Mary sehr viel zusätzliche Arbeit in ihrem Beruf. Er brachte auch einen unerwarteten, beunruhigenden Vorschlag. Die Autorin, die Dr. Idas Biographie geschrieben hatte, wollte gern ein Buch über sie, Mary Verghese, schreiben.

Mary erschrak bei dem Gedanken, ihr innerstes Denken und Fühlen, ihre Schwächen und Enttäuschungen, ihre persönlichen Erinnerungen preisgeben zu müssen. Und — was hatte sie denn geleistet, das des Berichtens wert war? Nein, nein, nein! Alles in ihr wehrte sich dagegen.

Aber die Freunde, denen sie von dem Vorschlag schrieb, dachten anders. Grace Koshi, Helen North, Annamma Cherian, alle redeten ihr begeistert zu.

»Du mußt es tun«, schrieben sie. »Bedenke doch, wie Deine Erfahrungen andern helfen können, mit ihren Behinderungen fertigzuwerden, wie Du damit fertiggeworden bist.«

Aber ich habe doch nichts getan, dachte Mary. Gottes Kraft und Gnade hat alles getan.

Da war ihr, als höre sie ihre Freunde erwidern: »Willst du denn nicht, daß andere erfahren, was Gott an dir getan hat?«

O ja! Aber mein Denken und Tun herausstellen, als ob ich es für bedeutend hielte?!

»Und wie ist es mit deinem Plan, den Körperbehinderten Indiens zu helfen? Willst du nicht, daß so viel Leute wie möglich davon erfahren?«

Ja, ja — aber —

Nach viel Gebet und inneren Kämpfen willigte Mary ein, daß ihre Geschichte geschrieben wurde.

»Es bedrückt mich, wenn ich daran denke, daß mein Name dann in die Öffentlichkeit kommt«, schrieb sie an die Autorin. »Aber ich habe nicht den Mut, Ihnen Ihre Bitte abzuschlagen, wenn man mir sagt, daß andern Gelähmten damit geholfen werden könnte. Einige meiner Freunde werden Ihnen vielleicht nichts von meinen schwachen Seiten erzählen wollen. Es wäre aber falsch, wenn Sie nur von lauter Siegen berichten würden. Das entspräche ganz und gar nicht der Wahrheit. In meinem Leben wird die unendliche Gnade Gottes deutlich, die trotz und durch viel Schwachheit und Versagen in einem ganz gewöhnlichen Menschen wirkt.«

Unverzüglich bekam Mary nun ein Tonbandgerät ins Zimmer gestellt und machte sich daran, die lange Liste schriftlicher Fragen, die die Autorin gestellt hatte, zu beantworten. Einige waren schwierig und verwickelt, andere peinlich persönlich. Wieder andere schienen ihr völlig unwichtig zu sein. Wen in aller Welt würde es interessieren, in was für einem Haus sie als Kind gewohnt, was für Spiele sie gespielt, worüber sich ihre Brüder gezankt, was sie gegessen hatten? Aber sie versuchte, gewissenhaft zu antworten. Zuerst hielt sie das Mikrophon ungeschickt. Sie fühlte sich beklommen, als wäre jemand Fremdes im Zimmer. Aber allmählich wurde es ein guter Kamerad, der sie an vertraute Orte begleitete.

»Meine Erinnerungen an mein Leben in Kotschin, Südindien:

Ich wurde auf der kleinen Insel Vypeen, unmittelbar an der Küste des Arabischen Meers, geboren. Sie ist sehr dicht besiedelt. Meine Eltern wohnten in einem Dorf, Cherai genannt . . .«

27

In diesem Frühjahr und Sommer 1961 war Mary mit ihren Gedanken mehr in Cherai und Vellore als in New York.

»Noch in diesem Jahr soll das Institut für Physikalische Medizin und Rehabilitation fertig werden«, schrieb Dr. Carman. »Dr. Brand hat in vielen Teilen der Welt großes Interesse für die Aussätzigen-Rehabilitation geweckt. Aus der Schweiz, aus Schweden und den Vereinigten Staaten sind schon Spenden eingegangen. Wir glauben fest, daß es uns dadurch möglich sein wird, ein internationales Zentrum zu schaffen, in dem Chirurgen, Physiotherapeuten und andre Personen ausgebildet werden, die in einem weltweiten Feldzug bei der Rehabilitation aller unsrer Patienten helfen wollen.«

Im Erdgeschoß des neuen Gebäudes sollte die Physiotherapeutische Abteilung liegen; in der ersten Etage die chirurgische Station für Aussätzige und die Räume, in denen diese Patienten für ihre Rehabilitation trainieren konnten. Man hoffte, in Vellore alle Arten von Körperbehinderung behandeln zu können, ob sie durch Unfälle oder Krankheiten verursacht oder angeboren waren. Es würde ein großzügiges Programm werden, das erste seiner Art in Indien.

Zunächst dachte man vor allen Dingen an die Wiederherstellung der Gesundheit und Arbeitsfähigkeit der Patienten. Aber es waren schon Anzeichen dafür da, daß die Regierung auch bald etwas für ihre berufliche Rehabilitation tun werde. Rajkumari Amrit Kaur, die frühere Gesundheitsministerin, hatte Dr. Rusks Institut auf ihrer letzten Reise nach New York besucht und befürwortete die Einrichtung eines ähnlichen Instituts in Neu-Delhi. Der indische Bildungsminister hatte an Mary geschrieben und sie gefragt, ob sie eine Stelle in Indien kenne, wo für die Gelähmten-Weltspiele trainiert werden könne. Im Dezember wolle das Bildungsministerium auch den ersten gesamtindischen Universitätskursus für die Ausbildung und Beschäftigung Körperbehinderter finanzieren.

Mary wußte, daß für Indien eines der schwierigsten Probleme das der Beschaffung der nötigen Geräte und Hilfsmittel war. In einem Land, wo ein Einwohner durchschnittlich sechzig Dollar im Jahr verdiente, konnten die Leute, die sie behandeln würde, niemals Beinschienen, künstliche Glieder oder Rollstühle bezahlen. Das »Horizon House« des Instituts, ein Gebäude, das speziell für Körperbehinderte eingerichtet und mit besonders niedrig angebrachten Druckknopf-Schaltern und sanitären Einrichtungen ausgestattet war, wäre absurd in einem Land, in dem die meisen Familien noch keinen nichtrauchenden Lehmofen und keine Abortgrube besaßen.

Es war Mary auch klar, daß sie nicht nur wissen mußte, wie die orthopädischen Artikel funktionierten, sondern auch, wie sie hergestellt wurden. Denn sie mußten irgendwie in Indien angefertigt werden, und zwar aus möglichst billigem Material. So studierte sie die verschiedenen Geräte, mit denen sich der Patient selbst helfen konnte und die meist mit der Hand hergestellt waren, einfach und genial. Sie vertiefte sich in Zeichnungen und Entwürfe von Beinschienen, Rollstühlen und künstlichen Gliedern.

Nach und nach lernte sie all das, was sie wissen und können mußte, wenn sie einmal die Leitung der neuen Rehabilitationsabteilung in Vellore übernehmen wollte. Sie informierte sich über die Aufgaben und Methoden ihres künftigen Mitarbeiterstabes: der Physiotherapeuten, die mit den Patienten trainieren, ihre Muskeln kräftigen, sie wieder laufen lehren sollten; der Beschäftigungstherapeuten, die ihnen Handfertigkeiten beibringen und sie entweder in ihren alten Beruf zurückführen oder für einen neuen vorbereiten sollten; der Fürsorger, die das Bindeglied zwischen dem Kranken und seiner Familie bilden und ihm finanzielle Unterstützung oder eine Arbeitsstelle verschaffen mußten.

Im Juli 1961 zog Mary ins Institut um. In ihrer neuen kleinen Wohnung, in der die zu schmale Badezimmertür entfernt und durch einen Vorhang ersetzt worden war, wurde sie sehr viel selbständiger. Sie besorgte sich einen kleinen elektrischen Kühlschrank, den sie später auch mit nach Indien nehmen wollte, und eine Kochplatte, auf der sie sich ihr Frühstück und gelegentlich auch einmal ein Currygericht bereiten konnte, viel wohlschmeckender, als sie es in dem indischen Restaurant in der 34th Street bekam.

Obwohl Jennie, eine gesprächige, mütterliche Putzfrau, gern Besorgungen für sie machte, verlangte Mary erstaunlich wenig Hilfeleistungen. Sie wusch und bügelte selbst. Die neuen Saris aus Kunstfaser, die sie bei der Arbeit trug, trockneten glücklicherweise sehr schnell und brauchten fast nicht geplättet zu werden. Ihre reizenden südindischen Seidensaris trug sie nur bei besonderen Gelegenheiten, und dann ohne jeden Schmuck. Seit ihrem Unfall hatte sie nie wieder irgendwelchen Schmuck angelegt.

Dr. Carol Jameson, die in den Ruhestand getreten war und auf ihrer Heimreise New York besuchte, war erstaunt über die Sicherheit und Ausgeglichenheit, mit der sich ihre einstige Schülerin bewegte. Mary unterhielt sich im Garten des Instituts mit ihr. Als sie dort in der Sonne saßen, kam ein junger Arzt angestürzt.

»Verzeihung, Doktor Verghese«, sagte er ehrerbietig zu Mary, die an diesem Tag gerade Dienstaufsicht hatte. »Mein Zug fährt in zehn Minuten, und meine Ablösung ist noch nicht da. Dürfte ich wohl schon gehen und Sie bitten, mich solange zu vertreten?«

»Aber sicher!« erwiderte Mary. »Gehen Sie nur!«

Sie hatte einen weiten Weg zurückgelegt seit jenem Unglück auf der Straße nach Gudiyattam, dachte Dr. Jameson. Aber den größten Teil davon nicht im Flugzeug, sondern im Rollstuhl.

Als Mary sich überlegte, welche Schwierigkeiten in Vellore auf sie warteten, wurde ihr klar, daß sie einen eigenen Wagen haben und Auto fahren lernen mußte. Sie meldete sich bei einer Fahrschule an, die vornehmlich Körperbehinderte unterrichtete.

»Sie möchten gewiß etwas außerhalb der Stadt anfangen«, meinte der Fahrlehrer in der ersten Stunde.

»Nein!« erwiderte Mary bestimmt. »Das würde zu lange dauern.«

Da sie nicht Bürgerin der Stadt New York war, hatte sie keinen Anspruch auf Zuwendungen aus der staatlichen Rehabilitationsabteilung und mußte die Kosten selbst tragen. Da wollte sie wenigstens ihre zwei Stunden Fahrunterricht voll ausnutzen.

Der Fahrlehrer sah sie ersaunt an. Dann lächelte er.

»Okay! Aber Sie wissen hoffentlich, was New York für einen Verkehr hat!«

Das merkte Mary sehr bald. Der Fahrlehrer fuhr mit ihr ins Geschäftsviertel, zeigte ihr unterwegs ein paar Handgriffe und überließ ihr dann das Steuer, das mit der rechten Hand bedient wurde. Bremse und Gashebel bediente die linke.

Es waren zwei nervenaufreibende Stunden. Schon immer war es Mary schwergefallen, sich gleichzeitig auf mehrere Dinge zu konzentrieren. Jetzt mußte sie an alles denken: an Schaltknöpfe, Hebel, Aufwärtsbewegungen, Abwärtsbewegungen, Rechtswendungen, Linkswendungen ... Wenn sie auf den Verkehr aufpaßte, vergaß sie den Gashebel und umgekehrt. Die Arme schmerzten ihr. Eine Sehnenoperation ist ein Kinderspiel dagegen, dachte sie bei sich.

Nach drei Monaten Unterricht und einer Pause von zwei Monaten, während der sie keine Fahrstunden mehr hatte, kam der Tag der Prüfung.

Als Mary den Beamten sah, der mit ihr fahren sollte, sank ihr der Mut. Er war finster und wortkarg.

Die Prüfung fand in einer Straße des Wohnviertels statt. Mary versuchte sich alle die verwirrenden Begriffe, an die sie zwei Monate lang nicht gedacht hatte, in die Erinnerung zurückzurufen: Anlasser, Bremse, Gashebel, Rückwärtsgang. Sie wußte, daß es lange gedauert hatte, bis sie alles begriffen hatte. Wenn sie aber erst etwas konnte, konnte sie es auch für immer.

»Anhalten!« befahl der Beamte.

Sie fuhr neben einen anderen Wagen, der am Bürgersteig parkte.

»Parken!«

Mary musterte sorgfältig den kurzen Zwischenraum hinter dem Wagen zu ihrer Rechten. Rückwärtsfahren war etwas, was sie völlig beherrschte. Sie machte ihre Sache gut, hatte sich aber zu früh gefreut.

»Machen Sie eine Kehrtwendung!«

Als ihr das nicht gelang, wußte sie, daß sie die Prüfung nicht bestanden hatte. Aber sie war auf dieses Ergebnis gefaßt gewesen. Es bedeutete nur, daß sie mehr Fahrstunden und mehr Übung haben und es dann noch einmal versuchen mußte.

Im Dezember flog sie, allein wie gewöhnlich, nach Maine, um sich zwei Wochen auszuruhen und der Verfasserin ihrer Biographie Rede und Antwort zu stehen. Von Ruhe konnte natürlich kaum die Rede sein; denn sie wurde fast den ganzen Tag mit Fragen bombardiert.

Im Haus der Autorin mußten erst die üblichen Schwierigkeiten beseitigt werden. Die Tür zum Badezimmer war zu eng, das Schlafzimmer zu klein, die Matratzen zu hoch. Auf die Tür verzichtete sie, das Bett wurde an die Wand geschoben, damit der Rollstuhl Platz hatte, und die Matratze umgewechselt. Aber das waren nur Nebensächlichkeiten. An dreierlei erinnerte sich Mary lebhaft, wenn sie an ihren Urlaub in Maine dachte: an die Ruhe in der Nacht, die ihr nach dem Großstadtlärm so ungewohnt war, daß sie zuerst gar nicht schlafen konnte; an den leuchtendweißen Schnee auf immergrünen Sträuchern und Bäumen; an die fast menschenleeren Straßen überall.

Als sie dann wieder in New York war, kamen für sie die sechs anstrengendsten Monate ihrer beruflichen Laufbahn: die Vorbereitung auf die umfassenden Prüfungen, die ihr, wenn sie sie bestand, den Titel einer anerkannten Spezialistin auf ihrem Gebiet einbrachten. Obwohl im allgemeinen von einem Kandidaten für dieses Examen drei Jahre Ausbildung im Hause verlangt wurden, durfte Mary an den Prüfungen im Juni 1962 teilnehmen, da ihr ihre Ausbildungszeit in Indien angerechnet wurde.

Sie benutzte jeden freien Augenblick, der ihr im Anschluß an ihren vollen Krankenhausdienst blieb, für ihre Studien. Viele Stunden brachte sie in der Bibliothek zu. Abends, wenn sie sich als Ausgleich für das stundenlange Sitzen im Rollstuhl hinlegen mußte, nahm sie die schweren Bücher, die Aufzeichnungen, Aufsätze und anderes Material mit ins Bett; denn der Wissensbereich, über den sich die Prüfungen erstreckten, war sehr groß. Sie mußte jede Frage beantworten können, die auf den Gebieten der Neurologie, Orthopädie, der Gelenkentzündungen und der physikalischen Medizin gestellt wurden.

Im Januar und im März mußte Mary zehn Tage wegen Fieber ins Krankenhaus. Das war ein empfindlicher Zeitverlust. Aber wie immer ertrug sie solche Rückschläge mit großer Geduld. Sobald es ihr wieder besser ging, arbeitete sie dafür mit doppeltem Eifer.

Hin und wieder gab es erfreulichere Ereignisse; zum Beispiel, als John F. Kennedy, der damalige Präsident der Vereinigten Staaten, seinen Vater besuchte, der im Institut behandelt wurde und im »Horizon House« wohnte.

Eines Nachmittags im Mai wurde, schon lange vor dem Eintreffen des Präsidenten, der Eingang des Krankenhauses von Wachen und Beamten des Secret Service besetzt. Im Empfangsraum und längs der Korridore hatten sich Ärzte, Schwestern und Patienten aufgestellt, unter ihnen auch Mary, die mit ihrem Rollstuhl ganz unauffällig in eine Ecke in der Nähe des Personenaufzugs gefahren war.

Dr. Rusk begrüßte den Präsidenten vor dem Haus. Als die beiden Männer dann durch den Empfangsraum und die Halle gingen, schüttelte der Präsident jedem, an dem er vorbeiging, die Hand oder sprach ein paar Worte mit ihm. Mary gehörte nicht zu ihnen. Als sie sah, daß er sich der Tür zum »Horizon House« zuwandte, war ein Gefühl des Bedauerns in ihr. Es wäre doch schön gewesen, wenn sie hätte sagen können, der Präsident der Vereingten Staaten von Amerika habe ihr die Hand gegeben.

In der Tür drehte sich Kennedy noch einmal um, lächelte und nickte allen zu. Da fiel sein Blick auf Mary und blieb einen Moment interessiert an ihrem indischen Gesicht und dem Sari hängen. Plötzlich kehrte er um, ging auf ihren Rollstuhl zu und gab ihr die Hand.

28

Eine Woche, bevor die Prüfung in Chicago stattfand, bekam Mary wieder Fieber. Diesmal wurde es ihr wirklich schwer, heiter und gelassen zu bleiben. Dr. Brand und seine Kollegen erwarteten sie im Herbst in Vellore. Das Erdgeschoß des neuen Rehabilitationsgebäudes war bereits eingeweiht. Die Physiotherapeutische Schule hatte schon ihren Unterricht mit fünf Schülern begonnen. Sie mußte so schnell wie möglich ihren Posten als Leiterin der Abteilung einnehmen. Sie mußte nach Chicago, komme, was wolle.

Das Fieber klang rechtzeitig ab. Am Mittwoch, dem 27. Juni, flog Mary allein nach Chicago, einen Tag vor den elf anderen Ärzten des Instituts, die die Prüfung ebenfalls machen wollten. Die Flugplätze in New York und Chicago hatten neue Rampen, so daß Mary im Rollstuhl in die großen Düsenflugzeuge hinein- und herausgefahren werden konnte.

Mary hatte entfernte Verwandte in Chicago.

»Unsre Badezimmertür ist nur sechzig Zentimeter breit«, hatten sie besorgt geschrieben. Aber Mary hatte sich einen Kinder-Rollstuhl für die Reise ausgeliehen. Er bewährte sich so gut, daß sie sich für ihren Rückflug nach Indien einen gleichen anschaffte. Ihren großen Rollstuhl ließ sie durch den Kirchlichen Weltdienst nach Vellore schicken. Er sollte dort Eigentum des Krankenhauses werden.

Am Donnerstag ruhte sich Mary aus. Sie hatte das Gefühl,

als habe noch nie im Leben so viel davon abgehangen, daß sie mit klarem Verstand und gutem Urteilsvermögen erwachte.

Am Freitag fuhr ihr Kusin sie zum Veteran's Research Hospital. Sie war eine von hundert Examenskandidaten, aber die einzige im Rollstuhl.

Selbst für die Nichtkörperbehinderten war es ein aufreibender Tag. Als Mary um sechs Uhr abends das Gebäude verließ, war sie völlig erschöpft. Nun konnte sie nichts andres mehr tun als warten.

Die ersten Tage der beiden Ferienwochen, die Mary mit mehreren Freunden aus Vellore in Kanada verlebte, waren überschattet von der Unruhe über den Ausgang des Examens. Mary hatte eine ihrer Mitkandidatinnen gebeten, ihr sofort Nachricht zu geben, sobald die Ergebnisse – wenn auch noch inoffiziell – im Institut bekannt wurden. Als sie am Montag als Gast von Ewart und Connie Everson in Montreal eintraf und noch keine Nachricht vorfand, wurde sie immer unruhiger. Schließlich rief sie im Institut in New York an, fest davon überzeugt, daß sie durchgefallen sei und ihre Bekannten ihr das nicht mitzuteilen wagten.

»Ja, die Examensergebnisse sind eingetroffen«, wurde ihr gesagt.

»Ja, Dr. Mary Verghese hat bestanden.«

Marys Freude war nicht zu beschreiben. Endlich konnte sie einmal vollkommen ausspannen und sorglos fröhlich sein.

Während sie sich in Kanada aufhielt, berichteten alle Zeitungen in dicken Schlagzeilen von dem Streik der Ärzte gegen das Ärztliche Betreuungsgesetz, das gerade in Saskatchewan verabschiedet worden war. Ein Reporter, der Mary interviewte, fragte sie, wie sie über das Verhalten der Ärzte denke.

»Ich kenne ihre politische Einstellung in Saskatchewan nicht«, erwiderte sie nach kurzem Besinnen. »Aber ich kann mir nicht vorstellen, daß irgendein Arzt einem in Not befindlichen Menschen Hilfe verweigert. Ich wenigstens könnte es nicht. Vielleicht weil ich selbst schon Patient gewesen bin.«

Von Montreal fuhr Mary nach Toronto und dann mit Mrs. Kay Smith, einer früheren Schwester aus Vellore, zu dem gewaltigsten Naturschauspiel, das sie in Kanada sah: den Niagarafällen.

Als sie wieder im Institut in New York war, merkte sie, daß ihre Gedanken meist zu dem bescheidenen Bauwerk eilten, das in Vellore entstand.

»Wir haben Zement und Stahl bekommen, so daß wir das Rehabilitationsgebäude unverzüglich fertigstellen können«, erzählte ihr Dr. Carman, der mit seiner Frau auf Urlaub in New York weilte. »Als wir wegfuhren, war es schon bis über die Fenster fertig.«

Eines Tages veranstaltete das Institut eine dreistündige Dampferfahrt durch den New Yorker Hafen. Mary und eine ganze Anzahl Ärzte, Schwestern, Patienten und deren Angehörige waren auf Deck, als das Schiff dicht an der Freiheitsstatue vorüberfuhr, so dicht, daß sich Mary den Hals verdrehen mußte, um die hochgehaltene Fackel sehen zu können.

Kein Wunder, daß die Amerikaner auf solch ein ruhmreiches Symbol stolz sind, dachte sie bei sich. Aber ist es nicht tatsächlich nur ein Symbol, ein Ideal und keine Wirklichkeit? Ihr Blick flog über die fünfzig Rollstühle. Freiheit bedeutet ja nicht nur gleiches Recht, sondern auch gleiche Möglichkeiten für jeden einzelnen Menschen. Und kein Volk der Erde hat das bisher erreicht.

Einige Tage später wurde Marys große Errungenschaft, ein Auto, im Institut abgeliefert. Es war ein kleiner, türkisfarbener Standardwagen, der bestimmt gut nach Indien mit seinen leuchtenden blauen und grünen Farben passen würde. Am liebsten wäre sie gleich einmal damit gefahren. Aber sie hatte der vielen Arbeit wegen keine Fahrstunden mehr nehmen können und mußte das nun in Indien erst nachholen.

Für den Transport des Autos hatte der Kirchliche Weltdienst die Verantwortung übernommen, und ein paar Tage später war es schon auf dem Weg nach Vellore. Mary konnte es kaum erwarten, ihm zu folgen. Aber sie hatte noch etwas zu erledigen. Ihre Biographin war gekommen, um noch einmal jeden Satz ihrer Geschichte mit ihr durchzusprechen.

»Ich habe mir schon überlegt, was ich mit meinem Honoraranteil machen will«, sagte Mary am Schluß ruhig. »Ich werde Krücken, Schienen und vielleicht sogar Rollstühle für meine Patienten kaufen, die selbst das Geld nicht dazu haben. Ich nenne ihn meinen ›Brot- und Fische-Fonds‹; denn wenn er auch klein ist, so kann er doch in des Meisters Hand wachsen.«

Marys Vorgesetzte in Vellore wollten, daß sie Erster Klasse nach Indien zurückflog. Aber sie hielt Touristenklasse für bequem genug. Das Geld, das dadurch gespart wurde, konnte für notwendigere Dinge benutzt werden.

Sie beschloß, die Reise in Etappen zu machen, damit sie nicht zu anstrengend wurde. Zuerst wollte sie in London unterbrechen und dort ein paar Wochen lang die englische Rehabilitationsarbeit studieren, dann nach Bombay weiterfliegen und von da aus nach Kotschin zu einem Wiedersehen mit der Familie fahren. Wenn sie in Vellore zwei Jahre Erfahrung hinter sich hatte, hoffte sie, in den Vereinigten Staaten vor dem »American Board of Physical Medicine and Rehabilitation« ihre mündliche Schlußprüfung ablegen zu können.

Der Tag der Abreise kam. Mary sagte ihren vielen Freunden und Bekannten im Institut Lebewohl. Sie fuhr durch die geräuschlos sich öffnenden äußeren Türen, deren automatischer Mechanismus längst nichts Geheimnisvolles mehr für sie hatte. Sie rutschte über ihr kostbares Brett in das wartende Auto, fuhr zum Flugplatz und wurde, ohne aus ihrem Rollstuhl aussteigen zu müssen, in das riesige Flugzeug getragen.

»Können wir noch etwas für Sie tun?« fragte die Stewardeß, nachdem man ihr einen bequemen Platz verschafft hatte.

»Nein, danke«, erwiderte Mary lächelnd. »Machen Sie sich

keine Sorgen um mich. Ich kann alles Notwendige selbst erledigen.«

Die Türen wurden geschlossen, die Sicherheitsgurte festgeschnallt. Schwerfällig begann das große Flugzeug zur Startbahn zu rollen – wie ein Vogel, der nicht in seinem Element ist, oder wie ein Mensch, der auf flinken Füßen dahinlaufen möchte, aber dazu verurteilt ist, sich mühsam auf Rädern fortzubewegen. Es blieb stehen, schüttelte sich wie in Todesangst, sprengte dann aufheulend seine Fesseln und stieg hinauf in die Freiheit.

Ein ähnliches Gefühl des Triumphes ergriff Mary. Sie sah tief unter sich eine riesige Stadt kleiner und kleiner werden, sah eine blaue weite Fläche, übersät mit Spielzeugschiffen, dann nichts mehr als Sonne und Wolken und endlosen Himmel. Sie schloß die Augen, staunend und dankbar.

»Um Füße bat ich«, dachte sie ehrfürchtig, »und er gab mir Flügel.«

NEUE R. BROCKHAUS TASCHENBÜCHER

146/147 **Um Füße bat ich und er gab mir Flügel** v. D. C. Wilson
178/179 **Finger an Gottes Hand** v. D. C. Wilson
184 **Man lebt – fragt sich nur wozu?** v. K. Vollmer
188 **Das normale Christenleben** v. W. Nee
194 **Er führt mich auf rechter Straße** v. E. Modersohn
195 **Nachdenken – Umdenken – Neudenken** v. K. Vollmer
196 **Teenager-Probleme** v. K. Eickhoff
201 **Ich muß mit dir reden** v. K. Eickhoff
206 **Im Schatten des Allmächtigen** v. E. Elliot
222 **Ich bin der Herr dein Arzt** v. H. C. Spurgeon
226 **Liebe dich selbst** v. W. Trobisch
228 **Das neue Erwachen** v. R. Hession
231 **Christy** v. C. Marshall
243 **Aber Herr Noah . . .** v. K. Vollmer
249 **Warum unbedingt Jesus?** v. W. Heiner
252 **Fragen erlaubt** v. E. Price
254 **Die Zuflucht** v. C. ten Boom
263 **Seelsorge – wie macht man das?** v. R. Ruthe
264 **Der Wolkenschieber** v. H. Kemner
265 **Denken erwünscht!** v. G. Schröter
268 **Rebell aus Liebe** v. G. Irwin
271 **Kleine Therapie für geistliche Durststrecken** v. W. Trobisch
274 **Krankheit muß kein Schicksal sein** v. R. Ruthe
281 **Der Spiegel Gottes** v. W. Nee
289 **Wie sage ich: »Ich liebe dich«?** v. J. J. Swihart
290 **Gib nicht auf, Wanja!** v. M. Grant
291 **Der Schmuggler Gottes** v. Br. Andrew
292 **Wir sind hier fremde Gäste** v. G. Tersteegen
293 **Wie sollt ich Gott nicht loben** v. M. Claudius
294 **Geheime Fracht** v. J. H. MacLehose
298 **Eseleien** v. S. Kettling
302 **Ich gedenke der vorigen Zeiten** v. K. Heim
304 **Dein Typ ist gefragt** v. O. Hallesby
305 **Freu dich, das Beste kommt noch** v. C. ten Boom
306 **Mein Leben ist ein Wandern** v. L. Richter
309 **Das Schönste kommt noch** v. F. Rienecker
310 **Toleranz und Wahrheit, wie Hund und Katze?** v. S. Kettling
312 **Mit Gott durch dick und dünn** v. C. ten Boom
313 **Achtung: Fehlschaltung!** v. M. Horie
314 **Tal der Liebe** v. E. Hong
315 **Kinder brauchen mehr als Liebe** v. J. Wilt
320 **Bete und staune** v. C. Marshall
321 **Der geheilte Patient** v. P. Hebel
322 **Die zweite Frau** v. B. Schmidt-Eller
325 **Pilatus** v. P. L. Maier
327 **Atomkraft – ja oder nein?** v. Heil/Mosner/Sautter
328 **So ist Jesus** v. W. de Boor
329 **Verantwortung – Leitung – Dienst** v. J. O. Sanders
331 **Gott tröstet** v. H. Risch
332 **Freiheit** v. M. L. King
333 **Die Rettung der Verlorenen** v. T. Goritschewa

335 **Damals im Sommer** v. C. Massey
337 **Irina** v. H. Hartfeld
338 **Sterben – Der Höhepunkt des Lebens** v. Maier-Gerber
339 **Faulheit ist heilbar** v. R. Ruthe
340 **Wer nicht glaubt, glaubt auch** v. K. Vollmer
341 **Vom Kirchenvater Abraham u.a. Ungereimtheiten** v. S. Ben-Chorin
342 **Die Endzeit** v. O. Hallesby
344 **Jesus ist Sieger** v. C. ten Boom
345 **... höher als alle Vernunft** v. B. Affeld
346 **Ein Sprung im Glas** v. I. W. Weiberg
347 **Kennen Sie ihn?** v. I. Hofmann
348 **Ich mag dich** v. Bärend/Böhm
349 **Vom gottseligen Leben** v. J. Arndt
350 **Kleines Haus mit offenen Türen** v. C. ten Boom
351 **Michelle** v. C. E. Phillips
352 **Der Kirchenstreicher** v. H.-D. Stolze
353 **... um den innerlichen Frieden zu haben** v. Fénelon/Claudius
354 **Eifersucht ist eine Leidenschaft ...** v. R. Ruthe
355 **Weil ich dich liebe** v. E. Bender
356 **Im Windschatten Gottes** v. O. Schnetter
357 **Die Ordnung des Tages** v. H. J. Baden
358 **In Freiheit leben** v. H. Bräumer
359 **Hauskreis offensiv** v. O. Schweitzer
360 **Gesunde Kinder** v. B. Juhre
361 **Unsere Kraft wächst aus der Stille** v. O. Hallesby
362 **Gott weiß den Weg** v. C. Marshall
363 **Eigentlich nichts besonderes** v. Deitenbeck/Rumler
364 **Ich mag mich** v. H. Bärend/H.-H. Böhm
365 **Der Chef hieß Mexiko** v. F. Pawelzik
368 **Das verlorene Ich** v. M. u. H. Horie
369 **Ausweg aus der Krise** v. W. Lachmann
370 **Unsichtbare Mächte und die Macht Jesu** v. H. Rohrbach
371 **Aus meiner Hausapotheke** v. E. Modersohn
373 **Wider die Melancholie** v. G. Tersteegen
374 **Warum geht es uns nicht gut ...** v. K. Eickhoff
375 **Ich bin ein ganz normaler Müllmensch** v. Hansen/Wagner
377 **Nichts kann uns scheiden von der Liebe Gottes** v. K. Vollmer
378 **Friede, Friede – und ist doch kein Friede** v. K. Vollmer
379 **Christl. Literatur des 20. Jahrhunderts, Bd. 1** v. C. p. Thiede
380 **Christl. Literatur des 20. Jahrhunderts, Bd. 2** v. C. P. Thiede
381 **Die Kraft des Schweigens** v. H. J. Baden
382 **Ich frag mich** v. H. Bärend/H.–H. Böhm
383 **Was meinen Sie, Herr Sokrates?** v. P. Kreeft
384 **Keine Angst vor der Familie** v. L. Bormuth
385 **Die Pilgerreise** v. J. Bunyan
386 **Dies ist eine harte Rede** v. F. F. Bruce
387 **Was Kinder von Gott wissen wollen** v. G. Göhr
388 **Umgang mit der Angst** v. M. u. H. Horie
389 **Zusammen geht's besser** v. H. Bärend/H.–H. Böhm
390 **Wie bereite ich eine Bibelarbeit vor?** v. K. Beyer
801 **Das Geständnis** v. E. Groseclose
802 **Aus der Wüste in die Heilige Stadt** v. A. Salomon
804 **Gesucht wird Mann mit Phantasie** v. F. Pawelzik